国家社会科学基金一般项目（批准号：20BTY043）资助

产业融合视域下我国智慧体育产业成长机理与发展路径

李燕燕 著

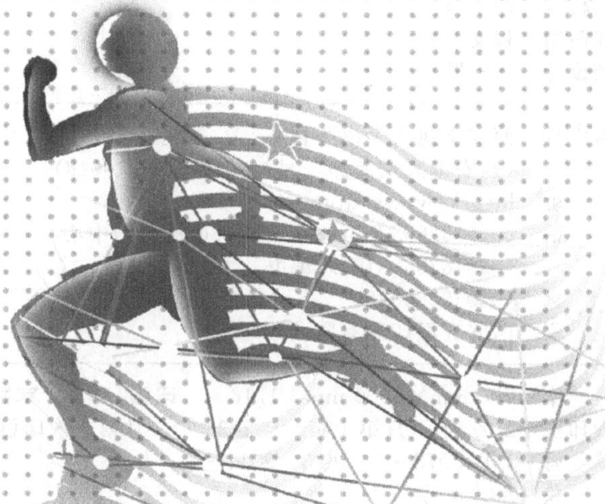

西安交通大学出版社
XI'AN JIAOTONG UNIVERSITY PRESS

图书在版编目(CIP)数据

产业融合视域下我国智慧体育产业成长机理与发展路径 / 李燕燕著. -- 西安 ：西安交通大学出版社，2024.1
ISBN 978 - 7 - 5693 - 2511 - 9

Ⅰ. ①产… Ⅱ. ①李… Ⅲ. ①智能技术－应用－体育产业－产业发展－研究－中国 Ⅳ. ①G812

中国国家版本馆 CIP 数据核字(2023)第 230858 号

书　　名 产业融合视域下我国智慧体育产业成长机理与发展路径
CHANYE RONGHE SHIYU XIA WOGUO ZHIHUI TIYU CHANYE CHENGZHANG JILI YU FAZHAN LUJING
著　　者 李燕燕
责任编辑 王建洪
责任校对 柳　晨
责任印制 程文卫
装帧设计 伍　胜

出版发行 西安交通大学出版社
(西安市兴庆南路 1 号　邮政编码 710048)
网　　址 http://www.xjtupress.com
电　　话 (029)82668357　82667874(市场营销中心)
(029)82668315(总编办)
传　　真 (029)82668280
印　　刷 西安五星印刷有限公司

开　　本 700 mm×1000 mm　1/16　**印张** 13　**字数** 255 千字
版次印次 2024 年 1 月第 1 版　2024 年 1 月第 1 次印刷
书　　号 ISBN 978 - 7 - 5693 - 2511 - 9
定　　价 88.00 元

如发现印装质量问题，请与本社市场营销中心联系。
订购热线：(029)82665248　(029)82667874
投稿热线：(029)82665379　QQ：793619240
读者信箱：793619240@qq.com

前言

当前我国经济正处于高质量发展关键期，科技创新是经济高质量发展的战略支点。如何“加快推动互联网、大数据、人工智能与体育实体经济深度融合”，培育体育产业发展新动能，推动体育产业高质量发展已迭次成为体育经济研究的热点。智慧体育产业是新一轮科技革命背景下信息产业与体育产业内融而生的产业新形态，代表着现代体育产业体系的新发展、新要求、新使命。从产业战略向度来看，智慧体育产业作为新时期体育产业“转变发展方式、优化产业结构、转换增长动力”的重要抓手，是智能信息时代体育强国建设的产业发展新路向。从产业范式创新向度来看，智慧体育产业以功能集成性、形态开放性、内容广延性、体系建构性成为新时期我国体育产业创新演进的必然趋势。从技术功能向度来看，智慧体育产业通过内融性技术渗透实现体育资源创新性规模应用、体育商业模式跃迁升级。智慧体育产业将集聚更大范围产业优势资源，提升产业要素生产效率，促进体育产业高质量发展，加快体育产业成为国家支柱性产业的进程。本书立足国家支柱产业进程中的体育产业改革创新现实诉求与发展趋势，基于产业融合视角，尝试建构智慧体育产业理论分析框架，探究智慧体育产业培育机制与实践路径，以期为新时期体育产业高质量发展提供理论与实践指导。

“十四五”高质量发展进程中，加快推进体育产业与信息产业跨界融合发展，顺应时代发展客观需求，是贯彻落实体育强国和全民健身国家战略的必要支撑。体育产业与信息产业深度融合是体育产业结构优化升级的现实路径，亦是智能信息时代体育产业链整合的应然需求。从词源来看，“智慧”体育产业是传统体育产业的“智慧”升级，是兼具“技术智慧”与“人本智慧”的体育产业发展新模式。其中，“技术智慧”是基础支撑，是智能时代体育产业形式、产业内容、产业功能发生改变的必要条件；“人本智慧”是底层逻辑，是智能时代体育产业系统变革的根本出发点。

与传统产业资本关联不同，体育产业与信息产业链接是以知识与价值分工为基础的功能网链，新产品或服务在功能与价值深层次的交叉、渗透与重组中客观要求通过体育产业与信息产业融合成长，获取更大范围的资源要素。从产业经济学中“产业融合”理论视角出发，智慧体育产业是新一轮科技革命背景下基于体育消费需求高级化、价值主张变迁、技术创新、政府管制等干预，体育产业与信息产业间出现产业要素相互交叉、渗透导致原有产业边界模糊或收缩进而形成的新的产业形态，代表着现代体育产业体系新使命、新发展、新要求。从当前产业发展现状与重点趋势来看，智慧体育产业由智能体育制造业和智慧体育服务业两大类构成，智能体育制造业主要包含智能体育用品及相关产品制造、智能体育场地设施建设，智慧体育服务业主要包含智慧体育赛事、智慧体育场地服务、智慧健身休闲活动、智慧体育教育培训、智慧体育传媒、智慧体育信息服务、智慧体育用品及相关产品销售。

智慧体育产业依托现代信息技术提供信息化、网络化、智能化体育产品与服务，助力传统体育产业智能升级，具有产业关联带动性、战略地位成长性、技术创新依赖性、价值效益多元性、发展模式生态性五大特性。智慧体育产业形成与发展并非是一蹴而就、单一技术主导推进的，而是技术创新、市场需求高级化、企业竞争协同、政府相机干预等多动力共同作用下历经萌芽期、探索期、成长期、高速发展期四个阶段的动态发展过程。

在本书中，基于扎根理论，通过关联性分析和理论饱和度检验等，结合波特的竞争力理论及钻石模型，我们尝试构建基于政府扶持、技术创新、市场引导、企业战略运行、资本融资、人才储备的智慧体育产业培育机制模型。根据智慧体育产业培育机制实证结果，政府扶持和技术创新推动智慧体育产业发展的动力显著高于资本要素和市场战略，但市场引导和人才资源要素能够显著提高资本要素和市场战略对智慧体育产业发展的影响，能够从整体上提升主体要素的动力效应，促进智慧体育产业发展，且人才资源要素的调节作用大于市场引导要素的调节作用。当前我国智慧体育产业培育的创新模式主要有政府支持型智慧体育产业园区培育、内生成长型智慧体育资本市场培育、战略联盟型智慧体育产学研用创新培育、消费引导型智慧体育服务产品创新培育四大培育模式。

此外，本书总结归纳了我国智慧体育产业培育的问题主要表现在：融资梗阻——智慧体育小微企业融资生态亟待优化；机制障碍——智慧体育市场体制机制活力释放不足；政策壁垒——智慧体育小微企业扶持力度有待增强；创新乏力——智慧体育企业自主创新能力亟待提升；人才短板——智慧体育高端复合型结构性人才短缺；规划瓶颈——智慧体育企业科学规划亟待深度谋划。面向体育产业改革创新领域全面系统的结构化调整与精细化修正，我国智慧体育产业发展的实践路径主要包括：融资生态——平稳建构智慧体育小微企业融资生态体系；机制革新——逐步促进智慧体育市场体制机制革新；政策驱动——加强区域智慧体育小微企业的政策支持；自主创新——积极提升智慧体育企业自主创新能力；引才引智——加快培养智慧体育高端复合型人才；战略规划——注重智慧体育企业发展规划的系统科学性。

后续的研究中，我们会继续关注国内外智慧体育产业发展理论与实践，相信未来我国智慧体育产业必将迎来一个繁荣时期，其也将成为体育产业发展的重要方向。

著者

2023 年 9 月

目 录

第一章　绪　论

第一节　选题依据与研究价值

一、选题依据

随着传感技术、5G、人工智能(AI)、虚拟现实(VR)、物联网、大数据等为代表的新兴科学技术在体育领域的广泛应用,智能可穿戴设备、运动健身移动应用(App)、体育数字传媒、智能移动装配式场馆、智慧体育云平台等不断衍生的新事物带来的场景驱动式体育体验,智能定制式体育服务使我国体育消费环境发生了重大改变,并由外而内对传统体育产业形态、生产形式、组织方式、商业模式形成冲击与挑战,新的产业范式——智慧体育产业孕育而生。

智慧体育产业是新一轮科技革命背景下信息产业与体育产业内融而生的产业新形态,代表着现代体育产业体系的新发展、新要求、新使命。从产业战略向度来看,智慧体育产业作为新时期体育产业"转变发展方式、优化产业结构、转换增长动力"的重要抓手,是智能信息时代体育强国建设的产业发展新路向。从产业范式创新向度来看,智慧体育产业以功能集成性、形态开放性、内容广延性、体系建构性成为新时期我国体育产业创新演进的必然趋势。从技术功能向度来看,智慧体育产业通过内融性技术渗透实现体育资源创新性规模应用、体育商业模式跃迁升级。

当前我国经济正处于高质量发展关键期,科技创新是经济高质量发展的战略支点[①]。如何"加快推动互联网、大数据、人工智能与体育实体经济深度融合"[②],培育体育产业发展新动能,推动体育产业高质量发展已迭次成为体育经济研究的热点。本研究将立足国家支柱产业进程中的体育产业改革创新现实诉求与发展趋势,基于产业融合视角,尝试建构智慧体育产业理论分析框架,探究智慧体育产业培育机制与实践路径,以期为新时期体育产业高质量发展提供理论与实践指导。

---

① 科技创新助推中国经济高质量发展[EB/OL].(2019-02-20)[2022-07-31].http://finance.people.com.cn/GB/n1/2019/0220/c1004-30806893.html.

② 国务院办公厅关于印发体育强国建设纲要的通知[EB/OL].(2019-09-02)[2022-08-01].http://www.gov.cn/zhengce/content/2019-09/02/content_5426485.htm.

二、研究价值

(一)理论价值

本研究的理论价值:明晰“智慧体育产业”的命题指向,延展新时期体育产业的内涵与范围,建构智慧体育产业理论分析框架;探究智慧体育产业培育机制与实践路径,为现代体育产业体系发展提供必要的理论支撑。

(二)应用价值

本研究的应用价值:正向关照新时期健康中国进程中体育产业高质量发展现实诉求。①消费主体:引领新时代用户体验为核心的体育消费路径升级,培育体育经济发展新动能;②市场主体:破除或降低行业准入壁垒,创新组织发展方式,实现更大范围商业价值;③政府主体:促进“智慧体育产业”要素供给与更大范围优势资源集聚,推动体育产业供给侧改革,为区域智慧体育产业培育提供模型分析方法,为各级政府智慧体育产业实践提供决策依据与现实指导。

第二节　研究内容与研究方法

一、研究内容

(一)研究对象

本研究以体育产业与信息产业内融而生的新产业形态——“智慧体育产业”为研究对象。

(二)研究目标

本研究力图揭示智慧体育产业动态演进一般规律,构建智慧体育产业培育机制理论模型,探究智慧体育产业发展的实践路径,以期为新时期体育产业高质量发展提供理论与实践指导。

(三)研究框架与内容

1.理论探索——智慧体育产业的基本理论研究

此部分首先基于文本资料、实地访谈、问卷调查,聚焦高质量发展背景下体育产业与信息产业融合的时代性、必要性、可行性,对智慧体育产业产生背景进行全面阐述,引出本研究的核心命题:智慧体育产业是体育产业与信息产业融合发展到一定阶段而产生的新产业形态;通过比较分析智慧体育产业与“互联网+”体育产业、智能体育产业等的区别,阐述智慧体育产业内涵、产业分类、基本特征、战略意义。

此部分内容的主要观点：①与传统产业资本关联不同，体育产业与信息产业链接是以知识与价值分工为基础的功能网链，新产品或服务在功能与价值深层次的交叉、渗透与重组中客观要求通过体育产业与信息产业融合成长，获取更大范围的资源要素。②智慧体育产业依托现代信息技术提供信息化、网络化、智能化体育产品与服务，助力传统体育产业智能升级，具有产业关联带动性、战略地位成长性、技术创新依赖性、价值效益多元性、发展模式生态性五大特征。

2. 现状考察——我国智慧体育产业发展现状调查与解析

此部分的研究目标是我国智慧体育产业发展现状调查与解析，主要通过实地考察法、访谈法等对当前我国智慧体育产业重点领域（智慧体育健身、智慧体育场馆、智慧体育培训等）的市场供需、竞争优势、市场收益、发展瓶颈等进行分析，进而总结我国智慧体育产业形成与发展的客观规律，为后续研究提供实践支撑。

3. 动态演进——高质量发展背景下我国智慧体育产业的形成机理

此部分基于产业融合和产业创新等理论来探讨我国智慧体育产业的动态演进过程，主要内容包括：①我国智慧体育产业"技术融合-业务融合-市场融合-产业融合"四位一体的逻辑生成；②我国智慧体育产业演化成长"萌芽期、探索期、成长期、高速发展期"四个阶段及其特征；③我国智慧体育产业演化成长的内生动因与外生机会；④我国智慧体育产业演化成长的依赖路径。

此部分内容的主要观点：智慧体育产业形成与发展并非是一蹴而就、单一技术主导推进的，而是技术创新、市场需求高级化、企业竞争协同、政府相机干预等多动力共同作用下历经萌芽期、探索期、成长期、高速发展期四个阶段的动态发展过程。

4. 协同培育——高质量发展背景下我国智慧体育产业的培育机制

此部分在前述理论分析的基础上，参照我国战略新兴产业培育框架，确定我国智慧体育产业四阶段的培育目标，明确高质量发展背景下我国智慧体育产业发展的基本条件；运用文献梳理、实地调研、专家访谈对智慧体育产业培育实践中的问题进行总结，归纳其影响因素，拟构建政府扶持机制、技术创新机制、市场引导机制、企业战略运行机制、资本融资机制、人才储备机制为主线的我国智慧体育产业培育机制模型；根据实证研究结果确立我国智慧体育产业培育机制核心要素，并解析其现实困境。此部分的主要内容包括：①高质量发展背景下我国智慧体育产业的影响因素解析；②高质量发展背景下智慧体育产业的培育机制理论模型构建；③高质量发展背景下我国智慧体育产业的培育机制模型检验；④高质量发展背景下我国智慧体育产业培育机制的核心要素及其现实困境。

5. 发展路径——高质量发展背景下我国智慧体育产业的实践路径

此部分围绕"政府支持型智慧体育产业园区培育、内生成长型智慧体育资本市场培育、战略联盟型智慧体育产学研用创新培育、消费引导型智慧体育服务产品创新培育”等展开具体路径分析，为政府制定科学合理的智慧体育产业发展政策与规划提供理论参考。

二、研究方法

（一）文献资料法

通过查阅和梳理国内外信息产业、智慧体育、产业融合、新兴产业培育等相关文献，明晰智慧体育产业形成的逻辑起点，从而确定本研究的方向、重难点和突破口，为后续研究奠定基础。

（二）案例分析法

遴选超级猩猩、黄龙智慧体育中心、动因体育、美国家庭智能健身 Peloton 等典型案例进行剖析，从中探寻与总结智慧体育产业培育路径的一般规律和特殊性，进而为我国智慧体育产业发展提供相关借鉴。

（三）问卷调查法

问卷调查是本研究实证分析的基础，也是本研究统计检验数据的直接来源。本书通过文献研究、专家和智慧体育企业访谈、预调查、正式调查四个步骤，采用 5 点量表法，以市场主体（企业）、制度主体（政府）、消费主体（消费者）为调查对象，从政府扶持、技术创新、市场引导、企业战略运行、资本融资、人才储备六大维度对智慧体育产业培育的影响关系进行问卷调查，时间为九个月。问卷调查主要通过中国智能体育产业创新联盟组织对智慧体育企业随机抽样发放问卷 350 份，通过两阶段分层随机抽样向体育消费者发放问卷 1145 份，对企业所在市（区）政府主管部门发放问卷 18 份。同时，充分考虑样本的地域分布广泛性及聚集性，选取京苏浙沪粤等为主要来源地，且兼顾体育细分行业与规模分布等。之后，采用 SPSS 22.0、Stata 以及 R 等软件对数据进行规范化处理，分别利用克隆巴赫系数（Cronbach's α）和探索性因子分析中因子载荷指标对问卷效度和信度进行检验。

（四）实证研究法

基于文献分析与逻辑归纳而建立的智慧体育产业培育机制模型能否与现实一致，需依靠以统计为基础的计量方法对本书假设（见表 1－1）进行实证检验。本研究拟建构的计量模型为：$Y=\beta_0+\boldsymbol{X\beta}+\boldsymbol{V'\sigma}+\sum_{i,j=1}^{n}\mu_i\boldsymbol{X}_i\boldsymbol{X}_j+\varepsilon$，其中 Y 为智慧体育产业发展绩效，重点关注萌芽期、探索期、成长期、高速发展期四个阶段不同表现；β_0 为截距，模型解释变量包括政府扶持（G）、技术创新（T）、市场引导（M）、企业战略（S）、资本融资（R）、人才储备（T_R），即 $\boldsymbol{X}=(G,T,M,S,R,T_R)^{\mathrm{T}}$，$\boldsymbol{\beta}$ 为其系数向量；$\boldsymbol{V'}$ 为其他控制变量向量，$\boldsymbol{\sigma}$ 为其系数向量。本研究拟使用 Heckman 估计法与两阶段最小二乘法（2SLS）对由遗漏变量与测量误差以及样本选择偏误而引起的内生性问题进行解决。该实证研究结果分析将作为后续智慧体育产业实践路径选择的主要依据。

表 1-1 假设汇总表

序号	假设描述	假设类型
H1	政府扶持对于智慧体育产业发展具有正向的推动作用	探索性
H2	技术创新对于智慧体育产业发展具有正向的支撑作用	探索性
H3	资本融资对于智慧体育产业发展具有正向的培育作用	探索性
H4	企业战略对于智慧体育产业发展具有正向的引导作用	探索性
H5	市场引导对于智慧体育产业发展具有正向的促进作用	探索性
H6	人才储备对于智慧体育产业发展具有正向的促进作用	探索性

第三节 研究重难点与技术路线图

一、研究重难点

(一)研究重点

(1)系统阐述当前体育产业与信息产业融合发展的时代性、必要性与可行性，进而引出本研究的核心问题:智慧体育产业是体育产业与信息产业融合发展到一定阶段而产生的新产业形态。

(2)尝试构建高质量发展背景下我国智慧体育产业的培育机制模型，既要切合高质量发展背景下体育产业创新发展的内在需求且需符合产业融合发展客观规律，同时需立足我国体育相关行业的属性和现实境况，实现培育机制模型的宏观高度、理论深度和实践力度的统一。

(二)研究难点

我国智慧体育产业正处于探索发展的进程中，由于现代信息科技的快速更迭、区域智慧体育产业资源禀赋差异、体育消费环境变迁等动态发展，故对培育机制理论模型变量的指标合理设计、变量的准确测量关系到本研究的质量，问卷数据的有效获取是本书实证研究的难点。

二、技术路线图

本研究围绕智慧体育产业培育，以理论探索→现状考察→动态演进→协同培育→发展路径为逻辑主线，依据“理论、实证、对策”的行文结构布局，层次递进，逐一展开，如图 1-1 所示。

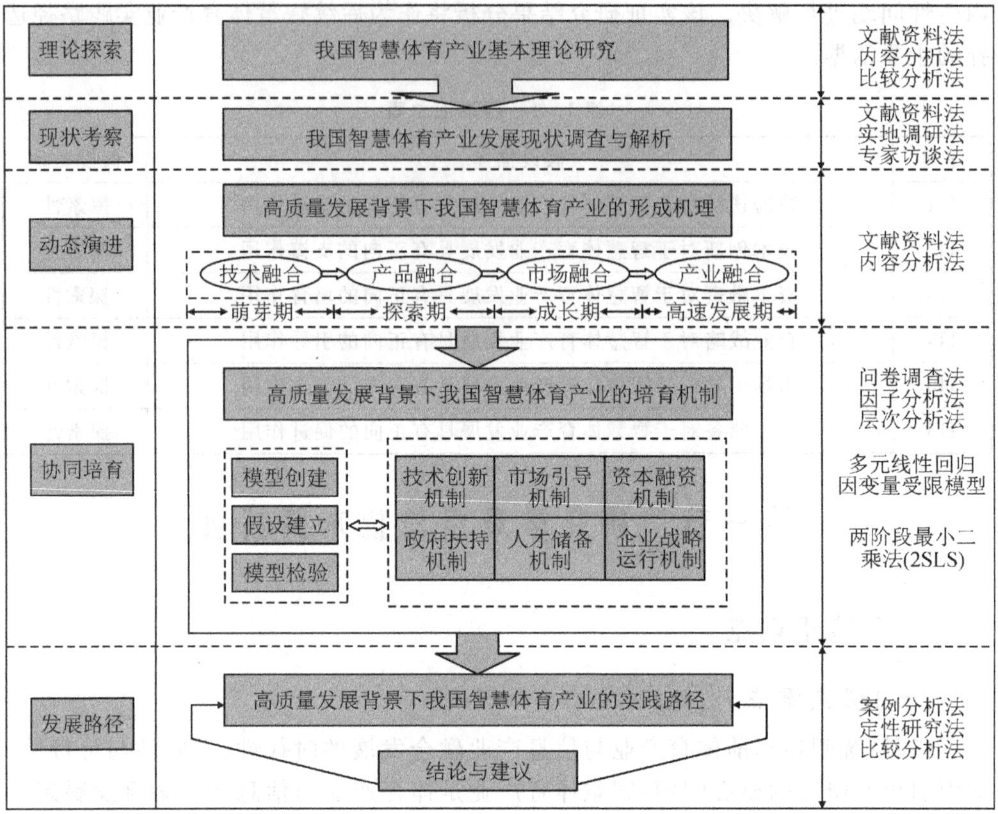

图 1-1　本书技术路线图

第四节　创新之处

一、学术思想的特色和创新

本研究立足新时期体育产业高质量发展创新诉求与现实趋势，前瞻性建构“智慧体育产业”理论分析框架，研究以“理论探索→现状考察→动态演进→协同培育→发展路径”为逻辑主线，依据“理论、实证、对策”的行文结构布局，层次递进，逐一展开。该框架较为完整且有效地整合了宏观政府、中观行业、微观企业，实现了理论建构的前瞻站位、系统站位、长远站位。

二、学术观点的特色和创新

本研究将智慧体育产业命题置于国家经济高质量发展坐标下，有利于立足新时期体育产业“转变发展方式、优化产业结构、转换增长动力”的现实需求，建构智能信息时代体育强国建设的产业发展新路向。从产业融合本质规律来看，智慧体育产业是信息技术产业与体育产业内融而生的新兴产业形态，以智慧体育产业为杠杆撬动体育产业高质量发展，实现传统体育产业智能升级，是打造体育产业核心竞争力的重要路径。

三、研究方法的特色和创新

(1)本研究采用交叉学科的研究方法。本研究是涉及体育经济、产业经济学、产业组织与结构等多学科理论的交叉研究，可能会在学科交叉领域产生创新性的研究成果。

(2)本研究采用理论分析、实证检验、案例对标相结合的研究方法。本研究以理论推演促进智慧体育产业动态演化的内在机理，并在通过建立模型进行定量分析与检验的基础上，通过多案例对标构建具体的五类发展模式，力求使研究的系统性和一体化程度更高，有别于仅仅针对智慧体育产业培育问题所展开的理论性分析。

第二章 文献综述

第一节 体育新兴产业发展相关研究

一、体育新兴产业发展与政府规划相关研究

近年来，政府出台相关文件支持体育新兴产业的发展，采取相关措施推动体育新兴产业扎根市场大地，推动体育产业转型升级、促进体育产业迭代更新、挖掘体育产业市场前景，实现新兴体育产业的供需耦合。

国内学者从不同视角对体育新兴产业发展过程中政府行为的重要性与政策制定进行了论述。关于政府与体育新兴产业发展的相关关系，已有的研究集中于政府促进体育新兴产业发展的政策工具、政府管理机制改革与战略规划上。在政府政策工具领域，有学者认为政府应培育和扶持新兴体育业态发展，在产业政策的制定上应给予适当倾斜(张振峰，2017)。周红妹等(2016)的研究表明，在地方政府促进体育产业发展常用的17种政策工具中，规制型工具见效快且成本低，社会型工具是政策效力最低的工具。叶金育(2016)认为以税收为主的收入型政策工具和以项目补贴、贷款贴息、政府购买和项目奖励为主的支出型政策工具的合理使用有利于促进体育产业升级。

在政府管理机制改革上，学者李燕领等(2015)从市场经济转型角度提出深化改革政府管制体制，政府应以宏观调控、市场监管、公共服务职能的建立完善促进体育新兴产业发展。张永韬(2015)提出政府应对体育产业实行负面清单、准入清单与监督清单，且审批制度应由事前审批向事中事后监管转变。姜同仁等(2015)通过对美、日体育产业政府管理制度研究，提出应建立由发改委和体育总局牵头，会同工商、税务、土地等多部门广泛合作的联动机制，减少体育企业项目审批流程。黄海燕(2014)提出政府应促进经营性事业单位企业化改革，为体育产业结构优化增加活力。

鉴于各地区体育产业门类与发展进程存在差异，政府战略相关研究存在明显的地域特征。有学者认为福建地区体育制造业密集，政府应设立综合性产业基地促进产业升级与转型。对于体育制造业发展起步较早的长三角地区，有学者建议逐步向周边地区转移低端产能，打造高端体育品牌(杨明 等，2008)。部分学者以

跨地域视角提出应与毗邻省份建立区域协调机制（胡用岗，2015），整合地区间发展规划，形成区域体育产业一体化发展格局（钟华梅 等，2021）。近年出台的政府文件与地方政策文件中对于体育新兴产业升级的战略规划更加健全完善，《国务院办公厅关于促进全民健身和体育消费推动体育产业高质量发展的意见》（国办发〔2019〕43 号）文件提出推动智能制造、大数据、人工智能等新兴技术在体育制造领域应用。鼓励体育企业与高校、科研院所联合创建体育用品研发制造中心，推动体育产业转型升级。《江苏省“十四五”体育产业发展规划》中提出要努力提升体育产业集约发展水平，持续推动体育产业体系优化升级、推动区域体育产业联动发展。《北京市人民政府办公厅关于促进全民健身和体育消费推动体育产业高质量发展的实施意见》提出，推动人工智能、物联网、区块链等新兴技术在体育制造领域应用，积极发展智能体育制造业，发展高端智能体育用品制造业，打造智能体育产业集群。

二、体育新兴产业发展与企业战略相关研究

产业数字化主要是指在新一代数字科技支撑和引领下，以数据为关键要素，对产业链上下游的全要素数字化升级、转型和再造的过程（国家信息中心信息化和产业发展部 等，2020）。当前实现产业数字化与智能化转型成为体育新兴产业发展的主要方向，以体育用品制造与体育服务为主营业务的传统体育企业应顺应产业转型要求，制定相宜的发展战略，在复杂的市场环境下实现平稳过渡与转型变革。

企业转型作为企业组织变革的一种表现形式，中外学者对于其影响因素表述存在诸多差异。Kotter 等（1992）认为企业转型的动因源于技术进步、经济一体化、市场饱和等因素催化下的主动行为。邢中有（2015）将我国体育产品制造企业转型动机概括为内外部压力共同作用下的被动行为。逄健等（2014）认为企业战略转型难度由产业类别与资产配置方式决定，经由其提出的分类框架分析，体育制造业与体育服务业均属于低转型难度。张聪群（2014）认为企业战略转型包括公司层战略转型、业务层战略转型、职能层战略转型三个组成模块。逄健等（2014）将我国体育制造企业战略升级的主要内容分为工艺产品升级、企业管理升级、企业整体升级。企业战略创新与体育新兴产业发展的研究呈现为两方互为主客体的前提下对另一方的促进作用，即分析体育产业转型对体育企业战略创新的影响研究与创新方向，另一部分则着重探讨体育企业的战略创新对于体育新兴产业发展的促进作用。姜静静（2018）认为实现体育服务产业的创新发展在于培育特色优势体育服务企业，鼓励体育企业创新服务商业模式。刘扶民（2019）基于对政府文件的解读提出，体育产业高质量发展的抓手之一在于培育市场主体，孵化中小体育企业，打造知名企业与龙头企业。刘亮等（2021）认为实现体育产业高质量发展的核心在于企业基于创新来细分需求市场和以高附加值战略催生新的价值链和产业链。

体育新兴产业市场主体多为小微企业与初创企业，实际经营过程中这些企业与经营者面临内部管理制度不健全、资金短缺、创新能力不足等压力，同时也面临放贷歧视、融资渠道单一、企业间协作配套关系不协调、信息不对称等环境压力。内外部压力综合作用下加之复杂的同业竞争关系，对体育创新企业的战略设计、执行、反馈全流程提出了更高要求。

三、体育新兴产业发展与资本融资相关研究

杜传忠等(2017)认为金融资本在新兴产业萌芽期的资金来源以政府资本为主，政府资本入场为私人资本起到了方向引导与隐性担保的作用，在形成期的主要资本类型为政府资金、天使投资、风险投资，在成长期银行融资为主导的资本来源、风险投资起到重要作用并通过双向选择筛选出真正具有高成长性的企业。

资本融资是企业与公司持续稳定发展必不可少的前提条件，资本融资稳定对体育新兴产业的发展发挥着重要的作用。体育企业居于融资生态的劣势位，长期面临融资渠道单一、金融性融资工具缺乏、政策性融资高门槛、体育资本市场发展滞后等复杂困境。《国务院关于加快发展体育产业促进体育消费的若干意见》(国发〔2014〕46 号)中明确指出，支持符合条件的体育企业上市，支持符合条件的企业发行非金融企业债务融资工具。朱启莹等(2021)指出，体育资本市场的加速发展有助于加速体育产业投资效益转换、优化体育资源配置、加强体育产权激励。

我国体育产业现有的融资渠道主要为体育产业投资基金、风险投资、体育彩票、银行信贷融资、股票市场融资、债券融资(张欣，2017)。邵继萍等(2018)指出，起步较晚的体育保险、私募基金将会成为体育产业融资的重要途径。近年来供应链融资与众筹融资成为新兴的体育产业融资渠道，陈红伟(2021)认为供应链金融在体育设备制造业中具有较强的可行性。刘毅勃(2018)认为体育众筹融资机制可广泛应用于体育休闲旅游产业、体育装备制造以及中小型体育赛事的筹办上。此外，袁磊等(2006)探索了体育产业资产证券化融资模式(ABS 融资模式)的可行性。

部分学者对不同体育产业项目与投资主体参与下的融资模式进行了研究。刘辉(2017)阐述了 PPP(政府和社会资本合作融资，publi-private-partnership financing)融资模式的法律风险；在体育场馆融资方向，耿宝权(2016)概述了大型体育场馆建设运营全寿命期的 LBPF(life-cycle partnership financing)融资模式与 LCP(life-cycle partnership)模式、政府资金参与的 BOT(建设—经营—移交，build-operate-transfer)模式、TOT(移交—经营—移交，transfer-operate-transfer)模式、PFI(私人主动融资，private finance initiative)模式。倪刚(2003)以融资成本核算结果为依据提出体育俱乐部应该以内部融资为主，其次是债务融资，最后考虑股权融资。陈颇等(2020)认为我国体育用品制造业融资方式以银行贷款为主，兼以内

部融资，极少数企业具有上市融资资格。

《国务院关于加快发展体育产业促进体育消费的若干意见》(国发〔2014〕46号)中明确指出："政府引导，设立由社会资本筹资的体育产业投资基金。有条件的地方可设立体育发展专项资金，对符合条件的企业、社会组织给予项目补助、贷款贴息和奖励。"刘广飞等(2019)对我国体育投资基金的发展进行了整理，截至2018年底，合法登记备案的体育产业投资基金共97只，其中2014年1只，2015年5只，2016年53只。2017年和2018年开始逐年减少，分别为27只和11只。阿里、万达、苏宁、乐视、百度、网易等国内巨头，以及深创投、红杉资本、IDG等投资机构纷纷加入。

四、体育新兴产业发展与人力资源相关研究

技术进步是体育新兴产业发展的重要标志之一，技术进步以人力资本积累为基础，人力资本水平提升及结构优化将会加速我国产业结构转型与升级。黄文正(2011)的研究结果表明，人力资本积累将从需求创造、技术创新、智力支撑三个方向推动产业升级。王智勇等(2021)对2001—2016年地级市面板数据、白婧等(2020)对中国30个省份1999—2018年期间的面板数据的实证结果表明，高质量人力资本均呈现对技术创新、产业结构升级的正向推动作用。高质量的产业人才队伍是促进体育产业繁荣发展的有力保障。通过培育高素质的综合性体育人才，可为体育新兴产业发展注入新动力、形成新的发展动能。高素质体育人才的聚集，带动体育科技产业发展，一定程度上可优化体育产业结构，形成产业发展与人力资源的良性互动。当前许多学者对我国体育产业人才发展困境进行了系统论述，主要表现为：

第一，人才培养方向与市场需求脱节。当前我国体育人才，特别是体育创新人才的培育面临理论研究滞后、指导思想缺失、体制不健全、政府指引缺乏等问题，高校体育人才培养模式中亟须创新人才培养模式，更需要通过激励制度的设立形成长效促进机制(曹瑞化 等，2013)。

第二，细分产业经营人才缺乏。顶尖体育专业化人才与体育赛事组织、策划、宣传商业运作的专业人才缺乏，社会体育活动组织、宣传的人才紧缺，体育场馆经营管理的专业人才缺乏(荆林波，2016)。

第三，复合型人才缺乏。现有的人力资本结构无法满足产业实践中焕发新生需求，技术性体育人才的缺失尤为严重，兼备运动技能与体育资本运营、体育文化创意、法律与管理等复合型的体育产业人才非常匮乏(柳伯力，2007)。

第四，体育产业人力资源分布不合理。大量人力资源与就业岗位集中于低端体育用品市场，高技术岗位与创新型人才双向缺失。在地区分布上，人力资源集中于中东部，西部体育人才缺乏(熊飞 等，2018)。

增量吸收与存量培育是改善体育产业人力资源结构的两种主要途径，增量吸收指从现有的国内外高校、科研单位与其他产业聘用相关人才，存量培育是通过体育人才培养方式为产业发展供能。增量吸收很大程度上依赖高素质人才的主动选择，裴玲玲(2018)的研究结果表明，地区工资水平、科技政策水平、经济发展水平对科技人才集聚均有不同程度的显著性正向影响；企业在薪资水平、福利待遇上应给予高素质人才略高于传统行业的平均水平，创造宽松的工作环境、晋升途径；部分地区应根据自身条件在体育高素质人才的迁居、落户、子女入学、医疗等方面提供优惠政策。存量培育上，戴平(2017)主张建立体育产业人才创新创业园，搭建体育产业人才服务平台。钱俊伟等(2022)主张创新产学研合作模式，加强与体育企业、科研院所的沟通合作。沈克印等(2017)主张放宽体育教育培训准入条件，让企业、社会组织、产业研究智库等社会力量参与，开展各类体育产业培训和教育活动。梁高亮等(2018)主张建设结合金融、旅游、IT、医疗、文化等跨学科、跨行业进行转型整合等多元化渠道培养人才。

此外，韩琪(2020)提出要着重于对体育创新人才体育市场分析与产品营销、体育产业分析与运营规划、体育企业分析与决策咨询综合能力的培养，叶心明等(2009)提出了复合型体育人才的培养方案，谭龙杰等(2021)提出了高校体育人才培育的“A ＋ X”课程体系。

五、体育新兴产业发展与市场引导相关研究

现代体育市场体系以体育产品和服务生产为基础，是由产品市场、消费市场、要素市场、市场主体等市场内容体系与市场监管等治理环境组成的有机整体(李刚等，2020)，体育市场的建设与完善对于引导产业升级，优化产品结构，带动技术创新与市场竞争具有重要意义。

刘青等(2014)认为由市场建设推进体育产业发展符合客观规律，一个健康完善的体育市场有助于满足大众消费需求，激发社会创新活力，推动政府职能改革，实现体育发展方式变革。任波等(2021b)认为体育市场主体的壮大有助于扩大产品与服务供给，体育市场的建设完善与体育产业供给侧改革衔接推动了体育产业高质量发展。钱俊伟等(2022)认为体育产业发展过程中存在政府服务低效与监管机制不完善问题，一方面体育行政审批程序复杂、条文不明降低了项目审批效率，抑制了举办赛事活动的意愿；另一方面政府文件中“建立市场信用监督体系”高频出现，实践中却无相关条文细则。胡靓(2020)认为，在技术性体育新兴业态中，监管难度进一步加大，“＋体育”“体育＋”产业模式存在着经营主体查证难、证据材料固定难、执法手段效力弱、处罚决定履行难等问题。在扩大市场规模方面，沈克印(2021)提出要扩大体育内需，建立体育消费体系，通过线上线下融合等多种方式支持体育产业恢复发展，扩大体育消费领域，形成更多新的增长极和增长点。张时秋

等(2021)提出通过产业集群化发展带动产业差别化发展、打造地域体育消费品牌拉动体育消费产值。王立等(2022)提议立足不同特质、人群、爱好、消费水平的消费者,把握不同层次需求等个性化、差异化的因素,培育差异化、功能性的体育健身消费服务市场。汪雅莉等(2021)建议保护市场供给主体,在企业税费减免、贷款贴息、项目补贴以及后期奖励等方面进行实质性的补偿扶持。

在规范市场秩序方面,刘蔚宇等(2021)从组织体系、内容体系、制度工具、法制建设等方面对建立完善的体育市场监督体系进行了翔实论述。陈洪平等(2020)提议建立体育市场黑名单制度,对违法失信行为施加监管和惩戒,促使市场主体守信经营,实现市场的规范与有序。董进等(2016)认为应完善体育市场管理制度,加强监督管理,严厉打击盗版侵权、操纵价格、假冒伪劣、不正当竞争等扰乱体育市场秩序的行为。

在管理体制改革方面,吴宝升(2017)提出政府体育管理体系要从优化服务着手,简政放权、优化服务;加快体育治理法治化进程,使体育治理行为在立法、司法、执法各环节有法可依。寇明宇等(2021)主张政社分开、管办分离,消除限制行业协会发展限制,发挥行业协会在维护行业权益和实施行业自治方面的重要作用。白杨等(2018)认为行政性垄断导致体育产业发展中的过度竞争、灰色交易,破除行政垄断需要转变体育行政部门职能,各级体育行政部门应主动退出体育产业市场竞争,尊重市场竞争机制,保证投资者决策权和收益权,实现体育产业市场的有序发展。

六、体育新兴产业发展与市场技术创新相关研究

体育新兴产业发展是技术革命引发制造业升级融合国家工业发展战略趋势下的体育产业高质量发展的战略路径,以物联网、大数据、云计算为核心的新一代信息技术,以数字制造、3D 打印、工业机器人为核心的智能制造技术的出现,成为新一代工业生产方式、制造模式的趋势,这种生产、制造模式的变革从制造业出发逐渐演变成工业生产的全面革新,对于这种变化趋势可能引发的新一轮全球技术革命,德国提出工业 4.0 规划,其核心在于通过“智能+网络化”,依托虚拟-实体系统(cyber-physicial system, CPS)构建智能工厂,实现智能制造的目的(丁纯 等,2014)。在新的战略风口,为实现制造业转型升级,在国际技术竞争中实现弯道超车,我国政府提出“中国制造 2025”,通过国家层面的体制机制改革、一系列的政策工具实现制造产品质量提升和品牌化;制造业布局优化;制造业与服务业协同发展;制造业国际化水平提升,国家制造业创新能力提升(李金华,2015)。

我国体育产业的两大支柱产业面临发展困境。2020 年全国体育产业总规模与增加值数据中,体育用品及相关产品制造增加值为 3144 亿元,占体育产业增加值的比重为 29.3%,比 2019 年下降 1.1 个百分点。产值占比降低、增速放缓源于

我国体育制造业技术创新能力不足，产品替代性强，外向型经济发展模式不可持续等缺陷(刘晴 等,2022)。体育服务业增加值为 7374 亿元，占体育产业增加值的比重为 68.7%，比 2019 年提高 1 个百分点。产值增长的同时，体育服务也面临产品附加值低、替代性强、有效供给不足、价值链主体活力低等问题(胡若晨 等,2021)。

技术升级为体育新兴产业发展创造了更为宽广的发展前景。相关研究表明，新一代智能生产技术已经开始应用在体育制造、生产制造过程中，人工智能技术的应用极大提升了体育产品的科技含量，AI 智能化运动装备、AI 智能化健身器材、AI 智能化竞技项目用品、AI 体育场馆等新产品的出现，丰富了体育科技产品品类(瞿迪 等,2018)；区块链技术的应用为体育产业溯源防伪、体育博彩业的公开透明、赛事与经济版权保护、规范体育产业服务环境提供了技术基础(杜娟 等,2022)；大数据使得体育产业中的各种数据信息变得可计量、更具分析价值，在智慧体育教学系统(张瑞全,2021)、场馆服务(徐磊 等,2021)、赛事传播(商晨迪 等,2021)、产品营销模式(朱家明,2021)方面，大数据的广泛应用使供需协调，通过对消费行为的数据分析能更加精准把握体育消费升级态势，且通过集中各行业的数据信息，使指导体育产业融合过程更加精确与科学(仝二宝 等,2021)。不仅包括具体可感的实体产品，技术创新在产品体验、产业模式上将会带来更深层次的变革：5G 通信技术高数据速率、减少延迟、节省能源、降低成本、提高系统容量和大规模设备连接的特点，在体育物联网、赛事传播、体育虚拟教学方面具有广泛的应用前景(冯子宁 等,2020)。

VR 和虚拟现实技术极大地抹平了时间、空间对于体育服务供给能力的削弱，使得高品质、全天候的体育服务得以实现，且提供了全新感受的消费体验。在体育训练(曲鲁平 等,2021)、体育教学(刘衡 等,2013)、游戏体验、消费服务上已经出现了相关应用雏形。

此外，最近大热的元宇宙概念与体育产业的发展研究较少，但基于技术创新的发展前景，元宇宙在体育教学、运动训练、赛事举办等领域具有与现实中同样丰富的应用场景，基于虚拟资产购买流通框架下的虚拟体育产品服务、资产消费在法律允许的框架下将催生出一个庞大的市场。

数字体育作为体育产业技术创新、转型升级的基础，为体育的智能化、智慧化发展打造了数据基础，为新产业模式、产业形态的出现创造了条件。数据要素为体育产业带来新的增长点，并通过间接作用于资本、劳动力、技术等其他生产要素驱动产业的发展；数据要素的应用使市场供需主体信息交流更为快捷准确，进一步优化了供给质量，加强了供需匹配(叶海波,2021)。

综上所述，技术创新对体育产业发展的推进作用首先表现在产品与服务上，通过提升产品科技含量、创新产品形式与使用体验、提高产品附加值、产品的变革进而催生业务融合、企业融合；在产业经济领域，技术创新扩展了体育产业发展方向，创新了体育产业发展模式，加强了体育产业与科技产业间的产业关联，为体育产业新业态的出现创造了温床。技术创新要素与政策工具的协同作用能够更好地促进体育新兴产业发展(张英建，2019)。“十二五”至“十三五”期间体育新兴产业指导政策文件中体育新兴产业发展相关内容高频出现：2011年国家体育总局印发的《体育事业发展“十二五”规划》中提出培育一批有竞争力、有特色的体育企业和品牌；以需促供，培育体育消费需求，促进体育产品服务供给质量的提升；鼓励各地区发展突出特色、错位发展，打造品牌、延伸链条，打造具有区域特色的体育产业。合理规划各类体育产业基地的建设布局，创建一批充满活力的体育产业基地。2012年印发的《国家体育总局中长期体育科学与技术研究指导纲要(2011—2020)》中，体育产业发展被列为三个重点研究领域之一，在确立的24个优先研究主题中设计体育新兴产业的有：关键技术装备的进口替代研究、体育市场培育方法与新技术、体育品牌打造与培育、体育服务及安全标准的研制、体育装备的研制与市场开发。2016年印发的《体育产业发展“十三五”规划》明确要提高体育产业供给水平，优化产品形式与结构；加快国家体育产业基地建设，加强京津冀、长三角、珠三角以及海峡两岸、粤港澳大湾区等区域体育产业圈建设，积极推进区域体育产业协同发展。“十二五”至“十三五”期间，部分地方政府迅速响应国务院、国家体育总局规划政策，制定区域体育新兴产业发展政策。

第二节 基于CiteSpace的智慧体育前沿热点与趋势分析

为深入和科学地分析“智慧体育”的研究热点与发展趋势，本节以中国知网“智慧体育”or“智能体育”为关键词检索出来的1178篇相关研究文献为基础，应用CiteSpace软件对其进行数据处理，时间切片为2000年2月1日至2021年2月，设置时间间隔(TimeScaling)的值为1，通过对发文数量、高频关键词以及发文机构等进行统计分析，了解互联网视域下智慧体育研究的基本情况。

一、智慧体育概念内涵的演进脉络

(一)“智慧体育”概念的肇始历程

智慧体育是以大数据、人工智能等新兴信息技术为基础，通过应用智能可穿戴设备、运动训练实时监控等传感仪器和监测系统以实现对各种体育行为的全面感知，运用智能算法深度挖掘和解析体育大数据，形成可供预测、计划、判断的知识体系，为竞技体育、群众体育、体育产业等各种需求提供理论依据和科学决策支撑。实际上，智慧体育的发展和计算机技术的发展息息相关。计算机的发展浪潮经历了20世纪五六十年代的图灵测试，八九十年代的语言识别，21世纪一二十年代的深度学习，人类社会从二元空间即物理-人类社会(physics-society，PS)演变为三元空间即信息-物理-人类社会(cyberspace-physics-society,CPS)①,体育改革创新也随着计算机技术的发展而不断演化。

"智慧"一词最早于2008年11月被IBM公司应用,自此之后,大量的表述名词被带入其中,表明其模式运用了大数据信息与科技的成分,使之更加智能便捷与高效。"智慧体育"是"智慧地球"在体育领域的一个具体形态,同时当代学者对体育的研究由传统的体育模式转变为信息、科技、数据方面的研究。

(二)"智慧体育"内涵的进展脉络

智慧体育的发展适应了体育改革创新发展的要求,特别是《国务院关于加快发展体育产业促进体育消费的若干意见》发布后,其便成为业内关注的焦点。体育在数字化、互联网、AI等技术的影响下,正驱动着体育认知模式、体育环境等基础层面系统变革,并对传统体育发展理念、体育教育形态和发展生态带来巨大机遇与挑战。智慧体育在传统体育的基础上进行了适应时代化发展的创新,将体育发展到推向更广阔的发展空间,使体育运动一定程度上脱离了原本时间和空间的限制,进一步提升了当前体育自身发展能力与水平。其主要可从竞技体育、促进群众健康和产业发展三个层面进行剖析。

就竞技体育而言,在竞技运动训练、运动竞赛与日常管理中,引入信息技术可量化的竞训管理,有利于提高广大运动员的竞技能力和竞技水平,以助力奥运会和世界大赛取得更好成绩。当前,智慧体育助力竞技运动训练,提升训练效果和运动表现是体育科技研究的热点。如以2018—2022年国家体育总局体育科学研究所为代表的体育类专业科研院所,积极对标东京奥运会、北京冬奥会和卡塔尔世界杯三大攻坚战备战需要,运用人工智能、VR等新兴信息技术开展系统的、全方位的科研攻关与科技服务。基于人工智能的运动教练系统、智能运动装备器材、虚拟仿真运动训练平台等设计与应用,对运动员的运动技术进行量化测评,根据运动员的运动表现情况制订个性化的训练计划和健身指导。同时,竞技体育智能化研究可帮助运动员有效实现伤病预防与恢复。利用可穿戴设备和多种传感器等采集数据,采用统计模型和机器学习两种方法进行伤病预测,通过预警和及时向教练提供运动方案修正等方式,可对运动员的运动风险进行即时测评,对运动员的训练和比赛伤病进行可控性干预。再则,竞技体育智能化研究可辅助实现优秀运动员后备人才的科学选拔。

体育的本质在于促进人体身心的健康发展,体育强国建设必须是以满足人民健身需求为前提的。在智能技术加持和"健康中国"国家战略的推动下,群众体育发展正在向智能化、数据化、网络化不断延伸,为群众体育智慧发展提供了全新的

① 人工智能60年:从图灵测试到深度学习[EB/OL].(2016-04-23)[2022-07-30]. https://www.sohu.com/a/71196428_297710? ADUIN=374765148.

研究视角和实践契机。群众体育智能化研究紧紧把握健康中国的战略目标，以公共体育服务、全民健身科学化水平的提高为研究重点，着力研究群众健身的发展路径和实践问题。现有研究主要集中在以下方面：一是智慧体育推动全民健身的价值研究。借助智能设备＋App应用、智慧体育信息服务等平台，根据大数据信息及时向大众发布个性化的健身赛事活动或健身知识等信息；基于对运动动作、跑位、身体指标等数据收集与分析，向运动者提供及时的技术分析和身体健康报告。二是基于全民健身的智慧体育服务平台设计。建立集体育信息开发、建设、应用、管理与服务于一体的群众体育智慧体育服务平台，有效地连接供给体和需求者，实现体育服务供需一体化发展；通过与医保数据平台的对接整合，能对中老年或特定区域的地方疾病预防、治疗工作提供数据支持和信息共享，最终能有效实施特殊人群保健干预。三是智慧体育推动全民健身的策略研究。如在建立“政府、市场、社会”多元主体广泛参与的群众体育智慧治理体系、构建基于全民健身的智慧体育平台、加强智慧健身指导、智能体育工程等专业人才培养、建设多元化智能体育设施与健身设备等方面，促进全民健身事业的深入发展。

当“互联网＋体育”成为时代发展的新趋势，体育产业亦进入了新的发展阶段。体育产业智能化研究以实现体育产业转型升级为目标，体育用品制造的科技创新、构建“体育＋”融合生态系统等议题受到学术界的密切关注。一是智慧体育推动体育产业转型升级发展对策研究。该议题是现有论文成果中比较集中的研究内容。围绕目前我国体育产业智能化发展中存在信息化程度不高、智慧体育产业形式覆盖不全等问题，学者们提出政府部门要加大宏观调控力度，形成政府引领、市场主导的市场体制；通过建设体育产业供需双方紧密联系的智慧体育运动平台，提供健身休闲、高水平体育赛事等体育资源，委托第三方专业公司管理等手段来驱动“智慧体育”产业发展。二是智能体育产品设计。随着全民健身广泛开展，各种智能化体育用品的设计受到研究者的关注。体育产业需要把网络、大数据、社交、娱乐等特点融入运动装备和健身器材的设计和开发中，加快体育服务与产品的运动方案、运动模式的个体适应性。三是智慧体育与相关行业融合研究。智慧体育与文化、养老、旅游等相关行业融合发展，推动了体育康复、运动休闲特色小镇等新兴业态的快速发展。以智慧体育小镇研究为例，自2017年5月国家体育总局办公厅印发《关于推动运动休闲特色小镇建设工作的通知》（体群字〔2017〕73号）以来，建设运动休闲特色小镇成为业界普遍关注的研究议题。目前相关研究主要从智慧小镇的智能架构设计、智能化运营体系构建、未来战略发展路径等方面展开。四是体育传媒智能技术的应用研究。媒体传播是连接赛事和观众的桥梁，是整个体育产业链的重要一环。智能技术在体育报道、体育赛事直播等领域的应用，在实现智能高效媒体生产的同时，也帮助体育传媒从业人员实现更为深度和专业化的报道。

二、国内智慧体育研究的知识图谱分析

目前中国知网(CNKI)是国内中文来源文献较全、更新时间较快、权威性极强、学科涉及范围较广的数据库，因此本书以CNKI为数据统计来源。在利用CNKI数据库进行高级检索时，设置检索条件为：主题“智慧体育” or “智能体育”。

(一)数据来源

利用CNKI进行检索的情况见表2-1。

表2-1 数据检索信息

类别	数据检索情况
数据来源	中国知网CNKI
检索方式	高级检索
检索主题词	主题“智慧体育”or“智能体育”
文献类型	学术期刊、学位论文
文献语言	中文
文献数量	1229

将以上检索到的所有初始文献的标题、作者、关键词、出版社(出版刊物)及参考文献等信息进行下载并保存为refworks纯文本格式，并导出到空文件夹work之内，将文件命名为“dowmload_N-N+500”，利用CiteSpace进行转化存入data文件夹内，以备后续数据处理与分析使用。

(二)分析工具

本书的分析工具使用的是CiteSpace软件。作为科学计量学、数据可视化背景下逐渐发展起来的一款引文可视化分析软件，该软件主要用于文献计量学分析。CiteSpace软件通过可视化的手段来呈现科学知识的结构、规律和分布情况，在分析不同类型与特征的引用网络及识别、绘制各个科学研究领域的知识图谱，以及呈现相关领域的发展动态、趋势等方面具有较强的技术与功能优势。

(三)研究方法

本书通过抽象的概括，提炼出有关“智慧体育”的研究热点，通过归纳与演绎，从中找出当前“智慧体育”的各个阶段的研究状况、研究热点，分析、论证了“智慧体育”中前沿热点、研究方向，保证了优化策略选取的代表性及其内在逻辑性。本书采用基于Java平台的CiteSpace可视化工具绘制科学知识图谱。

(四)智慧体育研究的发文情况

一个研究领域每年发文数量的多少可以侧面反映出该领域受关注程度。为研

究智慧体育研究成果，根据图 2－1 可以看出：2000 至 2020 年间，智慧体育研究发表的文献中以 2014 年为主要的一个时间节点。2014 年之前发文数量一直较少，2014 年后发文数量激增，发文数量总体上呈上升趋势，2017 年、2019 年产生了两个峰值，且 2019 年后年均发文数量在 150 篇以上。受经济、政治、科技、文化的多重影响，特别是 2014 年 10 月 20 日《国务院关于加快发展体育产业促进体育消费的若干意见》(国发〔2014〕46 号)的出台，以万达、阿里巴巴、腾讯为代表的巨头企业开始布局体育商业领域，使得体育产业成为产业投融资的风口；2015 年 7 月 4 日，《国务院关于积极推进"互联网＋"行动的指导意见》(国发〔2015〕40 号)出台，"互联网＋"开始风靡全国，各行业着手在"互联网＋"新领域寻找投资发展新空间。可见，国家层面关于信息科技产业推进、体育改革创新发展等相关政策的出台，让诸多学者更加关注智慧体育发展，是智慧体育研究发文数量增长的外部因素。

此外，研究趋势在 2020 年后依然处于上升阶段，说明智慧体育受到了更加广泛的关注，其原因可归结于以下几方面：①2014 年后，体育发展逐步受到国家层面的高度重视，体育改革创新迎来了重要发展机遇。②疫情的全球化影响，使得居民健康意识与实际需求快速提升，线上体育发展迅猛。③2020 年 10 月 15 日，中共中央办公厅、国务院办公厅印发了《关于全面加强和改进新时代学校体育工作的意见》和《关于全面加强和改进新时代学校美育工作的意见》，推动新时代学校体育改革创新发展。随着国家政策的深入实施，各地也陆续创新性推进新时代学校体育工作改革。除了逐步壮大的体育市场，日益强烈的体育中考改革等客观需求，使体育亦在调适过程中适应社会发展需求。

图 2－1 期刊发文数量

(五)智慧体育研究的核心阵地

为找到智慧体育研究的核心学术团体和机构，本书统计了各个研究单位在智慧体育领域内的发文数量。通过对上述高级检索导出的 1229 篇文章的 CiteSpace 统计分类，按 keywords 进行分析，绘制得到表 2－2。其中，在过去近 10 年里发文数量最多的机构是上海体育学院经济管理学院，发表了 12 篇文章。这说明上海体育学院经济管理学院是我国智慧体育领域重要的研究基地。西江日报、湖南省长沙市天心区仰天湖教育集团、沈阳体育学院 3 所机构均发表了 10 篇文章，黑龙江东方学院与北京体育大学均发表了 4 篇文章。可见，体育类院校在智慧体育领域较为活跃，这与其在研究人才以及研究资源等方面的优势密切相关。

表 2-2　部分发文机构汇总

发文量/篇	中心性	年份	单位
12	0.00	2010	上海体育学院经济管理学院
10	0.00	2010	西江日报
10	0.00	2010	湖南省长沙市天心区仰天湖教育集团
10	0.00	2010	沈阳体育学院
4	0.00	2019	黑龙江东方学院
4	0.00	2018	北京体育大学
3	0.00	2020	重庆邮电大学体育学院
3	0.00	2019	蚌埠医学院体育艺术部
3	0.00	2019	北海市中等职业技术学院
3	0.00	2019	一线话题栏目组

图 2-1 显示出大部分机构于 2018 年开始研究智慧体育，2018 年智慧体育研究呈井喷式增长。图中未形成任何节点，说明智慧体育的研究阵地间的联系性较弱。

（六）智慧体育作者分析

对节点类型设置为作者（author）进行运行，得出存在联系的合作作者图（见图 2-2）。通过研究筛选了联系较强的前 8 的研究群体，发文数量都为 2 篇，且相关作者都进行了参与，说明了智慧体育领域内，作者的群体都较为稳定集中，进一步探索后发现领域内作者大多都集中在体育院校，这也验证了前文智慧体育研究的核心阵地为体育院校的观点。

（七）智慧体育的发文期刊频次

通过对高级检索出来的 1229 篇初始文献来源进行数据统计分析，如图 2-3 所示。其中，学术期刊共计 638 篇，占比 51.91%；549 篇属于学位论文，占 44.67%；38 篇属于国内会议，占 3.09%；4 篇属于报纸，占 0.33%。另外，《武汉体育学院学报》《产业与科技论坛》的载文量均为 5 篇，并列第一；《北京体育大学学报》载文量为 4 篇，排第二。综上所述，不难发现在智慧体育领域，研究文献来源多为体育学类的核心期刊和体育学院的学报，其权威性较强。

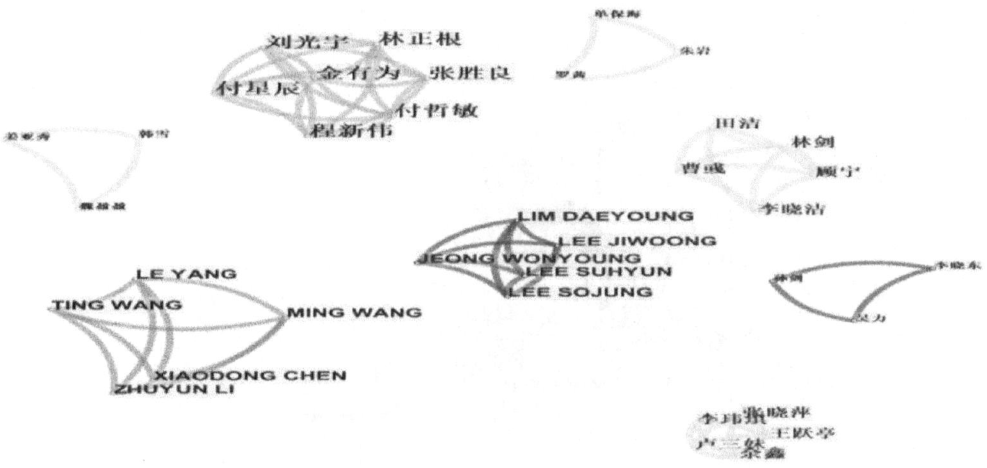

图 2-2 合作作者图

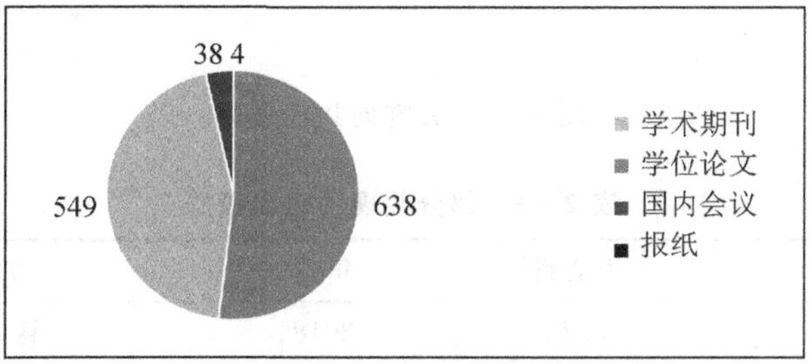

图 2-3 发文类型分析

三、国内智慧体育内容知识图谱共线及其分析

利用 CiteSpace5.7.4 软件，对检索到的 1229 篇文献进行研究热点的分析，以可视化图形将频次的高低以及聚类关系展现出来，进而分析智慧体育研究领域热点。

（一）智慧体育关键词共现网络分析

将 CNKI 的数据设置为 2010 年 2 月至 2021 年 2 月，1 年的时间切片，选择 Keywords，强度（strength）选择 Cosine，选择 Pruning sliced networks 使图形更加美观，然后对部分数据进行统计，得到图 2-4、表 2-3。根据出现次数可发现，出现频次最高的三个关键词是“智慧体育”“体育教学”“智慧课堂”，由此可知它们均为研究热点。聚类结果显示，智慧体育的中心性（centrality）最高，为 0.79，说明了智慧体育的基础性与重要性，然后依次是体育教学（0.14）、智慧课堂（0.13）等。

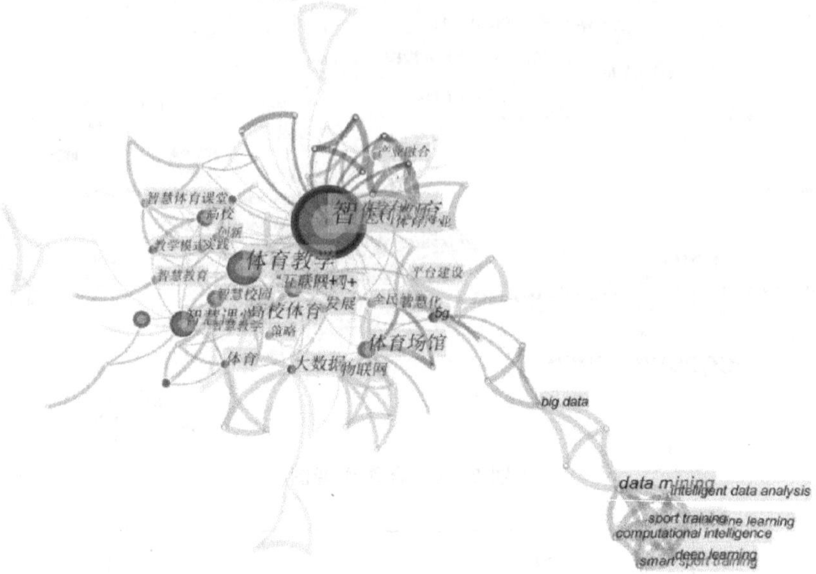

图 2-4　关键词共现分析

表 2-3　部分共现关键词数据

发文量/篇	中心性	年份	关键词
70	0.79	2018	智慧体育
20	0.14	2019	体育教学
18	0.13	2019	智慧课堂
12	0.08	2018	体育场馆
11	0.01	2019	小学体育
10	0.08	2019	体育教师
9	0.05	2019	高校体育
8	0.02	2019	智慧校园
8	0.02	2018	互联网＋
7	0.01	2018	大数据

关键词共现分析，取决于节点、连线与标签。其中，节点越大，代表出现频次越高；节点间的连线数量说明与节点间的关联性强度；通过标签可以明晰热点节点含义。由图 2-4 可知，智慧体育连线最多，体育教学、智慧课堂、互联网＋的连接数量也较多。因此，智慧体育领域内研究热点为智慧体育、体育教学、智慧课堂，这也验证了前文发文机构主要为体育院校的观点。

（二）智慧体育突现关键词分析

将所收集到的数据在软件中进行分析，时间跨度设置为 2010 年至 2021 年，设置其时间分割为 1 年，数据类型设置为突变术语（Burst Terms），节点类型设置为关键词（keywords），设置 Burstness，将 α 设置为“0.3”，Minimum Duration 设置为“1”，选择 Top6 的关键词，可得到图 2－5。

Top 6 Keywords with the Strongest Citation Bursts

Keywords	Year	Strength	Begin	End	2010-2021
“互联网+”背景	2010	1.23	2018	2018	
物联网	2010	1.07	2018	2018	
教学智慧	2010	2.09	2019	2019	
体育教师	2010	1.59	2019	2019	
高校体育	2010	1.13	2020	2021	
创新	2010	1.12	2020	2021	

图 2－5　关键词突现分析

经 CiteSpace 研究发现，前六研究热点词突现时间并非 2010 年开始，而是 2018 年开始，强度最高的为教学智慧，强度值为 2.09；强度最低的为物联网，强度值为 1.07。同时，研究的时间都较短，延续性较差，“互联网＋”背景、物联网、教学智慧、体育教师只在单独的年份进行了相关研究，高校体育和创新这两项研究热点突发时间为 2020 年，并持续了一年，故高校体育和创新是近几年的研究热点。例如，突现词“智慧体育”发文统计情况如图 2－6 所示。

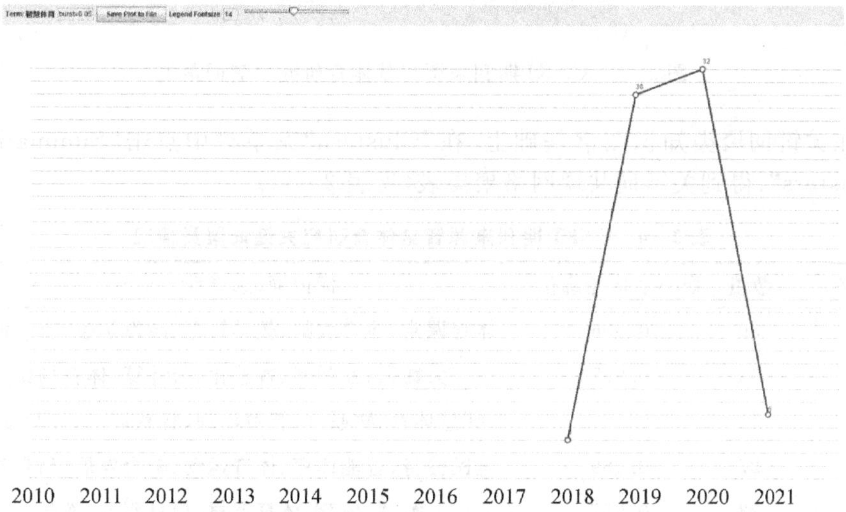

图 2－6　突现词“智慧体育”发文统计情况

(三)智慧体育关键词聚类分析

通过 CiteSpace 软件进行关键词的聚类分析，从而生成关键词聚类知识图谱(见图 2-7)。这些聚类折射出我国智慧体育研究领域的热点问题现状，包括“体育教师”“体育场馆”“智慧体育”“智能体育”“智慧”“体育产业”“应用”“发展路径”“智慧校园”“体育教学”及“国际象棋”11 个聚类标签。通过聚类标签能够反映一定的研究热点领域。

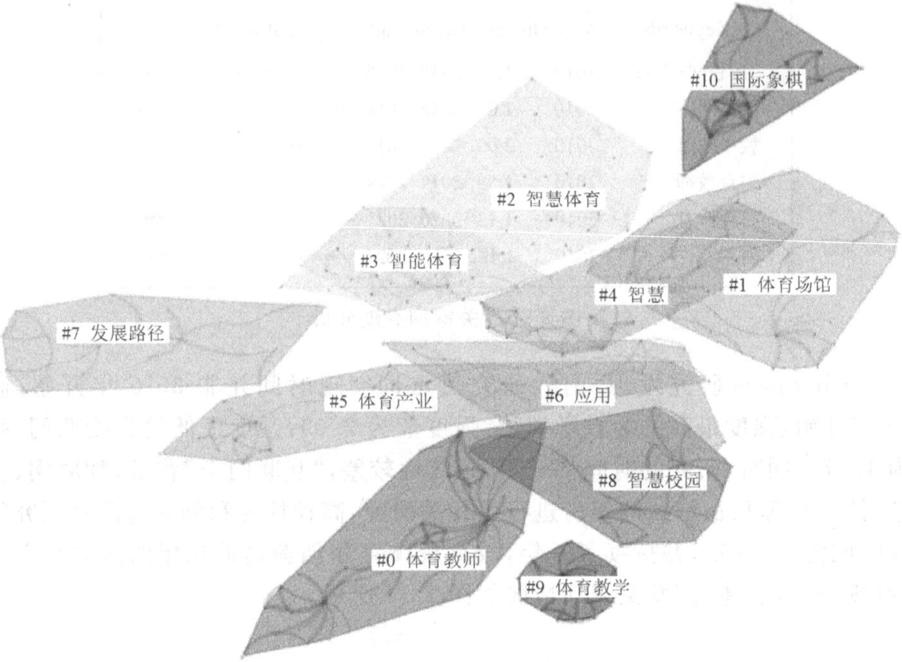

图 2-7 CNKI 期刊来源智慧体育研究关键词聚类

在关键词聚类知识图谱基础上，在“Clustern”菜单栏中点击“Summarization of Clusters”，得到关键词共现网络聚类表(见表 2-4)。

表 2-4 CNKI 期刊来源智慧体育研究关键词聚类情况

标签	数量	聚类平均轮廓值	标识词(选择前 5 个)
0	39	0.996	体育课堂、体育教师、教学智慧、激发学生、有效课堂
1	33	0.967	大数据、互联网、智慧化、云计算、体育场馆
2	31	0.989	智慧体育、物联网、智慧治理、智慧训练、智慧城市
3	27	0.959	全民健身、智能体育、体育运动、融合发展、信息技术
4	23	0.987	智慧、体育、体育器材、信息服务、教学

续表

标签	数量	聚类平均轮廓值	标识词(选择前5个)
5	22	0.969	体育产业、智能化、互联网＋、体育用品、实现路径
6	20	0.976	人工智能、发展、发展策略、应用、策略
7	19	0.908	体育旅游、体育经济、发展路径、产业融合、5G
8	19	0.951	高校体育、智慧校园、智慧教育、信息化、教学改革
9	18	0.930	体育教学、VR、中学体育、体育技能、5G
10	18	0.976	体育赛事、体育营销、阿迪达斯、世界杯、国际象棋

(四)智慧体育关键词时序图

利用 Timeline View 设置为按时序显示合并网络并生成，得到 2010—2021 年的智慧体育领域的突变词共现网络图谱(见图 2-8)。

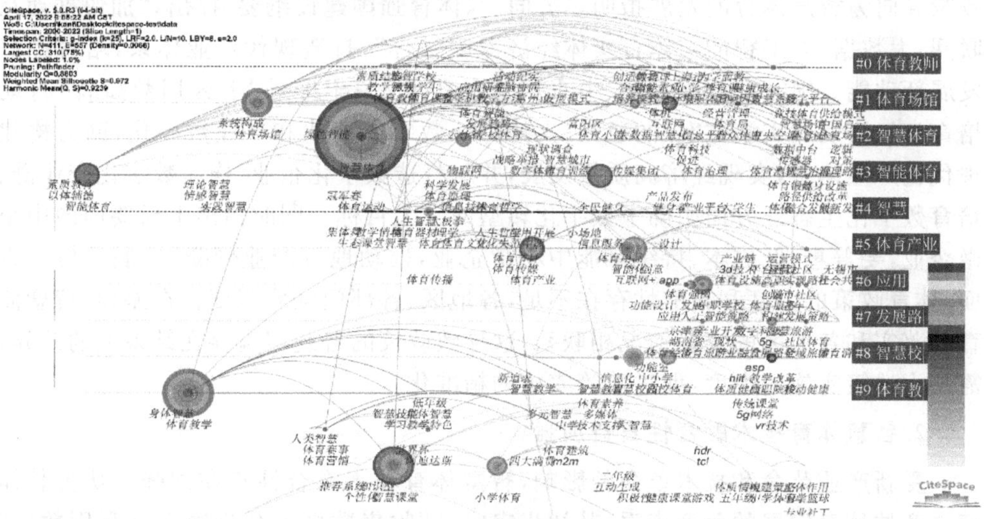

图 2-8　突变词共现时序图

如图 2-8 所示，前 10 的突变词分别为：智慧体育、智慧课堂、特色小镇、体育场馆、智慧校园、实践、创新、平台建设、体育教师、人民文化权益。智慧体育自 2018 年开始研究，研究成果较为丰富。突变词智慧体育相关的词为射频识别(RFID)电子标签、云平台、发展路径、教学改革。从中可以看出，相关研究方向逐步由技术领域转向了发展领域。智慧课堂为第二个突变词，一开始是在体育教学中的研究，并将研究重点放在了小学体育、智慧课堂、云平台、教学改革等关键词上，后期将研究重点放在了 VR、5G 等信息技术上。从突变词“实践”与“创新”来看，关键词多为高校、智慧体育课堂、实践教学模式、教学方法，说明实践与创新的突变词方面较为注重高校体育的发展状况，强调为现有体育教学做出贡献。从近期的研究热点来看，以“5G、信息技术、智慧化、创新”等关键词为代表的研究趋向于技术层面，以“教学改革、高等职校、实践教学模式、高职、健康成长”等关键词为代表的研究强调体育服务与管理层面。

（五）智慧体育研究的前沿热点

结合前文的研究关键词以及咨询相关专家意见，本书将智慧体育的研究热点总结为：智慧体育政策、智慧体育技术、智慧体育产业、智慧体育应用场景和智慧体育服务。

1. 智慧体育发展政策支持力度加大

我国体育产业起步较晚，体育人口较少，体育消费水平较低，体育产业发展较为薄弱，这使得智慧体育要取得一定的发展，需要依靠国家政策的支持。一方面，政策导向为智慧体育的发展指明了方向。《体育强国建设纲要》提出，“加快推动互联网、大数据、人工智能与体育实体经济深度融合”，打造现代产业体系，培育经济发展新动能。国家发展改革委 中央网信办印发《关于推进“上云用数赋智”行动培育新经济发展实施方案》的通知，支持加快数字产业化和产业数字化，助力构建现代化产业体系，实现经济高质量发展，并从打造数字化企业、构建数字化产业链、培育数字化生态三方面明确了数字化转型的三大目标。同时指出上云要面向中小微企业，要普惠、低成本、持续赋能中小微企业，推动地方产业创新、发展。另一方面，体育政策的力度和精准性存在不足，各地区、各部门发展程度存在差异，智慧体育的落实和各地区的实际情况相联系，这导致政策的普遍实施存在结果上的差异，需加大政策实施的力度，促进政策实施的精准化。

2. 智慧体育技术融合性日益加强

受新产业革命和技术革命的影响，智慧体育技术融合性正在加强。从智慧体育在竞技体育发展的角度来看，其初步完成了“收集数据－分析数据－利用数据”的产业链。体育俱乐部教练为完善训练过程，将运动过程进行记录，从而开展针对性的训练；体育媒体分析运动员的命中率、传球率、跑动距离等数据，增加赛事的吸引力；教练通过球员的身体数据，开展个性化的运动训练项目，从而极限地挖掘运动员的个人能力。更为显著的是，随着移动终端的发展，我国网民数量大幅增长，拥有数 10 亿级别的网络用户。依靠移动终端，我国实现了智慧体育与许多产业的技术性融合。现有运动健身类 App 几千种，依靠手机等移动终端，可以产生大量的运动数据，给予运动者针对性的运动意见与方案，实现更加立体化、沉浸式的训练方案，提高了用户的参与性和娱乐性，推动了智慧体育技术和参与性运动和观赏性运动的良性互动。

3. 智慧体育产业投资市场日益向好

2014 年,《国务院关于加快发展体育产业促进体育消费的若干意见》(国发〔2014〕46 号)文件出台,全面健身上升为国家战略。2016 年 10 月,中共中央、国务院印发《"健康中国 2030"规划纲要》,提出推进健康中国建设是全面提升中华民族健康素质、实现人民健康与经济社会协调发展的国家战略。受政策激励,大量的资本涌入体育市场。前期部分资本涌入市场,希望借政策利好实现短期变现,而随着资本对体育市场的逐步探索,逐步掌握了体育市场发展规律,认识到体育产业是一个值得长期投资的产业。最近几年,体育投资逐步精细化与理性化,正在谋求稳定的、可持续的高质量发展。如运动健身领域内龙头企业 Keep 完成 3.6 亿美元 F 轮融资,投后估值 20 亿美金。

4. 智慧体育应用场景多元化

智能体育在发展的过程中,逐步形成制造业和服务业两大领域。在制造业中最为突出的是体育场馆和体育用品的生产和销售;在体育服务业中,表现为智能化和教育、赛事、场馆服务、运动训练、体育传媒、体育博彩的融合。在体育场馆中,如"冰丝带"国家速滑馆,可通过手机 App 实现无纸化检票、智能导引至停车位和场馆座席、了解赛事特点解析和精彩片段回放,人脸识别安保门禁,智能消防控制、供配电控制等,场地照明调节、温度适度控制、物柜存取等实现智能化。在体育用品生产和销售中,可穿戴设备大致可包括智能手表、智能手环、智能眼镜、VR 头戴、智能头盔等产品,此类可穿戴设备会实时记录用户的训练与锻炼数据,使用户能够更直观地看到自身的训练情况。可穿戴设备贯穿于体育训练的各个部分,在教学方面,佩戴的设备能够捕捉到用户的脉搏、心率、健康信息,并为用户提供个性化的教学方案;在训练方面,佩戴的设备能够使运动员达到最佳的运动状态。总之,智慧体育与各个领域、场景的融合更加多元化,扩大了体育产业的宽度,促进了体育产业的纵深发展。

5. 智慧体育服务的个性化转向

智慧体育关注热点在于智慧校园、体育场馆、体育小镇等公共服务。场地作为体育运动开展的必要条件无疑被认为是研究热点,强调利用智能终端服务体育场馆,利用移动设备开展体育场馆运营,提升大型体育场馆管理的效率与效能。总之,更加高效地为公众提供人本性、个性化的体育服务势必为相关研究继续关注的方向。

四、国内智慧体育发展趋势前瞻

(一)智能技术引领智慧体育发展

根据 CiteSpace 检索出的关键词,"智慧体育""智能体育""互联网+""大数据”“人工智能”“物联网”等关键词占据了重要的位置，智慧体育的发展也要依靠这一核心因素。智慧体育的发展随着技术的发展而发展，主要体现在数据收集端的优化升级和数据处理端的突破。

从数据收集端来看，随着手机智能终端不断发展，移动终端联合的 App 种类丰富、质量上升，数据采集的内容将更加丰富、精确度更高。如在常见的运动手环中，心率监测是智能手环的基础功能之一。人体血液是红色的，红色的反色是绿色，所以血液对绿色光的敏感度较强。绿色光线搭配着感光光电二极管可以实时监测血液中发生的周期性变化，传感器不停地发射光线，接收端就会接收到光线反射信号，再通过算法进行处理就可以得到比较准确的心率曲线。总之，市场竞争和客户的实际需要将引起数据收集端的革命。

从数据处理端来看，伴随人工智能、云等技术的发展，将带动智慧体育数据的收集、存储、算法分析的升级。随着“互联网＋体育”的发展，将推动技术和体育产业发展的深度融合，人类社会也将逐步发展成为信息社会。随着技术的发展，算力提升并且成本下降，这将使海量数据发挥更为重要的作用。同时，与 AI 的结合，将使数据处理的效率大大提升。

（二）智慧体育消费需求日益扩展

经济学指出，市场需求决定市场供给，市场价格受供给数量的影响。随着经济的发展，人们生活水平和质量的提高，导致智慧体育的产生和发展，在这个基础上，随着经济的持续发展，也将带动智慧体育的进步。在这里将智慧体育的发展分为竞技体育的智能化发展、全民健身的智能化发展和“体育＋”的智能化发展。

从智慧体育发展来看，竞技体育是智能化的重要领域。竞技体育规模庞大，财力丰富，对智慧体育有着非常现实的需求。在运动员方面，需要智慧体育的大力支持。例如，在运动员的选材中，会参考运动员的个人身体数据，收集体能数据从而选择合适的运动员；在运动员的日常训练中，穿戴训练监控设备，对运动员训练中的心率、血压、肌肉、关节压力等指标进行分析，从而选择适合身体状态的训练方式，注重对于运动员的短板进行训练，发挥运动员的优势，从而提高运动员的竞赛表现；在运动损伤方面，穿戴特定的运动装备，可以及时查看运动员身体数据，避免过度训练造成疲劳及运动损伤。例如，我国短跑运动员苏炳添在东京奥运会以 9.83 s 成绩成为男子 100 米亚洲纪录保持者，这与在专项素质训练过程中，教练员通过多种科研仪器设备进行全面监控以确保训练负荷量度和运动技术的最佳化有重要的联系。在竞技体育管理方面，俱乐部/赛事管理者依靠数据进行决策，可提升管理的科学化水平。

全民健身也将是未来研究的热点。这不仅源于经济增长产业发展的需要，更是广大人民群众除了基础的物质文化的需求有所增加外，更是对身体健康、身心愉悦的需求。有数据显示，85％的健身参与者希望将人工智能、机器学习、云计算、虚拟设备等新技术手段融入个体健身活动中，监测个人的锻炼情况，以选择专业化的训练计划和训练方案，提升训练效果。企业是全民健身工程产品的主要供给来源，企业应根据市场需求，提升可穿戴设备的功能，开发智能化的 App，调整算法，以提供更加专业化、精细化的训练反馈。全民健康向深层次纵深发展，政府通过数据进行智能化的决策至关重要。政府通过大数据，收集广大人民群众的身体健康状况，通过各种方式协调体育供给和体育需求，在运动场地使用、公益活动、体育设施修建、体育政策支持、体育运动监管等方面进行更加全面专业的调控。例如，通过大数据，分析市民生活习惯，引导市民更多加入参与性体育运动和体育观赏中，在居住集中的地区建公益性运动场所；针对电子竞技的发展，收集未成年人上网信息，分析未成年人上网习惯，多措并举防范青少年网络沉迷问题。

体育产业融合是智慧体育重要业务。根据 CiteSpace 分析“智慧校园”“智慧场馆”“体育小镇”等关键词，可以发现体育产业融合是智慧体育的特征，也是未来发展的重要方向。数字经济的显著特征主要表现在产业数字化和数字产业化，智能体育产业发展主要体现为“体育＋”，要推进体育产业与医疗、养老、旅游、教育等产业的融合，如研究体医融合、体育旅游、体教融合。智能体育不仅会在这些领域纵深发展，还会拓展“体育＋”的领域，走出理论研究的局限，产生智慧体育新业态、新模式。

（三）智慧体育市场受到社会资本青睐

智慧体育市场未来发展方向将是精细化和专业化。智慧体育发展重要的原因在于传统体育发展依赖于大量的劳动力与场地，智能体育的发展将促进劳动生产率提高。从智慧体育投资来看，逐步摆脱了《国务院关于加快发展体育产业促进体育消费的若干意见》（国发〔2014〕46 号）文件发布后的无序增长，尊重体育市场规律，投资方向更加细分，体育赛事、运动健身、体育培训等方向是智慧体育发展重点投资领域。体育市场中“体育＋”的特征更加明显，如利用智能体育增加体育消费，加强体育场馆建设，从而使体育市场不断扩大。同时，受制于体育产业发展的特殊性所在，智慧体育发展不能脱离线下体育发展，如在智慧体育和体育培训结合的过程中，要注重线下课程的建设，增加参与者的体验感与参与感。

（四）智慧体育要做好交叉学科研究

首先，智慧体育应注重信息技术应用与跨学科的交叉融合。智慧体育依赖于信息技术平台、相关智能设备及互联网环境，相关硬件配给更加完善，智慧体育才能呈现更大的发展空间。且随着智能信息技术在体育领域应用创新的不断推进，相关研究范畴不断扩展，工商管理、新闻传播、法学等领域逐渐丰富，交叉研究的深度和广度不断扩展。其次，智慧体育领域内要增强研究的持续性。现有的智慧体育领域内的作者群较少，各作者间缺乏联系，作者的研究缺乏必要的持续性，在某种程度上抑制了智慧体育创新发展。因此，相关院校需进一步关注信息技术对体育发展的重要作用和价值挖掘，稳固学科阵地，加强学科领域建设，将智慧体育纳入研究范畴，提升研究的可续性与研究的深度。最后，强化智慧体育的理论研究与实践运用一体化发展。相关研究发现，智慧体育领域研究主体较为分散，研究内容联系性较弱。因此，应适时搭建“工科院校＋体育院校”和“高校＋社会企业”平台，工科高校提供先进的技术支持，体育院校提供丰富的运动知识储备，以智慧体育的社会需求为根本出发点，推进智慧体育的实践应用与理论研究。特别是进一步开展产学研合作，以高校、体育科研院所为研究基地，以企业应用为最终原则，加强校企合作，完善技术领域存在的短板，推动智慧体育实践快速发展。

当然，本书的文献研究存在一定的局限性。首先是由于分析软件能处理的数据类型所限，本研究仅选取中国知网 CNKI 数据库的 1229 篇文献作为数据来源。其次是 CNKI 无法实现 CiteSpace 的共被引分析功能。最后是本研究仅对 2010—2021 年的文献研究趋势进行讨论，主要是参考国内文献，对国外相关研究缺乏系统分析。

第三节　智慧体育产业相关研究述评

一、关于智慧体育的概念及其产业形成研究

“智慧体育”源于 2008 年 IBM 提出的“智慧城市”，即通过利用 IBM 的云计算、大数据等智能技术设计智慧城市体育解决方案，与智慧交通、智慧医疗、智慧旅游等同属智慧城市的有机组成部分。我国“智慧体育”与体育信息科技的博兴发展一脉相承，历经体育信息化（1972—2002 年）、体育数字化（2003—2008 年）、体育智能化（2008 年至今）三个阶段。学界目前对“智慧体育”的定义尚未达成共识，“互联网＋”体育、智能体育、智慧体育等概念在研究中并存，其主要有三种解释：第一种是技术应用论，智慧体育是以云计算、大数据、物联网等为技术支持，实现体育信息数字化、传播途径网络化、运动硬件智能化；第二种是模式创新论，作为体育与科技融合发展的典范，智慧体育利用海量感知的体育信息做出智能决策，实现体育服务模式创新发展；第三种是高级生态论，智慧体育是基于新兴信息技术，以竞技体育、全民健身、体育产业为基本架构，整合教育、医疗、旅游等资源的高级生态系统。

随着“智慧体育”从理念构想转变成我国体育改革的具象行动，其产业实践规模渐进且不断突破。学者们从产业实践过程、产业特征、技术融合三个层面开启对智慧体育产业的初步探究。相关学者指出，智慧体育产业是借助智慧化技术手段实现体育产业链各环节精细化管理的过程；是与第二、三产业高度相关、生态复合的新兴产业，具有信息化、智能化、便捷化特征。学者郑芳等（2019）从人工智能与

体育产业的技术融合出发，认为智能体育比智慧体育更适合国情，其主要可分为智能体育服务业和智能体育制造业两大类。随着以AI、VR等为代表的新兴技术与体育应用场景深度融合，体育产品与服务不断创新发展，新的产业链与价值链路径重构，智慧体育产业理论亟待深入与扩展。

二、关于智慧体育产业细分领域的发展现状与趋势研究

聚焦信息技术资源在体育领域规模应用，现有新业态发展主要集中在以下几个方面。①智慧体育健身：美国 Fitmob、Fitbit、Strava 等通过建立健康数据、增加社交入口等，为用户提供多样性的健身服务；国内跑步社交 Keep 用户总量突破1.2亿，累计训练 68.79 亿。②智能体育装备：智能鞋垫开发、智能运动服、智能背包等智能型体育产品不断丰富。③智慧体育场馆：Levi's Stadium 铺设 400 英里电缆，1200 个分布式天线系统，1700 个 beacon 信号装置覆盖球场各个角落；华为应用发布的 5+1 智慧场馆场景涵盖在线服务、智慧前台、智能出入、智能场控、智能监管+综合运营平台。④智慧体育培训：互联网+青训+赛事 IP+衍生品+球员经济的商业模式逐渐为市场所青睐。⑤智慧体育传媒：ESPN Fantasy Insights 凭借认知计算传输体育数据的方案获得 2019 世界体育科技“最佳数字技术”奖。

从整体上看，智能信息时代的体育产业具有发展前景，值得精耕细作，可以谋求长期发展。从企业规模来看，其大多以小微型、中小型的初创企业为主，泛娱乐或高科技企业巨头的资本投资、并购、上市下的转型升级为辅。

从地域分布来看，北京、上海、杭州、深圳、厦门等一线、省会及口岸城市聚集规模不断壮大（郑芳 等，2019），其中无锡创建的智慧体育产业实体园区，亦是首个体育产业“众创空间”。从产业项目基础来看，*Report on the development of global e-sports industry in 2019* 指出中国电子竞技用户将达到 3.5 亿，占全球 59%；智能骑行、智能高尔夫等 18 个新项目渐成主体。从产业发展趋势来看，信息技术已经渗透到体育各个细分领域，高效率而低成本的服务与产品迅速挤占当前市场份额，改变着微观个体的运动习惯与消费场景，影响着中观新生体育科技企业的商业决策与运营，冲击着宏观体育市场发展的战略远景规划。

三、关于智慧体育产业的发展瓶颈与培育促进研究

当前，我国智慧体育产业发展处于起步发展阶段，其市场标准规范亟待深入探索，民众智慧体育消费意识与习惯有待进一步培养；高科技体育企业服务与产品单一化、同质化以及缺乏实用性等问题突出，其应用场景扩展、智能化程度亟待提升（郑芳 等，2019）；数字化传播中体育知识产权侵权现象屡见不鲜，相关法律法规不完善。智慧体育产业的培育路径主要围绕以下内容展开。①政策支持导向方面：江苏省出台“十三五”智慧体育发展规划，重点推进智慧体育产业园区建设（2017）；

浙江省指导成立“智能体育技术研究院”“中国智能体育产业联盟”(2018);上海举办智慧体育与智能装备国际论坛。②企业主体培育方面:相关学者提出,以“互联网+智能技术”应用成就科技引导的企业核心竞争力;企业需充分利用区块链技术打造体育产业全新业态及商业模式,从而实现盈利。③市场消费格局方面:千禧一代在体育服务、信息、体验等消费主导的新格局中,对如咕咚(Codoon)跑步社交、超级猩猩健身管理等狂热追捧。学者们指出,智慧体育产业应顺应体育消费新的外部形势与内在条件,实现消费供需无缝对接与精准匹配。④投资战略布局方面:自《国务院关于加快发展体育产业促进体育消费的若干意见》(国发〔2014〕46 号)文件下发以来,阿里、当代明诚等企业巨头纷纷抢先布局,重金购入赛事 IP。而近年来,各项投融资开始进入深度调整,对新产业链和产业生态培育的战略性投资逐步理性回归。尽管面向政策市场双向利好,但立足智慧体育产业内生性培育与发展,亟待学界更多关注与引导。

随着新兴信息技术成果的不断涌现,我国智慧体育产业的新业态已经初现轮廓。国内外学术界对智慧体育及其产业实践的探讨为后续研究奠定了基础。但从整体上看,“智慧体育产业”核心概念混杂,缺乏系统性基础理论,理论较实践发展彰显滞后。研究内容上,多集中于健身 App 运营、智慧场馆模式创新等微观层面上,忽略了体育市场环境的快速变迁,亟待系统框架上的“产业生态”站位,对“新业态”动态演进及其培育机制进行深层次研究,以探索未来产业政策的调试和配套方向。研究方法上,多为经验性描述性定性分析,运用科学的实证方法进行定量分析和建模的研究较少,缺乏数据和实证支撑。

第四节 本章小结

本章从体育新兴产业发展与政府规划、企业战略、资本融资、人力资源、市场引导、市场技术创新六个维度的相关研究展开,并基于 CiteSpace 进行智慧体育前沿热点与趋势分析,重点围绕智慧体育概念内涵的演进脉络,进行国内智慧体育研究的知识图谱分析、国内智慧体育内容知识图谱共线及其分析,并对国内智慧体育发展趋势和前瞻进行系统阐述。

基于量化分析与定性分析相结合,本章进一步探讨智慧体育的概念及其产业形成、智慧体育产业细分领域的发展现状与趋势、智慧体育产业的发展瓶颈与培育促进,为后续研究奠定理论基础。

从整体上看,智能信息时代的体育产业具有发展前景,值得精耕细作,可以谋求长期发展。从企业规模来看,其大多以小微型、中小型的初创企业为主,泛娱乐或高科技企业巨头的资本投资、并购、上市下的转型升级为辅。尽管面向政策市场双向利好,但立足智慧体育产业内生性培育与发展,亟待学界更多关注与引导。

第三章　理论基础

第一节　相关理论基础

一、产业融合理论

在产业经济学中，产业一般认为是居于微观经济的细胞（企业和家庭）与宏观经济的单位（国民经济）之间的一个集合概念（杨治，1985），而融合这一概念被广泛认知是在第三次科技革命时，即电子信息产业的融合。产业融合理论的相关思想最早来源于马歇尔《经济学原理》中关于社会分工的思考，“随着社会分工的细致化程度日益加深，在人们习以为常的各类行业部门之间，许多领域的界线正在变得越来越短而且不难跨越”。有关产业融合的正式研究则是在 20 世纪 60 年代由美国学者 Rosenberg 在对美国机器制造业的研究中首次提出，他认为技术应用于产业，是产业发展的直接原因，并将此过程定义为技术融合。

1985 年英国学者塞哈尔（Sahal）研究认为：“某一种技术范式向不同的产业扩散，促使这些产业出现技术创新，进而产生产业融合。”（李美云，2005）尽管这一时期市场都在不断对市场融合进行尝试，但是学术界对产业融合理论的研究却很少。直到 20 世纪 90 年代，产业融合这一概念才广泛被学界所研究，各种研究理论如雨后春笋般兴起，研究内容、范围不断扩大，从计算机、印刷、广播电影业逐渐扩展到旅游业、金融业、制造业、房地产业……研究内容从技术渗透、产业边界变化、产品整合、业务及企业融合到市场融合、产业竞争等，研究内容不断丰富（李燕燕，2014）。2003 年，Hooper 指出，“产业融合突破‘一维’空间的概念，涵盖了基础技术融合、设备融合、网络融合、管制融合和企业融合五个维度的内容”。2008 年，傅玉辉指出，“产业融合在产业边界的突破——新产业形态中都起到了革命性作用，在物质融合、结构融合、组织融合和制度融合等协同合作基础之上电信和传媒产业之间实现了产业融合”。

产业融合的动力主要包括技术创新、政策引导、市场需求、企业竞合四个方面，技术是促进产业融合的关键，技术融合是产业融合的基础，产业融合研究的核心是分析产业间的技术融合。学界对技术融合概念的界定也有很多，Curran 等（2011）认为，产业间技术融合是推动产业融合发展的重要驱动力。苗红等（2018）认为技术融合过程是在不同产业领域之间创造新发明的过程，在微观层面体现为产业领域之间的知识流动。根据之前的研究，可以总结出不同的技术水平将会促进不同形式的融合，技术创新的扩散有利于消弭产业之间的进入壁垒，引起产品和业务融合，最后引发市场融合；技术创新也能有效降低企业的管理成本与运营成本。基于技术层面，可将产业融合分为技术替代与互补融合，技术替代即技术被其他技术所替代，互补融合即两项技术融合以后发挥出比原来单独情况下更好的效果。

目前，世界已进入人工智能时代，物联网、大数据、机器人、VR/AR技术驱动着社会生产方式的变革，互联网＋金融、互联网＋旅游、互联网＋体育等融合形态都是基于技术创新形成的。政策导向作为政府对市场宏观上的调控手段，可以有效提高或降低行业的准入门槛，促进产业的有效竞争，模糊产业间的边界，有效地引导和激励产业的融合发展。市场的自我调节由一只“看不见的手”即供求关系所决定，生产的最终目的是满足人们的不同需求，而需求也反过来推动生产和经济的发展。在市场上需求的拉动下，产品和服务间不断融合进而带动产业间的融合，市场需求的变动方向也为产业间的融合方向提供指引，产业融合的本质是为了达到生产效益的最优组合，从而满足人们的不断增长的需求。作为产业的微观组成部分，企业间的合作也是产业间融合发展的微观体现。企业间的有效竞争能使企业和产业获得较好的规模经济效应，而又不因为企业规模的扩张导致垄断而丧失竞争活力。企业间的合作包括横向企业间的合作、纵向企业间的合作，有利于整合产业链，降低企业的成本费用，提高生产效率和服务质量。

产业融合产生的效应主要包括降低成本、结构升级和区域效应。产业融合可以促进资源的充分利用，有效降低企业间的交易费用，同时也能降低企业的生产费用与管理费用，提升企业的绩效。产业融合的主要推动力是技术创新，技术在行业间的融合渗透能够提高产业的生产效率，同时新技术的产生在一定程度上也会加速淘汰老旧生产线与生产方式，促进产业结构的升级。产业融合的区域效应主要表现为促进生产要素和生产技术在区域间的流动，提高配置效率，同时有利于打破区域壁垒，增加区域间企业的联系，有利于构建区域间的行业制度规范。

二、创新发展理论

创新是指以现有的思维模式提出有别于常规或常人思路的见解为导向，利用现有的知识和物质，在特定的环境中本着理想化需要或为满足社会需求改进或创造新的事物，并能获得一定有益效果的行为。

在经济学中，创新可追溯到亚当·斯密，他认为生产力的提高主要取决于劳动者能力的改进以及劳动者使用工具的改进。而这两者都与技术进步有关，他的巨著《国富论》就论述了技术进步与经济增长的关系。马克思也对技术的作用进行了一定的论述，他认为技术创新会引起生产方式的变革，进而引起生产力的变革，最后导致经济增长。

但在经济学中最早系统地论述创新这一概念是美籍奥地利政治经济学家熊彼特，1912 年，他于《经济发展理论》中提出了技术创新理论，他认为创新就是建立一种新的生产函数，实现生产要素和生产条件的一种从未有过的新结合，并将其引入生产体系。创新是一种经济行为，是技术作用的具象形式，目的是获得超额利润。创新一般包含制造新的产品、采用新的生产方法、开辟新的市场、获得新的供应商、形成新的组织形式创造。总结来看，熊彼特的理论主要体现了产品创新、技术创新、业务创新、渠道创新、组织创新。技术创新和经济的关系是熊彼特理论的重要论述部分，他认为技术进步是推动经济增长的重要力量。

对技术创新的分类，相关理论主要从创新源的获取方式、技术创新的实现形式、技术变化强度的大小等几个方面进行分类。从创新源的获取方式进行分类，可分为原始创新、模仿创新、集成创新；从技术创新实现形式的角度进行分类，可分为自主创新、模仿创新、合作创新；从技术变化强度的角度进行分类，可分为根本性创新和渐进性创新，根本性创新即能有引发产业巨大变革的技术，如互联网技术的兴起促使了经济全球化及企业之间的联系。引起技术创新的原因有需求拉动型、技术推动型以及共同作用型。需求拉动型模型强调市场的需求为技术创新的主要原因，其主要路径为市场需求推动技术研发，然后投入生产，进行市场营销后投放市场。技术推动型则强调技术是创新的关键。共同作用型即创新是市场和技术有机结合的产物。

技术创新是促进产业融合演进的重要推动力。在一定时期内，技术创新和经济社会发展受制于一定的社会经济环境和有限的社会可实现技术集合，而由于产业间存在的技术创新发生频率的不对称性和技术水平的不平衡性，这使得任何产业的技术创新都可通过产业间关联作用诱发其他产业部门的技术创新，即新技术具有明显的溢出效应，新技术能够在产业内、产业间较快地扩散与渗透，使得产业边界模糊，技术壁垒也逐渐消失，产业发生融合。技术创新推动产业的变革。新的技术引入产业的价值链，势必会带来巨大的改变，不仅会使产品的形态、功能、质量发生改变，还会引起企业的组织形式、营销手段乃至于生产方式发生改变。而这些改变在某种意义上大多是朝着对企业更有利的方向去改变，即运营成本降低、产品生产成本下降、企业结构发生优化等，进而促进产业内的正向竞争，令整个产业发展进步。

技术创新能推动产业的组织结构变化。在经济发展过程中，随着经济资源结构中技术要素结构的改变，微观组织的规模和形式都处于不断的动态调整中，第一次技术革命推动了组织结构纵向一体化，第二次技术革命推动了组织结构集中化与专业化，新技术革命则推动了组织结构柔性化、集团化和多元化，这三次技术革命均对产业的发展和创新起到了积极作用。

三、雁行形态理论

雁行形态理论最初是20世纪30年代由日本经济学家赤松要在《我国羊毛工业品的贸易趋势》(1935)中提出，该论文对日本的棉纺织业进行研究分析，将日本棉纺织业发展划分为“国外进口、国内生产加工、向国外出口”等三个阶段。由于此三阶段的变化过程在图上呈现为倒v形，故将这三阶段称为雁行形态。几种雁行形态如图3-1所示。

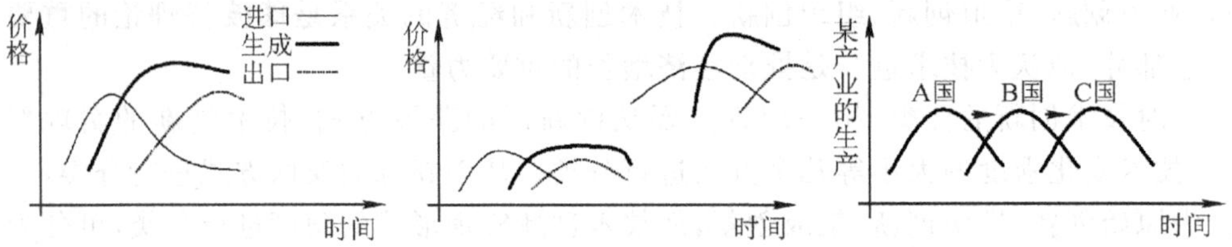

图3-1 雁行学说的基本形态

后来雁行的产业形态从消费者生产领域延伸到生产器具设备领域，这种产业更迭现象反映了产业的建立与升级。赤松要用雁行形态概括了20世纪日本产业的客观发展规律，赤松要关于日本产业兴衰的研究，焦点先集中在特定国家的特定产业，后扩大到特定国家的产业结构变化，进而产生跨越国界的产业转移。20世纪50年代以后，日本经济高速发展，70年代左右日本产业结构转型升级，衰退产业向亚洲新兴工业化经济体转移带动了其发展，这种转型被认为是雁行形态的衍生形态。此时“雁行模式”的内涵，是东亚处于不同经济发展层次的日本、亚洲四小龙和东盟利用自己的比较优势，在区域分工中发展自己具有优势的产业，并且把丧失优势的产业向外转移，以此来带动本国(地区)产业的不断升级，其本质是东亚先进国家(地区)与后进国家(地区)之间的一种产业梯次传递的动态过程。二战后，产业形态在国际中的转移与调整主要可划分为四个阶段，如图3-2所示。在雁行形态的内涵被扩展到产业在国际间转移时，小岛清和渡边利夫对雁行形态在其中的作用进行了解释。小岛清提出“直接投资主导发展论”，即先发国家由于比较优势的影响，将失去比较优势的产业在后发国投资，从而带动后发国产业升级与技术更新。渡边利夫提出“结构转换连锁论”，他从后发国的视角提出东亚经济保持活力的关键在于东亚经济系统内各国都具有很强的结构转换能力，这种转换能力能带来一种连锁反应，后发国从产业转移中获得机会，在转换经济结构的同时可追赶先行国，进而又促使先行国产业转型升级。

雁行理论与产品周期理论和比较理论等均有内在联系。在生产按比较优势在国际间转移中，雁行形态理论与产品生命周期理论有一定的相似之处，二者均是产品循环的过程。生命周期理论中，产品均要经过产生、发展、成熟、衰退等过程，此

20世纪50年代	美国→日本（资本密集型产业）
20世纪60年代	美国→日本（技术密集型产业） 美国、日本→亚洲四小龙（劳动密集、部分资本密集型产业）
20世纪70年代	美国→日本（技术密集型产业） 美国、日本→亚洲四小龙（资本密集型产业） 美国、日本、亚洲四小龙→东盟四国（劳动密集型产业）
20世纪80年代中后期	美国→日本（创造性、知识技术密集型产业） 美国、日本→东盟（标准化资本、技术密集型产业） 美国、日本、亚洲四小龙→东盟四国（劳动密集型、部分资本、低技术密集型产业）

图 3－2　产业形态在国际中的转移与调整

理论中的产品循环是发达国家按照“新产品开发→形成国内市场并大量生产→出口资本和技术出口→进口→开发另一种新产品”这样一种逻辑顺序不断循环，循环的开始往往处于产品的成熟时期，此时企业在国内生产销售一段时间，具有垄断技术，产品也逐渐为外国消费者熟知，向外出口有利于发挥规模效应、获得廉价劳动力并打入市场，当产品的技术向后进国家转移后，后进国家依靠其人力成本、生产成本低等比较优势参与该产品的国际市场竞争，使产品出口回先开发国家的市场，这时先行国家又开发出新的产品，周而复始，循环往复。雁行形态论描述的是后进国追赶先行国的产品循环，认为先行国地区与后进国地区之间存在着一种梯度的产业传递和吸纳的动态过程，由此形成了先行国地区和后进国地区一定时期内的产业循环和连锁型变化机制，促进了后进国地区产业结构向着更高层次转换。可以说，产品周期理论与雁行理论互为表里，而这两个理论之间内在联系的桥梁则是比较优势。

按照雁行形态理论，产业发展结构规律一般为劳动密集型产业→资本密集型产业→技术密集型产业，技术密集型是产业发展得较为成熟的阶段。在雁行形态理论中，技术创新是理论的重要出发点，产业只有拥有垄断技术，才具有产业转移到后进国家的基础条件。技术创新的发展程度可以在一定程度上改变国际分工格局，从微观来看，企业也应重视技术创新，从而在国际市场中获取更大的利益。

四、产品生命周期理论

产品生命周期理论最早由弗农于《产品周期中的国际投资与国际贸易》中提出，该理论认为产品的生命周期即新产品从产生到进入市场到退出市场的全过程。

产品的生命周期主要划分为四个阶段，即初创阶段、成长阶段、成熟阶段、衰退阶段。产业的生命周期理论从产品的生命周期演变而来，相较于产品生命周期，产业生命周期理论是以整个产业为研究对象，而忽视具体的产品型号、质量、规格等。几乎所有的产业周期理论曲线都呈S形，体现了产业发展有规律的阶段性。20世纪70年代 William J. Abernathy 和 James M. Utterback 以汽车产业为研究对象，提出“主导设计”的概念，并建立了 A-U 产品生命周期理论。后产业生命周期理论进一步发展，1982年，Gort 和 Klepper 提出产业生命周期包括引入期、大量引入期、稳定期、大量退出期和成熟期等五个阶段，建立了产业经济学意义上第一个产业生命周期模型，但学术界一般还是将产业生命周期划分为四个阶段(见图 3-3)。

这些特征同样也是判别产业发展状态的特征，产业的形成与发展往往伴随着这些因素的改变。

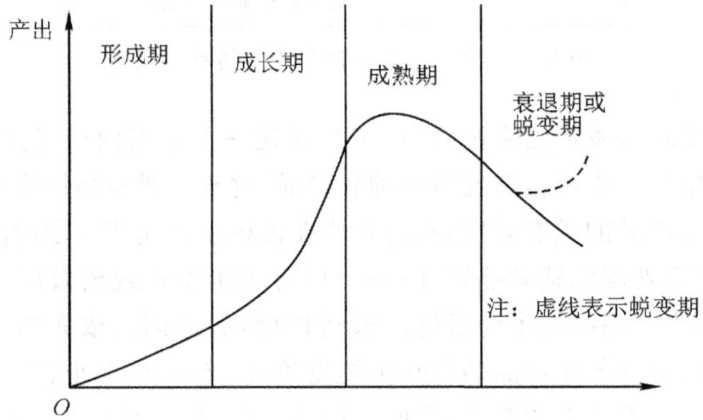

图 3-3　产业生命周期的一般形态

在产业的初创阶段，市场增长率较高，需求增长较快，技术变动较大，产业中各行业的用户主要致力于开辟新用户、占领市场，企业进入壁垒较低。在产业的成长阶段，企业进入壁垒提高，产品品种及竞争者数量增多。产业的成长阶段由于不确定的影响因素较少，产业的增长具有可测性。产业成熟阶段的持续时间相对较长，这一阶段市场需求趋于稳定，产品创新也比较困难，买方市场形成，产业盈利能力下降，产业内行业增长速度趋于平缓甚至停止。在产业衰退阶段，厂商的数目逐步减少，市场逐渐萎缩，利润率停滞或不断下降。当正常利润无法维持或现有投资折旧完毕后，整个产业便逐渐消亡。

产业生命周期理论同样影响企业战略的选择，不同产业生命周期阶段会影响企业做出不同的战略选择。在形成期和成长期，市场进入壁垒低，企业合理选择产业至关重要，选择正确的产业市场能够较快建立起企业在消费者心中的品牌形象，首先进入并投资于原材料供应、零配件供应和批发渠道并建立起成本优势。但若企业选择进入产业的早期市场和后期市场有很大不同，企业的前期投入可能变为无效成本,影响企业后期转型和市场份额。在成熟阶段,市场竞争环境严峻,价格竞争不是企业主要的战略,此阶段竞争的战略选择包括产品结构的调整、正确定价、改革工艺和革新制造方法、选择适当的顾客、购买廉价资产、开发国际市场。在产业的衰退期,市场竞争激烈,而市场需求却逐步下降,此时企业会做出战略转移或战略退出等策略,而企业退出、企业转移的成本以及衰退期的时长将会决定企业的选择。一般来说,衰退期企业策略主要包括领先策略、坚壁策略、抽资转向战略和快速退出战略。

产品生命周期理论对产业的政策制定提供理论基础。在产业的初创期和成长期,政府可通过提供优惠政策,如税收政策、土地管理政策、劳动力政策等激发产业的发展活力,也可制定明确的结构目标和企业竞争目标的产业政策,推进产业组织的合理化,通过倾斜发展和产业扶植等提高产业竞争能力,推进整个产业高速持续增长。在产品的成熟期,政府应采取促进产业稳定增长的产业政策,优化资源配置,防止企业过度垄断行为对市场的影响。在产业的衰退期,政府应合理优化资源配置,引导企业平稳转型或退出衰退产业,促进产业的转型升级,且尽量使产业进入新的生命周期。

五、要素禀赋理论

在社会学中,禀赋即人所具有的智力、体魄等素质、天赋。而在经济学中,禀赋指一个国家所拥有的各种生产要素资源,如土地、资本、劳动力、技术等,后逐渐延伸扩展到自然环境资源、各类基础设施等。在要素禀赋理论中,有几个基本概念需要了解,即生产要素、要素密集度和资本劳动比。生产要素常指土地、劳动和资本三要素;要素密集度指产品生产中某种要素投入比例的大小;资本/劳动即为资本劳动比,该比值高则为资本丰裕型(劳动稀缺型),该比值低即为劳动丰裕型(资本稀缺型)。

要素禀赋观点最早由英国古典经济学家李嘉图由亚当·斯密劳动价值学说中延伸的比较优势理论中得出,其观点指出,在贸易交流中,一个国家应该生产那些本国要素禀赋高的产品,而进口要素禀赋稀缺的产品,以此来节省劳动力,而在专业分工中获利。维克赛尔在1911年基于瑞典移民美国的问题提出国家在要素禀赋方面存在差异,同时不同部门的要素比例也存在差异。世界价格的变化会导致对充裕要素(土地)需求的增加,以及对稀缺要素(劳动)需求的减少。1919年,瑞典经济学家赫克歇尔在《对外贸易对收入分配的影响》中首次提出了要素禀赋理论,并由他的学生俄林在《贸易理论》中进行扩展,后俄林在《区域经济与国际贸易》中对要素禀赋理论进行了系统的论述。后来要素禀赋理论也称为H-O理论(赫克歇尔-俄林理论),这一理论对国际贸易理论进行了革命,是把国际贸易与生产要素价格相联系、结合的初次尝试。赫克歇尔的要素禀赋理论将李嘉图在比较优势理论提到的劳动力一种要素扩展为劳动力、资本两种要素，从这两种要素的丰裕程度和密集程度阐述国家间要素禀赋的区别。劳动密集型商品由劳动力充足型国家出口，由资本充足型国家进口；资本密集型商品由资本充足型国家出口，由劳动充足型国家进口。由于H-O模型的假设条件过于苛刻，包含了九个方面的假设，对很多贸易现象不能提供理论支持，后由美国经济学家萨缪尔森于1948年提出要素价格均等化定理(H-O-J定理)，最后经过不断发展形成了赫克歇尔-俄林-萨缪尔森-琼斯理论。以上理论都是基于宏观的国际贸易主义视角，下述是基于产业结构视角的要素禀赋的应用。

目前在产业结构发展方向，我国经济学家林毅夫基于要素禀赋理论的视角，以唯物主义思想为指导，提出了新结构主义经济学。新结构主义经济学不同于结构经济学的静态的、纯客体的三维空间方法解释经济现象，而是以动态的主客体相统一的五位一体方法解释经济现象及本质。林毅夫的新结构主义经济学的主要观点为：一个经济体发展及资源、劳动力、产业结构、技术水平的变化是由要素禀赋结构决定的，经济体的软硬件基础设施等也会受到一定的影响。不同的时点相应也具有不同的要素禀赋结构，从而也会影响生产要素的数量及价格。基于这一理论可知，不同时点，经济体的最优产业结构是不同的，自身产业升级的目标就是降低成本，在正确的政策引导下，通过不断的动态调整，经济体产业结构达到最优解，经济体的生产水平从而得到有效发展。新结构主义经济学理论对体育产业的调整、布局、政策引导等提供了有力的理论支撑。

第二节　技术基础

一、5G技术

5G是新一代移动通信技术，具有高速率、低延时和大连接的特点。5G速率最高可以达到4G的100倍，能够用手机很流畅地看8K的高清视频，畅玩VR游戏等。例如，1 GB的视频十几秒就可以下载下来，一瞬间就可以下载十几个App，而且在人群密集的场所，5G信号也很好。以往我们看到的VR项目大多数都是用户坐着不动或者慢速移动下进行的，而且要戴上数据线，很麻烦。5G网络拥有大带宽的特性，可以实现VR眼镜的无线化，并将整个画面和计算都传递到远端处理，能够降低VR眼镜的计算能力和成本，普及度更为广泛。在低延时方面，5G的延时可以低至1毫秒，仅仅相当于4G的十分之一，其可以广泛地运用于自动驾驶和智能医疗行业。安全是自动驾驶的核心，但现在的安全性能还远远达不到自动驾驶汽车商用的要求，因此就需要毫秒级的延时响应以提升安全性。比如当无人驾驶汽车上路时，系统会实时监控路段状况，当道路异常时，对于延时的要求也是毫秒级的。在大连接方面，5G 每平方公里有 100 万的连接数，与 4G 相比，用户容量大大增加，除连接手机外，5G 还可以广泛运用于物联网，比如智能家居、智能穿戴等。4G 网络的核心是将任何人连接起来，而 5G 网络将物和物、物和人进行连接。

二、物联网

物联网是以互联网为核心，以信息与技术为储备，以便利性、高效性、时空性为特点，向外辐射的巨大网络体系。物联网体系内容丰富，涵盖了多个层面。从技术层面来看，物联网主要由设备层、网络层、物联网平台层、数据分析层、应用层和安全层六个层次构成。设备层包含了大量可以进行数据连接的设备，比如手机、智能手表、VR 设备等，物联网通过这些设备来了解世界各地的信息并对人发出的指令做出反应和分析，所以人们所用的设备具有什么功能，物联网就具有什么功能，物联网的功能是可以被无限挖掘的。随着 5G 通信的发展，现已有大量的设备具备了网络连接能力，从而成为物联网连接的一环，比如家电、汽车、工业农业设备等。网络是物联网发展的基础，网络的速度、安全性和容量等都会影响到物联网的发展，5G 技术的发展在很大程度上推动了物联网应用的发展，为物联网的发展提供了动力。物联网平台具有非常重要的作用，人们通过物联网平台整合大量的资源，并从中提取所需要的信息、数据。基于物联网平台也可以进行大数据分析和运用人工智能，为科技的发展起到了极大的推动作用。物联网的基本特征包括：整体感知、可靠传输和智能处理。物联网渗透在我们生活的方方面面，比如，人们在运动时常用小米手环或者 Apple Watch 记录身体的数据，而它们在人们休息时也会记录并且上传一些数据，这就是物联网的简单运用。除此之外，在日常生活中，共享单车和贩卖机也使用了物联网技术，它们用二维码与物联网相连，实现物与人的连接。手机和家电也实现了物联网的连接，我们可以在手机上远程操控家电，对家电发出各种指令，它们可以接收并实施指令的要求。

三、虚拟现实技术

虚拟现实（VR）技术将各种数据转换成为人们肉眼可以看到的事物，依靠和利用计算机数据生成一种虚拟环境。虚拟现实可以模拟人们的感知功能，比如听觉、视觉、触觉等，它超强的仿真系统真正实现了人机交互，人们在操作过程中可以随意操作并且会得到环境的真实反馈。虚拟现实技术使用户进行沉浸式体验，用户通过虚拟的现实体验到真实的主观感受，并通过主观感受调动自身的听觉、触觉与嗅觉。沉浸性是虚拟现实最主要的特征，这种特性让用户感到自己是计算机所创造的环境中的一部分，当用户在虚拟环境中受到刺激，现实中也会有所反馈，拥有沉浸式的体验。交互性是用户在对虚拟环境中的物体进行接触、移动时，现实环境中也会得到同等操作的反馈。多感知性是在理想状态下，虚拟现实技术应具有人们的所有感知形式。但现有技术情况下，虚拟现实技术目前只能够模拟人们的视觉、触觉、听觉和运动。构想性是指用户在虚拟世界中可以与周围的物体互动，可以创造现实情况下未发生的情况，在虚拟空间中进行模拟实验，可以扩展知识、活跃思维。自主性是指在虚拟环境中，物体可以根据用户对它的行为，进行移动、翻滚或掉落。

随着 VR 技术的发展，越来越多的游戏利用这种技术给玩家创建一个仿真的环境，大大提高了玩家的游戏体验感。如只用一个眼镜就可以有身临其境的感觉，VR 眼镜也越来越受到游戏玩家的欢迎；在教育方面，虚拟现实技术打破了传统的教育方式，利用虚拟现实技术塑造了一个更加生动逼真的环境，让学生能够更深刻地了解学习的知识内容，激发学生学习积极性；在家居租房方面，人们在租房过程中可以不用再一家一家地跑到各个小区去看房，在手机上就可以 3D 环绕地看房，利用虚拟现实技术让人们足不出户就可以看到各个小区的房子装修与布局状况，大大节省了用户的时间精力。

四、云计算

云计算就是以互联网为核心，为用户提供数据计算和资源储存服务，使每个用户都能快速便捷地使用数据资源。比如，当需要安装一个软件时，不用跑到电脑城让专业人士来帮忙安装，只需要打开应用商店下载下来就可以了；当想看一本书或听一首歌时，不用跑到书店或去买一个 CD，在网络上就可以搜索到所有想要看的、听的，并且随时阅读、聆听。云计算和云服务就好比乘坐出租车、滴滴快车和骑行共享单车，随时需要随时都可以用，只需要按时或者按路程付费就可以了，而混合云就好比自己买的私家车，车是自己的，但停车付费和加油就是部分使用了公有云。

公有云即云端资源大家一起用，像亚马逊、微软和阿里巴巴提供最多的就是公有云；私有云是云端资源自己用或者公司内部使用；混合云就是两者都有。云计算的特点有大规模分布式、虚拟化、高可用性和扩展性、按需服务、安全性。大规模分布式是指一些知名的云供应商，如 Google、微软、阿里巴巴等都拥有巨大的服务器规模，而依靠这些服务器构建的云，有强大的计算能力。虚拟化是指用户不需要关注具体硬件的情况，只需要选择一个云服务器提供平台，注册一个账号并登录，就可以购买和下载需要的服务，当用户进行云储存之后，就可以随时随地在不同的设备上使用所存储的资源。对于高可用性和扩展性，一般大型的云服务提供商都会使用多副本容错，来保障云服务的可靠性；云服务的应用可以对外持续服务，并且可以根据用户的需要来随意调整可容纳的储存空间。按需服务是用户可以根据自己的需要来购买云端资源进行使用，这种特性大大节省了成本，也有效地提高了资源利用率。安全性是人们在上网时最关注的问题，利用云服务可以借助更专业团队的力量来更好地保护个人信息安全。

五、人工智能

人工智能是以人的智力范围为基础，在科学理论的帮助下，无限向外延伸的一种技术。人工智能的目的就是让机器具备智能来代替我们处理某些简单，但繁杂或者具有危险性质的问题。比如机器人客服，就是希望通过机器人来代替人类从而降低客服成本；如制作刀削面的小机器人，通过输入程序指令，它就可以按照设定削出合适的面，这不仅节省人力时间，也更卫生。图像识别、语音识别、专家系统、机器人学习等都对人工智能提出了新的要求。当前，图像识别和语音识别日益生活化，手机、门禁、人脸支付都是人工智能人脸识别功能的体现。专家系统是人们早期实现人工智能的一种方式。以桌球为例，人们想让机器人会打桌球，就将世界上打桌球的高级别对抗技能与方式按照一定的程序编成指令输入到机器人中，一旦桌面上出现了这种球形，机器人就知道该怎么打了。但这种方案是一种“死方法”，一旦桌面上出现了没有输入的球形时，机器人就不会打了，因此机器人学习方案就应运而生。机器人学习方案是科学家们希望机器人能够像人一样有学习功能，从而削弱机器人不会变通的短板。以人们在 App 上购买东西时弹出的智能推荐为例，大数据通常会储存人们常常搜索的关键词或者人们偏好的信息，人们在网上浏览信息时，通过这些大量的案例数据，机器得以进行分析，从而得出人们更需要的信息推荐。机器人的学习功能就体现在从对这些数据的分析中找出人们所需要或者说更偏好的产品与服务。

六、大数据

大数据即庞大的数据、海量的数据，也就是数据的量级很大。从技术上来说，大数据包括对大量数据的采集、过滤、储存、处理、查看等，每一部分都有大数据技术的支持。大数据有数据量大、类型多样、处理速度快、价值密度低、真实性五个特点。大数据最显著的一个特征就是数据量大，从前手机的内存有 64G 就能够满足日常的生活娱乐需要，而随着储存技术的发展，手机内存也逐渐增大，128G、256G 的储存量也让人有不够用的恐慌感。数据储存也从 MB 级别达到了 GB、TB 级别。大数据另一个特征就是数据来源广泛，所有的数据都会被记录储存，平台得到的不再是随机数据，而是全体数据，这些数据会被处理分析。比如淘宝、微博、抖音都是通过用户数据分析去智能推荐用户喜爱的内容。基于海量的数据，大数据对数据处理速度的要求是很高的，大数据可以实现对海量数据实时分析，真正做到随时产生数据、随时处理数据。大数据在收集数据时来者不拒，除收集有价值的数据以外，更多的是收集无意义的数据，大数据平台通过对这些数据的分析，可以迅速挖掘它的有效价值，让无意义的数据变得有意义。大数据有真实性的特征，通过用户的操作轨迹以得到真实的数据来反映现实。但随着信息技术的发展，网络上的刷单、买粉行为越来越多，数据真实性不再可靠。新近应用于舆论斗争中的社交机器人的出现，亦成为影响和干预网络信息传播的重要因素。

七、其他新兴技术

1. 区块链

区块链就是一个分布式账本，通过去中心化、去信任的方式集中维护一个可靠的数据库。以区块链技术为支撑的交易模式是一种去中心化的交易模式，卖家和买家可以直接交易，不需要类似支付宝的中介平台。交易完成后系统会将交易信息发布到网络上，所有收到交易信息的机器都会记录这笔交易，就相当于这笔交易有很多份备份。因此，区块链中大概率不会发生数据被篡改或者数据丢失的情况。例如，A、B、C 三人两两进行交易，实现去中心化。第一步，要建立一个数据库表格，每个人都将交易内容记录到表格中；第二步，如果 A 和 B 交易了，那么就将交易内容记录到表格并发送给 C；第三步，如果三人都确认交易记录没有问题，那么就将交易内容记录到三人同时拥有的数据库表格中。所以，A 和 B 交易过后，A、B、C 三人手中的数据库表格都是一样的，这样就实现了去中心化。如果 A 想篡改数据，那么他手里的数据就和 B、C 的数据不一样，所以这一份数据库表格是各方都认可的，这样的数据库表格就叫做区块链。总的来说，区块链就是记录已经发生的数据信息，并且无法修改，同时将这份数据记录分散保存在不同的地方，由此解决了信任危机问题。

2. 全息投影

全息投影是利用 3D 技术与大数据原理记录并再现物体真实的三维图像的技术。全息投影可以产生空中幻影，还可以实现真人互动。全息技术成像首先利用干涉原理将被摄物体的光波信息记录下来，经过一系列光波信息，得到一张全息图，然后再利用衍射原理再现物体的光波信息。由于全息图记录了物体的每一个光波信息，因此被摄物体的每一处细节都会被显示出来，并且再现的物体立体感很强，具有真实的视觉效应。3D 全息投影的衍生产品有全息投影成像系统、全息幻影成像系统、全息互动投影系统。全息投影成像系统是采用全息投影膜来投射影像内容以展示产品的手段，它可以在玻璃或者亚克力上成像，将装饰性和实用性融为一体，且它在没有图像时是完全透明的，给使用者带来全新的体验。全息幻影成像系统是将实体模型和立体幻影相结合，利用特殊的摄影技术获得立体幻影与实体模型相结合的逼真效果。如将声、光、电等技术手段加以结合，使效果更加逼真。这种技术的最大优点是不受场地限制，可以根据场地情况灵活调节。全息幻影成像分为 180°幻影成像和 360°幻影成像：180°幻影成像适合较大的 3D 成像舞台，并且可以实现互动；360°幻影成像是一种将三维画面悬浮在半空中成像的技术，实现影像和实物的结合，它适合展示单件贵重物品，参观者可以全方位地观赏物品。全息互动投影系统是基于传统的全息投影技术结合实时影像互动系统，使参与者与屏幕之间，形成一种互动效果的新型投影系统。它适用于所有公共室内场所，尤其是休闲娱乐及教育场所。全息投影技术现已应用于各种领域（博物馆、商场、演唱会、发布会等）。全息投影技术对于保护文物具有重要作用，利用全息投影技术可以对文物进行拍摄，形成一个虚拟的立体图，和真实的文物一样，不仅可以有效地保护文物，人们也可以全方位地观赏文物。

3. 裸眼 3D 技术

裸眼 3D 技术是不借助外部工具，人们用肉眼就可以看出 3D 效果的技术手段。裸眼 3D 视觉效果不等于裸眼 3D 技术，裸眼 3D 视觉效果更多的是利用人们的视觉错觉形成一种伪 3D 的效果，而裸眼 3D 技术是一种成像技术，主要有光屏障式技术、柱状透镜技术、指向光源 3D 技术。光屏障式技术在产量和成本上比较有优势，但它的亮度和分辨率较低；柱状透镜技术 3D 显示效果较好，亮度较高，但成本也较高；指向光源 3D 技术的分辨率和亮度都有保障，3D 成像效果也很好，但它目前还不成熟，有短板。一般来说，裸眼 3D 技术为了产生更好的观赏效果，需要一定的距离和角度。裸眼 3D 技术一般应用于液晶电视和广告大屏上。例如，Redmi K40 的广告就在成都春熙路的大屏上利用裸眼 3D 技术，播出的广告具有 3D 立体效果，更好地吸引了消费者，也让更多观众关注到了 Redmi 发布的新产品。

第三节 相关理论启示

本章对相关理论进行了阐述，得到了如下启示。

（1）随着 5G、区块链、物联网、虚拟现实、大数据、人工智能等信息科学技术快速发展，新一轮智能科技革命正驱动认知模式、生存环境、社会生产力等基础层面系统变革，亦给体育产业生态带来了冲击与挑战，体育产业结构调整、升级优化创新呼之欲出，进而推动体育产业与信息产业融合发展。

（2）智慧体育产业在我国的发展正进入萌芽发展阶段，产业素质进入高平台的锻造周期，产业结构有待进一步的提升；产业规模正逐步扩大、生产能力正逐步提高，在技术创新及组织成本控制中逐渐走向市场一体化；智慧体育企业数量在经济发达地区逐步增加，智慧体育企业品牌创新与战略走向中，核心竞争力的提升仍旧需要多方支持。可以预见，这是一个新兴而艰难的过程。

（3）体育产业与信息产业的动态融合过程中，不同的技术水平将会促进不同形式的融合，技术创新的扩散有利于消弭产业之间的进入壁垒，引起产品和业务融合，最后引发市场融合；技术创新也能有效降低新兴体育科创企业的管理成本与运营成本。

(4)体育产业链的优化升级，从根本上是基于为顾客创造与传递体育的新价值。无论哪种形式的整合，技术变化、需求增长、产品生命周期、创新影响、企业发展战略、知识扩展及政府政策都是体育产业链演化的重要因素。但归根到底，基于竞争优势的获得，谋求更多利润是体育产业链整合的终极目的。

(5)体育产业与信息产业的融合在根本上是不同产业的相互交融、相互碰撞，也是体育产业在新兴市场中的迭代更新，两者融合促成智慧体育，进而进入我国战略性新兴产业市场。在有效推进体育产业与信息产业融合的过程中，势必要依靠各种创新资源，借助各种创新条件，利用制度、组织及管理创新途径，借助企业、政府的有力支撑，逐步实现产业生产要素的有效整合。

第四章 智慧体育产业的基本理论研究

第一节 高质量发展下我国体育产业与信息产业的融合态势分析

一、时代性

（一）新发展理念下实现体育产业与信息产业的高质量发展

当今世界正处于百年未有之大变局，全球各地频发突发事件，国际环境日益复杂，在层出不穷的"黑天鹅"和"灰犀牛"事件下，我国凭借制度的优越性实现经济逆增长，但仍面临许多挑战。中美贸易频繁摩擦，宏观经济环境受到影响；高新技术等"卡脖子"问题成为我国当下急需攻克的技术发展重要课题。党的第十九次全国代表大会工作报告中指出，我国已经进入新时代，"创新、协调、绿色、开放、共享"作为新发展理念成为我国社会发展总纲领，是把握新发展阶段、构建新发展格局的行动指南和指导思想。高质量发展是保持经济持续健康发展的客观需要，也是适应当前人民日益增长的美好生活需要、全面建成小康社会的内在要求。

"信息化为中华民族带来了千载难逢的机遇。"从社会发展史来看，人类经历了农业革命、工业革命，现如今正在经历信息革命，并且信息革命的时代潮流正加速向各领域广泛渗透，正在全球开启一次具有全局性、战略性、革命性意义的数字化转型，带动人类社会生产方式变革、经济结构重组、生活方式巨变。

新时代体育强国建设与发展，需以习近平新时代中国特色社会主义思想为出发点，以党中央系列体育产业政策文件为行动指南。《国务院关于加快发展体育产业促进体育消费的若干意见》（国发〔2014〕46 号）明确指出，国家体育总局等部门联合推出多项关于促进体育产业发展的相关政策，体育产业作为绿色产业、朝阳产业，得以被重点扶持，体育产业迎来前所未有的发展机遇。《国务院办公厅关于促进全民健身和体育消费推动体育产业高质量发展的意见》（国办发〔2019〕43 号）提出，"鼓励各地采取灵活多样的市场化手段促进体育消费，丰富群众性体育赛事活动、优化参赛体验。"同时，《国务院办公厅关于促进全民健身和体育消费推动体育产业高质量发展的意见》（国办发〔2019〕43 号）还提出，要推动智能制造、大数据、人工智能等新兴技术在体育制造领域的应用。2021 年 10 月，国家体育总局发布的《“十四五”体育发展规划》指出，支持大数据、区块链、物联网、云计算、人工智能等新技术在体育领域的创新运用。当前，以国内大循环为主体、国内国际双循环相互促进的新发展格局逐步形成，体育产业高质量发展成为体育经济发展的主旋律。激活产业间发展动力，促进体育产业与信息产业的深度融合，以数字技术赋能体育产业＋信息产业，是时代赋予产业发展的新机遇、新挑战。

（二）新时代强国战略下体育产业和信息产业发展的现实期望

进入新时代，习近平总书记在党的二十大报告中指出：“广泛开展全民健身活动，加强青少年体育工作，促进群众体育和竞技体育全面发展，加快建设体育强国。”这体现了体育事业迈入新时代后在中国特色社会主义指导下的新发展要求。推动体育强国战略要坚持中国共产党体育强国思想的正确指引，坚持“以人民为中心”的体育发展观，坚持“体育强国梦”与“中国梦”的统一（李斌雄 等，2021），践行“体育＋”融合发展的新理念，构建体育产业新发展格局。

信息产业是一个极其注重技术和知识辐射作用的产业，核心技术的推广应用会对第一、第二、第三产业产生冲击，加速各产业发展。其中在第三产业中，新一代信息技术和生产性服务业、新兴服务业、文体产业融合，将会形成一批极具竞争力的新业态。新一代信息技术作为特殊纽带，将不同的产业连接起来，不断融合，不断创新，形成新业态，进而优化产业结构。当前云计算、物联网、人工智能等新一代信息技术加速向各领域渗透融合，深刻改变人们的生活生产方式，新一代信息技术成为社会经济发展的“大动脉”。当前网络信息技术加速创新变革，信息基础设施快速演进升级，大数据、物联网、5G 等将成为主流趋势，数字经济成为全球经济复苏的新动能。世界各国都在加紧发展数字经济，推动新技术向实体经济各领域渗透融合，数字技术从助力经济发展的辅助工具向引领经济发展的核心引擎转变。因此，加快信息技术产业自主创新，以信息化为驱动引领，不断改善信息产业生态体系，为数字经济赋能，再通过数字新技术发展新经济，已成为发展共识。当前我国经济正处于高质量发展关键期，科技创新是经济高质量发展的战略支点。

因此，体育产业与信息产业的融合发展逐渐成为我国体育强国梦实现的重要支点。而如何“加快推动互联网、大数据、人工智能与体育实体经济深度融合”，培育体育产业发展新动能，推动体育产业高质量发展已迭次成为体育经济研究的热点。

二、必要性

（一）顺应产业融合发展的潮流与趋势

产业发展的演进包括产业分离和产业融合。“融合无处不在（convergences

are ubiquitous)”(Lind,2005),融合是分离的市场间的一种汇合和合并,是跨市场和产业边界进入壁垒的消除。进入20世纪70年代后,随着以信息技术及其他高新技术为核心的新成果不断快速发展,技术应用在各领域内不断创新与拓展,致使企业的兼并重组活动在跨行业、跨地区中频繁进行,不同产业渐渐开始出现相互交叉、相互渗透、相互融合,致使出现产业边界模糊化的经济现象。从宏观上看,产业融合作为产业创新范式,使得传统产业与新兴产业在融合过程中创造新的发展动力,产业结构不断优化升级,推动产业跨越式发展。微观而论,产业融合超越固有的结构化产业边界限制实现的产业创新,将有效促进稀缺资源在空间范围内优化配置,创造新产品、新服务,开辟新的市场需求,实现企业在竞争中的比较优势。

体育产业是现代化产业体系中的重要组成部分,是未来国民经济支柱性产业。在当前以高质量发展为主题的“十四五”时期,加快推进体育产业与相关产业跨界融合发展是顺应时代发展的题中之意,这不仅体现了体育产业结构转型与优化的时代要求,亦是新发展阶段体育产业高质量发展的具体实践,更是贯彻落实体育强国和全民健身国家战略的客观要求。从本质上来看,体育产业与信息产业是以知识和价值分工为基础的融合,形成具有多元价值与功能的新产品及服务(杨强,2015),通过技术融合、业务融合、市场融合等途径满足体育消费市场高质量发展的现实要求。如以元宇宙的交互技术为背景的XR(包括VR、AR、MR)技术,是一种全新的生产要素,可利用此而研发出具有交互性、沉浸性、构想性的运动健身项目,给用户带来全新的沉浸式健身体验。随着产业间互动性的逐渐加强,体育产业逐步实现了功能的互补与融合,使数字健身价值链不断解构与重构,促进了新的业务领域的壮大与发展,使资源得以优化配置。

在数字健身产业链中,产业链上游提供智能健身器械、健身内容开发、健身教练培训等内容;产业链中游主要包含线下健身房和线上数字平台;产业链下游衍生出运动服饰、运动营养、运动康复等产品和服务,且产业链条关联程度进一步加强,不断满足日益多元化的健身消费需求(胡堰鸿,2022)。同时,随着数字健身产业的快速发展,与之密切联系的物流运输、数字支付、内容创作等相关领域也会发生创新性突破,进一步促进健身消费市场蓬勃发展。

(二)智能信息时代体育产业链整合的应然需求

产业链的思想源于亚当·斯密关于分工的论断,随着社会的分工逐渐明确,马歇尔将企业内部的分工活动扩展到企业与企业之间,这被认为是产业链理论的起源。从实质上来说,产业链是以知识分工协作为基础的功能网链,通过知识的分工和共享知识创造递增报酬的方式,其外在表现形式为产业链的产品生产联系和物质流动。产业链的形成如图4-1所示。

体育产业所属的行业门类众多,功能多样化,价值空间广阔,是由一个复杂的跨第二产业与第三产业的综合性产业系统构成,上游产业主要由健身娱乐业和竞

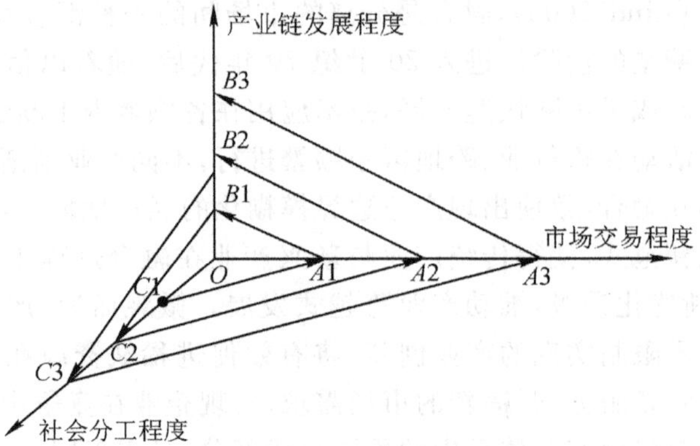

图 4－1 产业链的形成

赛表演业构成，中游产业主要由体育培训、体育媒体、体育器材等构成，下游产业主要由体育餐饮、体育休闲等构成。上游产业是体育产业链的核心，体育产业链是技术、生产和经营共同作用的综合主导型产业。健身娱乐业在我国体育市场中所占规模最大，且具有较高成熟度。现代化的体育产业链是融合了各种不同行业产业链的网状结构产业链，运行过程中在一定程度上存在摩擦与融合，只有在各产业协调合作下共同打破现存产业壁垒，共同克服困难，方可推动体育产业链向新的方向升级。而在融合过程中，体育产业链需要充分发挥产业集群优势，合理运用现有基础设施，加强企业间合作，不断借鉴其他行业的新技术、新理念，促进体育产业自身创新发展，提高经济效益，从而促进体育产业高质量发展。

随着时代的发展、市场需求的不断升级、高新技术的引入、产品生命周期和同质产业结构的变化、企业战略和政府管制的改良等，原有体育产业链中各环节对价值创造的贡献被重新界定，价值和利润也必将在产业价值链上实现转移。随着转移的范围和方式逐步扩展，产业链竞争优势的取得将更多地源于与产业价值链上下各环节的系统协同，即竞争的优势必然建立在更大范围、更多种类的产业资源和核心能力的基础上。新产品或服务的产业资源要素实现功能与价值深层次的交叉、渗透与重组，最终实现产业蜕变式发展，成为产业绩效提高的重要路径。

电子信息产业是指为了实现制作、加工、处理、传播信息等功能或目的，利用电子信息技术所从事的与电子信息产品相关的设备生产、硬件制造、软件开发及应用服务等作业过程的集合。以电子信息产业为代表的新技术革命的深入发展，极大地影响和改变世界经济的发展进程，影响和改变人们的工作、生活方式，也对改革体育运行机制和工作方式、对推进“体育＋信息”战略提出了新的挑战。在产业细分程度与日俱增的当下，传统体育产业链不断向其他行业延展，市场快速发展缩短了产品生命周期，因此，为了更迅速地联系产业链上下游企业，在产业链网状结构中，需发挥新一代技术促进体育产业数据融通、环节衔接和分工协作的作用，从而通过解构传统体育产业生态链，建构新兴体育产业链，使信息产业与体育产业协同合作，激发体育产业上、中、下游的协作，以适应产业链现代化发展需要（黄海燕等，2022）。

三、可行性

（一）产业关联特性的诉求

在一般经济活动中，任何产业都需要其他产业为自己提供各种产出，作为生产要素供给，同时把自己的产出作为市场需求提供给其他产业进行消费。这种错综复杂的供给与需求的关系，实质上就是产业关联，概括而言，产业关联是指国民经济活动中各产业之间技术经济的联系。在实际的国民经济活动中，产业关联方式从根本上取决于产业自身的技术经济特性。

在移动互联网、VR 等新技术革命的影响下，特别是后疫情时代线上体育消费需求的扩张，体育产业的发展呈现出线上化、智能化、科技化的关联诉求。同时，信息产业以高新技术为主导，硬件设施制造、软件设计、工业化流程生产等特征，使信息产业与其他产业相区别，且依赖其信息传递速度快、连接群体广泛、生产成本低等内在优势，与相关产业产生关联。信息产业和体育产业融合产生的智慧体育产业，发挥信息产业和体育产业的优势，产生规模经济和范围经济效应，以技术作为新兴生产要素，降低了生产成本，如 VR＋体育，领域涉及 VR＋体育游戏、VR＋体育训练、VR＋体育传媒等。在体育传媒领域，VR 的应用可使观众体验全新的观赛模式，虚拟技术使人们在观看赛事时有身临其境的观感。例如，2018 年 NEXTVR 公司提供美职篮（NBA）和美式橄榄球联赛（NFL）的沉浸式直播服务，用户使用 VR 设备即可在家中收看体育赛事直播，享受最接近比赛现场的体验。直播过程涉及利用全景摄像机等硬件设备收集整合数据，通过软件对数据编码压缩，最终通过内容服务平台将赛事内容呈现给观众。

（二）投融资环境的优化

产业投融资环境是指在一定的区域内对产业目标投融资活动产生影响的外部条件总和。根据投融资环境影响因素的不同，一般可分为社会环境、经济环境、物资技术环境、自然环境等。投融资环境是投融资主体对投融资活动进行选择的首要参考因素。

国内国际双循环的新发展格局下，我国新型基础设施建设成效显著。以 5G 为代表的网络传输速率大大提高，VR/AR 的传输画面质量及清晰度较过去有明显改善，其应用范围也从消费娱乐领域向体育、教育、医疗等垂直领域延伸和普及。VR、4K 数字技术，从 2016 年开始被全面用于体育赛事的电视直播中，如里约奥运会、英超先后试用 VR 直播，NBA 每周推出一场 VR 直播赛事等。新技术的应用前景吸引着全球顶尖的科技公司，2016 年英特尔组建新的体育集团，其投资项目包括 360 度无死角转播技术、全新的 3D 听觉技术和视觉科技、微型数据记录芯片、自主追踪和移动的新一代无人机技术、一站式提升体育赛事体验的解决方案等。2020 年，中国人工智能产业规模为 3031 亿元，同比增长 15%，略高于全球增速。如果以 2020 年中国数字经济规模 39.2 万亿元计算，人工智能产业规模占整个数字经济规模的比重是 0.773%。2020 年中国人工智能领域投融资金额达到 1748 亿元，同比增长 73.8%。"2022 第一届中国数字科技投融资峰会"上，零壹智库发布了《中国数字科技投融资全景报告(2022)》。报告显示，按公开披露的融资金额来看，2021 年人工智能及大数据技术融资金额均超千亿元，分别达 2005 亿元及 1200.5 亿元，物联网及芯片产业随后，均超 750 亿元。2021 年作为"十四五"体育产业开局年，也标志着体育产业总规模 5 万亿元的目标进入最后五年的冲刺期，体育产业将继续作为健康产业、幸福产业一部分，秉承高质量发展。

未来，加速体育产业数字化、智慧化的转型升级，不断满足消费者日益增长的品质化、多元化体育消费新需求，培育体育新业态、新模式、新消费，都将成为体育经济投资新亮点。

第二节　我国智慧体育产业的概念

一、智慧体育产业内涵

随着新一轮信息产业革命的兴起，体育产业进行了重大变革，与数字化、信息化、智能化的信息产业相交叉、渗透、重组，形成了智慧体育产业。要理解智慧体育产业的内涵，首先要了解"智慧产业"一词的含义。古希腊认为"智慧"属哲学的概念，希腊文 Φιλοσοφια(philosophy)译为爱智慧，哲学即智慧之学。中国认为智慧是一种道德性的评价标准，《墨子·尚贤》中认为"智慧"是一种聪明才智。本书认为"智慧"更倾向于一种技术的概念，利用技术创新变革传统模式，更准确、迅速地理解和响应人各层次的需求。产业是一个中观的概念，在分工理论的作用下，产业是由具有相同或相似的生产技术、产品特性的企业构成的，这些企业内部和企业之间历经产品和服务从原材料到最终消费品的价值增值过程(邵桂华 等，2022)。"智慧产业"起源于 IBM 于 2008 年所提出的"智慧城市"的概念，智慧城市即利用信息技术手段，更加有效地配置人才、资金、土地等要素，使城市生活更加便捷。随着国家重大政策方针的颁布，"智慧产业"逐步扩展延伸至政务、旅游、医疗、体育等领域，依托其低成本、便捷化、快捷化等优势，促进关联产业、关联项目的发展与革新，降低了各环节的交易费用。与传统产业资本关联不同，体育产业与信息产业链接是以知识与价值分工为基础的功能网链，新产品或服务在功能与价值深层次的交叉、渗透与重组中客观要求体育产业与信息产业融合成长，获取更大范围的资源要素。智慧体育产业是智慧体育的有机组成部分，是新一轮科技革命背景下体育产业与信息产业内融而生的产业新形态，代表着现代体育产业体系新发展、新要求、新使命。

从词源来看，学者王正伦(2010)最早在《体育的人本使命：一个被忽视的视角》中提及“智慧体育”一词。叶强等(2011)最早对智慧体育的概念做了界定，指出智慧体育是体育信息化的进一步发展和深化，是体育信息化的延伸、拓展和升华。从研究历程来看，曹宇等(2021)对2004—2019年775篇文献进行统计分析，将我国智慧体育研究的演进历程划分为萌芽阶段(2004—2007年)、上升发展阶段(2008—2013年)、繁荣发展阶段(2014—2019年)。从研究内容来看，刘苗苗等(2017)将智慧体育结构从下到上依次分为基础设施层、技术层、应用层，指出智慧体育的基本架构包含竞技体育、全民健身、体育产业等方面，是通过整合教育、医疗、旅游、文化等“体育+”资源而形成的高级生态系统。《现代化背景下高校智慧体育服务创新研究》一书中，对智慧体育的内涵进行了比较全面的介绍，概括来说，智慧体育是融合物联网、云计算、大数据等技术为一体，在体育运动领域实现集成运用的综合性体育科技成果(王雷 等，2023)。陈翔(2019)对智慧体育产业进行了更加清晰地限定，其研究认为，智慧体育产业脱胎于体育产业，是体育产业与互联网结合的产物，是体育产业发展的一个方向，因此它的发展态势和内在逻辑必然不能有悖于体育产业。

当前，“智慧体育”“互联网+体育”“智能体育”“数字体育”等概念都在使用，因此辨析这几个概念，有利于在高质量发展背景下推动智慧体育产业快速发展。“互联网+体育”这一概念提出较早，早在2015年“互联网+”就被写入政府工作报告，探究互联网对于体育产业的影响。“互联网+”这一概念被写入政府工作报告后，“互联网+体育”研究增多，“互联网+体育”指的是通过移动互联网和体育相结合，为体育产业发展注入新动力。“智能体育”与人工智能技术紧密联系，指利用人工智能等新一轮信息产业革命，全面感知和深度解析体育大数据，构建智慧化知识体系，依靠智能体育可穿戴设备和智能体育平台，为体育发展提供理论与技术支持(郑芳 等，2019)。“数字体育”与“数字经济”这一概念紧密相连，数字经济指的是将信息与土地、资本、劳动力作为同等的关键生产要素，以数字技术创新为核心驱动力，以现代信息平台为重要载体，通过数字技术与实体经济深度融合，不断提高传统产业数字化、智能化水平，加速重构经济发展与政府治理模式的新型经济形态(中国数字经济发展白皮书，2019)。“数字体育”是基于5G、互联网、大数据等新一轮的技术革命，实现对竞技体育、大众体育、学校体育、体育产业发展的场景、领域、流程再造，助力我国体育的高质量发展。“智慧体育”是基于新一代技术革命，以竞技体育、学校体育、大众体育为基本框架，融合旅游、医疗、教育等领域，形成综合化的生态系统(张强 等，2021)。

其中,“互联网+体育”强调利用互联网工具、互联网思维重塑传统体育产业,形成一种基于互联网平台的新业态,高社交性是其显著特征;“智能体育”更加强调将人工智能等相关技术与体育运动场景的结合,形成大量运动数据并利用数据进行智能化分析、决策;“数字体育”更偏向于核心生产要素——数据,核心内容在于采集数据、分析数据、应用数据,并且利用数字技术对体育产业实现形态、流程、内容再造;“智慧体育”更加注重综合利用各种技术手段,推动体育产业整体性转型升级,实现全领域、全流程、全方位智慧化。

根据知网发文数量,学界使用“智慧体育”这一概念频次最高。其原因在于智慧体育含义更加广泛,即综合利用信息技术打造智慧化、数字化、信息化体育产业,促进体育产业整体性转型升级,向建设体育强国目标迈进。叶强等(2011)认为智慧体育具备全面感应、充分检测、协同创新等特征,通过物联网技术和云平台技术,感知人的体育需求,做出决策并服务于人的体育需求。蔡维敏(2013)认为智慧体育是基于新型的信息技术,提升体育发展中资源利用效率,为体育活动的参与者提供智能化、高满意度服务的一种运动参与方式。韩松(2016)认为智慧体育是将移动互联网等现代信息技术深度应用到传统的体育管理和公共体育实施过程中,以全面提升公共体育服务质量,推进体育产业升级发展,提高体育治理现代化水平,更好满足人们个性化、多元化的体育需求,实现体育可持续发展为目标的智能化运行体系。曹宇等(2021)认为智慧体育是以大数据、人工智能等新兴信息技术为基础,通过传感仪器和监测系统以实现对体育行为的全面感知,运用智能算法深度挖掘和解析体育大数据,形成可供预测、计划、判断的知识体系,从而为竞技体育、群众体育、体育产业等各种需求提供理论依据和科学决策支撑。黄海燕等(2022)认为智慧体育应注重技术的综合运用和智慧决策过程。通过分析发现,研究者普遍认为智慧体育能够适配消费者体育需求,助力体育转型升级。但学者们关注的侧重点不同,有的学者更注重智慧体育的“智慧”概念,即依靠技术手段实现智能感知和智慧决策过程,有的学者更注重智慧体育提升体育参与者满意度,有的学者更加强调智慧体育对体育的整体性作用。总体来说,当前关于智慧体育的研究,处于信息技术对体育发展影响的探索期,大多从概念、特征、技术的理论角度进行探索性研究,对高校智慧体育、智慧体育场馆、智慧体育 App 等实践进行现状和对策建议分析,对智慧体育的研究尚未形成统一的概念界定,对智慧体育的应用场景、发展路径、评价体系等尚不明晰,并且缺乏从产业的角度深层次探索智慧体育产业创新发展的研究规律。

然而,产业融合是产业经济发展中的重要内容。产业融合最早发生在计算机、印刷、广播行业,引发了传媒产业的变革,这些产业存在技术关联,在技术创新的基础上发生了产业融合现象。厉无畏等学者(2005)提出,产业融合是不同产业或同一产业内的不同行业之间的相互交叉、相互渗透,最终逐步形成新产业的动态发展过程。同时，产业融合也是近年来产业数字化研究中的重要问题。体育产业与信息产业的融合是以知识与价值分工为基础的融合，形成具有多元价值与功能的新产品及服务，这种产品或服务在功能与价值深层次的交叉、渗透与重组中客观要求通过体育产业与信息产业融合成长。这为体育产业引进了更大范围的生产要素，更新了体育产业价值链，促进了体育产业创新，推动了区域体育整体性发展，从而实现体育产业整体性转型升级。

综上所述，从词源来看，"智慧"体育产业是传统体育产业的"智慧"升级，是兼具"技术智慧"与"人本智慧"的体育产业发展新模式。其中，"技术智慧"是基础支撑，是智能时代体育产业形式、产业内容、产业功能发生改变的必要条件；"人本智慧"是底层逻辑，是智能时代体育产业系统变革的根本出发点。

本书从产业经济学中"产业融合"理论视角出发，认为智慧体育产业是体育产业的有机组成部分，是体育产业信息化、网络化、智能化新形态，是新一轮科技革命背景下基于体育消费需求高级化、价值主张变迁、技术创新、政府管制等干预，体育产业与信息产业间出现产业要素相互交叉、渗透导致原有产业边界模糊或收缩进而形成的新的产业形态，代表着现代体育产业体系新发展、新使命、新要求。

二、智慧体育产业分类

智慧体育产业规制与管理、统计与分析都依赖于分类（郑芳 等，2019）。从产业统计的角度来看，智慧体育产业需符合国家统计相关发展趋势。国家统计局颁布实施的《体育产业统计分类（2019）》将体育产业划分为三个层次，第一层次为大类 11 个，第二层次为中类 37 个，第三层次为小类 71 个。第一层次包括体育竞赛表演活动、体育健身休闲活动、体育用品及相关产品制造、体育场地设施建设等 11 个大类，每一个类别和信息产业都在一定程度上产生关联。在产业统计分类中，不仅体现体育产业应该进行积极的产业融合，如体旅融合、体卫融合、体教融合，同时信息产业和体育产业融合也是重要趋势，如互联网体育服务，即体育互联网、体育大数据、体育物联网和"体育＋互联网＋其他业态"的互联网体育服务。

从产业发展现状的角度来看，智慧体育产业需分为智能体育用品制造业和智慧体育服务业。智能体育用品制造业中，智能体育用品制造业资金雄厚，信息技术研发投入较高，利用完善的产业链能够快速地将智能体育产品生产出来并销售给客户。同时，在面对更加多元化、科技化、智能化的体育消费需求时，体育企业利用数字技术改善生产流程、经营流程、销售过程，生产新型体育产品与服务，从而增加体育企业的综合竞争力。这些体育产品和服务往往借助信息技术突破原有单一功能，更加注重消费者社交需求，更加注重一站式服务，更加符合消费现状。例如，体育教育与培训和互联网相融合，形成智慧体育教育与培训；体育竞赛与表演和互联网、大数据等科学技术相融合，形成智慧体育赛事；体育传媒与信息服务和互联网、物联网、VR相融合，形成智慧体育传媒。

综合体育产业统计标准和智慧体育产业发展现状，智慧体育产业可分为智能体育制造业和智慧体育服务业两大类。智能体育制造业主要包含智能体育用品及相关产品制造、智能体育场地设施建设。智慧体育服务业主要包含智慧体育赛事服务、智慧体育场地服务、智慧健身休闲服务、智慧体育培训服务、智慧体育传媒服务、其他智慧体育信息服务、智慧体育用品及相关产品销售服务（见图4-2）。

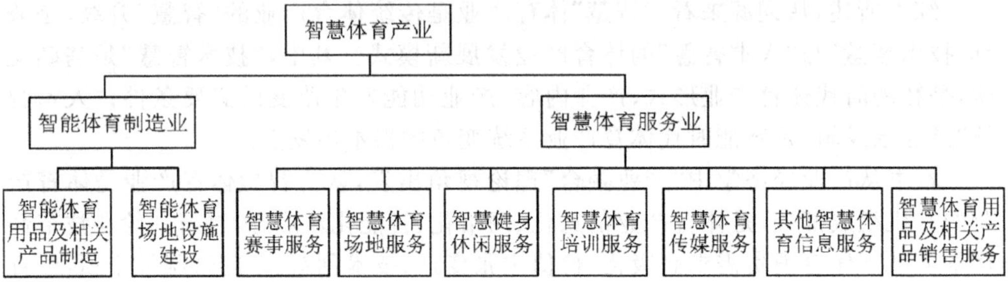

图4-2 智慧体育产业分类

第三节 我国智慧体育产业的特征

信息产业具有向其他行业扩散的高渗透性、产业成长高技术性、产业发展的高动态性、与其他产业的高关联性的特点，体育产业具有发展的全局性、导向性、依存性、战略性等特征，信息产业和体育产业融合形成的智慧体育产业应该具备二者共同的特点，但这种特征并非简单的直接相加，有其内在的形成机理。经过研究发现，智慧体育产业具有技术创新依赖性、价值效益多元性、产业关联带动性、战略地位成长性和发展模式生态性，这是产业融合后智慧体育产业所体现的主要特征（见图4-3）。

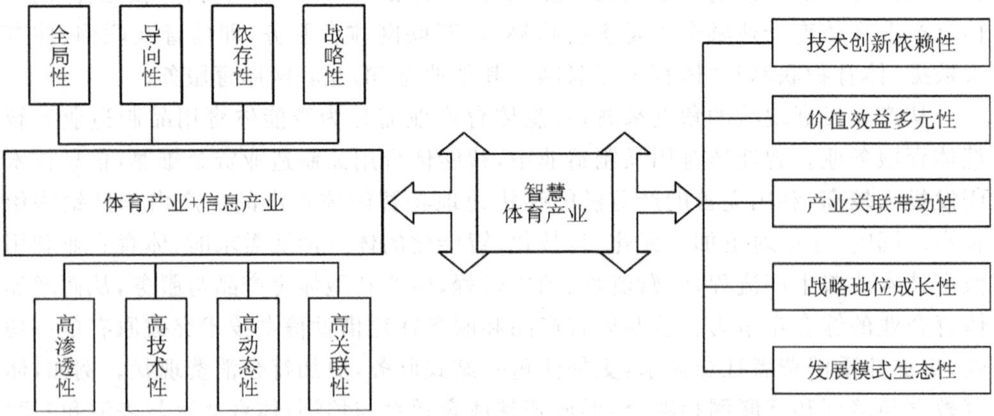

图4-3 智慧体育产业特征解构

一、技术创新依赖性

智慧体育产业是新一轮科技革命背景下体育产业与信息产业内融而生的产业新形态，代表着现代体育产业体系的新发展、新要求、新使命。现代产业体系建立与发展的过程实质即技术创新与产业一体化发展的过程，是通过“创造性破坏”实现产业中新旧要素的更替，推进产业突变，形成新的生产函数。归根到底，技术创新是建设现代产业体系的内在逻辑，是技术因素决定了部门（产业）的现代性。智慧体育产业在当前新一轮技术革命的深入发展过程中，逐步实现下一代通信技术、人工智能、区块链、云计算等为代表的新技术在体育典型场景的应用，不仅改变了传统体育产业的生产方式，还推动了体育产业合作网络、产业链与价值链的创新组合。因此，发展核心技术，掌握体育产业核心技术，提升体育产业链供应链技术创新能力与水平，使技术创新成为智慧体育产业可持续发展的主导支柱，亦是现代体育产业体系的内在要求。例如，《5G＋体育赛事典型场景和应用（2022 年）》报告指出，以 5G 为代表的新一代信息通信技术为北京冬奥数字化全面赋能，其从主办方、参赛人员到观众，为赛事的数智化提供基础保障，覆盖全方位的赛事组织、场馆管理、新闻采访、赛事急救、赛场制播、高铁演播、智慧观赛等各个典型场景，为体育赛事的精彩、安全举办提供了强有力的创新应用支撑，广泛促进且引领了现代体育赛事的新发展，亦使得 5G 通信技术应用创新成为体育赛事行业竞争优势的重要标杆[①]。正因如此，各体育巨头企业近年来不断加大技术创新的研发投入，以期在激烈的市场竞争中获得比较优势。如安踏体育从 2021 年开始，预计 5 年投入 40 亿的研发投入，研发新型材料、布局 DTC 和进行产业链数字化变革，利用数字化平台开展精准营销，提升营销效率。至 2022 年上半年，安踏体育克服疫情带来的经济严重萧条问题，零售额同比增长 30％～35％[②]。

二、价值效益多元性

智慧体育产业具有明显的正外部性，在产生经济效应的同时，实现健康、文化、教育、生态等多元效益的增长。这种效应的实现基于智慧体育产业与国民经济之间复杂的技术经济联系，通过多种融合形式实现了不同产业间价值和功能的互补，从而实现多元复合价值。从产业的角度来看，智慧体育产业作为战略性新兴产业最直接的目的是获得尽可能多的利润，即经济效应的第一性。智慧体育产业利用

---

① 赋能十大典型场景：《5G＋体育赛事典型场景和应用（2022 年）》报告发布[EB/OL]．(2022－05－26)[2022－07－30]．https://www.c114.com.cn/news/16/a1197507.html.

② 安踏品牌产品 2022 年上半年零售额同比正增长[EB/OL]．(2022－07－13)[2022－08－01]．https://www.sports.cn/hykx/2022/0713/409808.html.

互联网、物联网、VR等新兴技术，增强了体育产品与服务的价值，并且在技术壁垒的影响下，能够实现更高的经济效益。同时，随着体育产业链的延长衍生了许多新产品、新服务，这些产品和服务适配了消费者多元需求，带动体育产业规模壮大，实现了更多可盈利的空间。另外，受产业外溢性的影响，智慧体育产业蕴涵健身休闲、精神支持、文化窗口等多元功能与价值，逐步满足人民群众日益增强的体育消费需求，助力体育强国战略目标的实现。除此之外，利用技术的传播与扩散功能增强了这种外溢性，减少了因场地、经济、时间等因素限制体育参与的权利，使更多群体公平、可及、便捷地享受智慧体育产业的产品与服务，实现“均等化”的社会效益。例如，智能体育教育培训利用技术对教学手段、管理模式、营销业务进行重塑，降低了经营管理成本，增加了青少年体育培训业经济收益。青少年体育培训龙头企业动因体育打造OMO体育培训模式，通过线上线下一体化、标准化课件教学、注重过程管理等方式，提升企业竞争能力与盈利水平；并且邀请NBA著名球员免费开展线上篮球教学，实现更大程度的社会效益。可以预见，未来随着我国智慧体育产业的进一步发展壮大，所产生的经济效益能够得到大幅提升，同时基于正外部性和网络溢出效应，将增强智慧体育产业的多元价值。

三、产业关联带动性

智慧体育产业是新一轮科技革命背景下体育产业和信息产业内融而生的产业新形态、新模式，在知识外溢的基础上实现了功能和价值互补，因而其具有很强的产业关联带动性。基于智慧体育产业价值、技术和功能关联效果，在产业部门内部或产业部门间的生产、分配、交换、消费等多个环节因技术条件和服务范围容易发生前向关联或者后向关联，所以能够带动相关产业部门产生与发展，形成一个巨大而协调的产业链系统。从产业部门内部来看，智慧体育产业与信息产业联系紧密，基于共同的技术基础，二者便于进行协调创新进而产生产业集聚；从产业部门间来看，智慧体育产业关联度高，产业功能链和价值链长，可以带动旅游、传媒、医疗等领域的成长，形成区域新型产业集群，助力以国内大循环为主体的全国统一大市场建设。此外，智慧体育产业蕴涵新技术手段、新发展理念、新产业模式，满足日益增长的消费者需求，提升了消费者身体和心理健康水平，代表未来市场发展的方向，能够促进产业结构优化，对其他产业领域具有示范作用。因此，在智慧体育产业发展过程中，加强与高新技术产业融合，多与国民经济其他部门进行交融，发挥智慧体育产业的关联带动性，是将智慧体育产业打造为战略新兴产业的必经之路。当前，我国智慧体育产业发展态势迅猛，与大健康领域、泛娱乐领域等众多领域都产生了交融，产生了一定的带动作用，但受制于技术发展水平、消费者需求等条件的限制，智慧体育产业发展仍有较大的市场空间。据相关数据显示，信息技术产业与传统产业相融合后，会产生新型产品与服务、新的商业模式等，可实现相关产业的蓬勃发展，如快递、网购、智慧体育等行业。例如，2018 年，全国快递 507.1 亿件，比 2013 年增长 4.5 倍，带动快递、仓储等相关行业快速发展。2018 年末，交通运输、仓储和邮政业企业法人数量 57 万户，比 2013 年末增长 1.3 倍①。

四、战略地位成长性

“体育强则中国强，国运兴则体运兴”②，这个论断概括了体育对于国家发展的重大战略意义。智慧体育产业是体育发展的重要方向，不仅是经济发展的支柱产业，更是人民健康的幸福产业。智慧体育产业是在新一轮的科技革命下体育产业实现的制造模式、管理模式和服务模式变革，推动原有的产业链分解、融合和创新，代表未来产业的发展方向，兼具战略地位高和成长性强的双重特征。智慧体育产业战略地位高。基于历史和现实的逻辑，发达国家体育产业的蓬勃发展给我国提供了重要借鉴，并且我国体育产业在《国务院关于加快发展体育产业促进体育消费的若干意见》（国发〔2014〕46 号）文件发布后，社会资本大量融入、体育消费日益增长、科技创新日益增强。因此，我国在政策支持、体制创新等方面给予智慧体育产业大量扶植，使其战略地位日益提升。如《关于扩大战略性新兴产业投资培育壮大新增长点增长极的指导意见》明确将体育产业纳入战略性新兴产业，促进数字经济和体育产业融合发展，以先进技术为基础推动智慧体育产业成长③。智慧体育产业更显著的特征在于其具有高成长性，在庞大市场空间的基础上，由于消费结构变化和科技创新赋能，智慧体育产业迎来良好发展契机。一方面，在人均 GDP 超过 10000 美元后，居民消费结构从“以物质型消费为主”向“以服务型消费为主”升级，智慧体育产品和服务是体育消费增长的热点（姜同仁 等，2022）。另一方面，智慧体育产业利用数字智能技术打造的新的产品与服务，是体育消费新的增长点、增长极。例如，智能体育制造业投入大量人力、资金进行技术研发，提升企业市场竞争能力。近年来，体育消费呈现智能化、专业化、潮流化的特征，智能体育制造业逐步从运动服饰、运动鞋等大众体育消费用品拓展到专项运动鞋、智能手环、甩脂机、户外营地、智能滑雪装备等体育消费用品④。因此，智慧体育产业战略地位高、成长空间大，有利于转变经济发展方式和调整产业结构，在未来将成为区域或国家的主

---

① 我国信息技术产业蓬勃发展，动力强劲[EB/OL].(2020-01-21)[2022-07-20]. https://baijiahao.baidu.com/s?id=1656306005185988270&wfr=spider&for=pc.

② 习近平会见全国体育先进单位和先进个人代表[EB/OL].(2017-08-27)[2022-07-15]. http://sports.enorth.com.cn/system/2017/08/27/033618439.shtml.

③ 关于扩大战略性新兴产业投资培育壮大新增长点增长极的指导意见[EB/OL].(2020-09-08)[2022-07-13]. https://www.ndrc.gov.cn/xxgk/zcfb/tz/202009/t20200925_1239582.html?code=&state=123.

④ 2019 年互联网体育消费新趋势[EB/OL].(2019-05-16)[2022-07-17]. https://m.jiemian.com/article/3131955.html.

导产业和支柱产业。

五、发展模式生态性

高质量发展是“十四五”时期经济发展的主题，发展模式的生态性是高质量发展的内在要求。因为智慧体育产业是建设现代经济体系的重要内容，所以在其发展过程中也必须遵循生态性原则，在追求经济效益的过程中统筹兼顾实现绿色发展目标。从产业层面来看，智慧体育产业属于专业性强的绿色产业，耗能少、产出高是其基本特征，大力发展智慧体育产业有利于经济与环境的协调发展，是优化经济结构和实现可持续发展的必然选择；落实到技术层面，智慧体育产业利用5G、互联网、物联网等信息产业技术实现了体育产业价值与功能的重构与解构，通过技术手段提高资源的利用效率，优化资源配置方式，间接降低了生产要素的使用成本，推动了资源节约型、环境友好型社会的形成。因此，利用智能技术、管理模式创新提升体育产业资源利用效率，实现产业结构优化升级，是转变经济发展方式的内在要求，建设现代经济体系的必然途径。例如，智能体育场馆注重场馆资源的循环、低碳、高效利用，依靠技术手段实现智慧化、节能化、经济化的管理目标。例如，2022年北京冬奥会场馆中，采用了先进的二氧化碳跨临界制冷新型环保制冰技术，确保场馆内冰面的碳排放量趋近于零。同时，整个跨临界系统的制冷形式为直接蒸发式制冷，精准控制冰面温差，极大地减少了能源的损耗①。由此可见，智能体育产业塑造了一种新型生活方式与生产方式，有助于“碳中和”“碳达峰”绿色发展目标的实现。

第四节　本章小结

(1)本章从新发展理念下实现体育产业与信息产业的高质量发展、新时代强国战略下体育产业和信息产业发展的现实期望两个层面体现的时代性，顺应产业融合发展的潮流、智能信息时代体育产业链整合的应然需求两个层面体现的必要性，产业关联特性的诉求与投融资环境的优化两个层面体现的可行性，对高质量背景下我国体育产业与信息产业的融合态势进行系统分析。

(2)体育产业是现代化产业体系中的重要组成部分，是未来国民经济支柱性产业。“十四五”高质量发展进程中，加快推进体育产业与信息产业跨界融合发展，顺应时代发展客观需求，是贯彻落实体育强国和全民健身国家战略的必要支撑。从产业内部而言，体育产业与信息产业深度融合是体育产业结构优化升级的现实路

---

① 美媒称赞丝滑馆制冰技术：冬奥史上首次使用的环保技术[EB/OL].(2022-02-18)[2022-08-01]. https://baijiahao.baidu.com/s?id=1725067262486735541&wfr=spider&for=pc.

径，亦是智能信息时代体育产业链整合的应然需求。

(3)随着新兴技术的普及与发展，加速体育产业数字化、智慧化的转型升级，不断满足用户日益增长的品质化、多元化体育消费新需求，培育体育新业态、新模式、新消费，将成为体育经济投资新亮点。本章从产业经济学中"产业融合"理论视角出发，认为智慧体育产业是体育产业的有机组成部分，是体育产业信息化、网络化、智能化的新形态，是新一轮科技革命背景下基于体育消费需求高级化、价值主张变迁、技术创新、政府管制等干预，体育产业与信息产业间出现产业要素相互交叉、渗透导致原有产业边界模糊或收缩，进而形成的产业新形态，代表着现代体育产业体系的新发展、新使命、新要求。

(4)从当前产业发展现状来看，智慧体育产业主要可分为智能体育制造业和智慧体育服务业两大类。智能体育制造业主要包含智能体育用品及相关产品制造、智能体育场地设施建设。智慧体育服务业主要包含智慧体育赛事服务、智慧体育场地服务、智慧健身休闲服务、智慧体育培训服务、智慧体育传媒服务、其他智慧体育信息服务、智慧体育用品及相关产品销售。

(5)智慧体育产业特征主要表现为技术创新依赖性、价值效益多元性、产业关联带动性、战略地位成长性、发展模式生态性。

第五章 高质量发展背景下我国智慧体育产业发展现状考察

第一节　智能信息时代智能运动健身行业的创新变革

随着时代的发展，智能信息嵌入生活各个领域，智能科技赋予体育运动新的动能。近年来，前所未有的政策制度支持给予智慧体育巨大的政策驱动力。2021年，国务院印发的《全民健身计划（2021—2025年）》中指出，“大力发展运动项目产业，积极培育户外运动、智能体育等体育产业，催生更多新产品、新业态、新模式。”《“十四五”体育发展规划》中提出，“支持大数据、区块链、物联网、云计算、人工智能等新技术在体育领域的创新运用，打造智能健身场景，加快相关产品开发。”“鼓励体育用品企业研发家庭化、智能化运动装备器材，加快体育用品制造业向服务业延伸。”智能科技对体育运动的赋能一方面体现在智慧场馆、智慧步道、智慧设备等基础体育设施中，满足锻炼者多元的运动需求；另一方面也体现在体育运营管理、体育服务供给等服务中，提高运动健身行业服务效率。由此可见，运动健身行业已从传统的大众健身房锻炼方式向新兴智慧体育发展模式转变。

一、智能信息时代智能运动健身行业的技术革新

（一）硬件技术的应用

1. 智能健身手环

智能健身手环是智能化健身房的重要组成部分之一，为用户提供震动唤醒、睡眠追踪、运动监测、膳食记录提醒功能（见图5-1）。智能健身手环清晰可见的运动步数，以及当日训练量度总和，帮助健身房构建准确的会员运动模型，并为使用者提供基础的锻炼提示。运动监测是对锻炼者的锻炼频率、训练强度、训练消耗等进行实时的监测，通过数据反映出锻炼者的运动情况，使用户更直观地了解与监测自身所处的状态，及时对运动进行调整；同时运动监测还可以使用户根据已有的强度，规划与制定出新的运动目标。

2. 智能健身镜

智能健身镜采用了一种基于人工智能技术的半透明式、半倒式显示屏（见

图 5-2)。智能健身镜具有智能显示屏的功能，可对使用者进行体育、健康教育及以人工智能技术为基础的即时体育教学。智能健身镜有：为用户提供实时数据收集，识别用户运动姿态的摄像感应模块；分析用户动作，进行智能纠错的智能算法模块；协助课程更新、活动直播、运动社交的物联网模块。智能健身镜通过模块化分析用户的运动习惯、动作姿态及行为方式，为训练者提供个性化建议，同时进行精准的课程推销以及其他健身产品的销售。

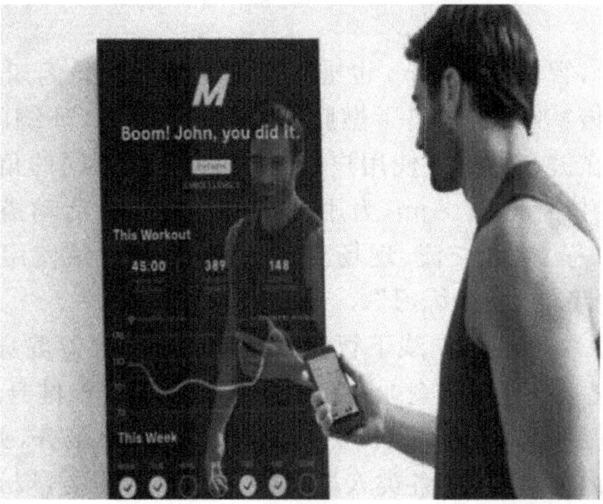

图 5-1 交互式健身手环

图 5-2 智能健身镜

(二)软件技术的应用

1. 智能 App 联通

现如今，智慧体育 App 蓬勃发展(如 Keep、咕咚 Codoon、乐动力、悦动圈等)，用户的多元化需求得到充分的满足。智慧体育 App 包含线上健身内容、智能健身设备与配套运动产品三个板块。App 内提供有不同强度、不同类型、不同持续时间的健身视频，用户可以根据自身的兴趣爱好与身体情况选择合适的健身内容，同时也可以根据自身的需求在App内生成适合自己的健身方案。此外，App也被打造成一个电商平台，产品拓宽至智能健身设施及配套运动产品，在平台上可以购买各种各样的健身用品，大到动感单车、智能手环，小到专业训练鞋、一双袜子；在智能App中存在着社交平台，用户可以互相关注，添加好友，也可以将自己的健身体验与感悟分享至自身的主页中，用户还可以互相交流健身体验，相互促进共同进步。

科技日新月异，智能健身App也进行了更新与创新。例如，Keep健身平台与《和平精英》《甄嬛传》等联名推出了燃脂剧情跑，运用4D环绕的语音模式使用户沉浸于剧情之中，在健身的同时使用户身临其境，体验不同的角色，享受运动的乐趣。客户端的智能体育健康App，为用户在网上的健康活动搭建起了一座桥梁。App丰富的健身课程、社区交流、现场互动，既要满足增量使用者的“开始练习”，又要满足现有使用者的“坚持练习”。

随着智能健身App厂商向线下智能健身领域推出智能健身硬件和布局，以移动应用为核心的数字体育科技企业在行业中率先打造智能健身产品生态。当前主流体育健康App能够为使用者提供更全面的智能健康服务，并配备了更加专业化、多元化的教学内容，以适应各类人群对健康教育的需要，以及针对不同人群制订个性化的健身计划。智能健身移动App功能如图5-3所示。

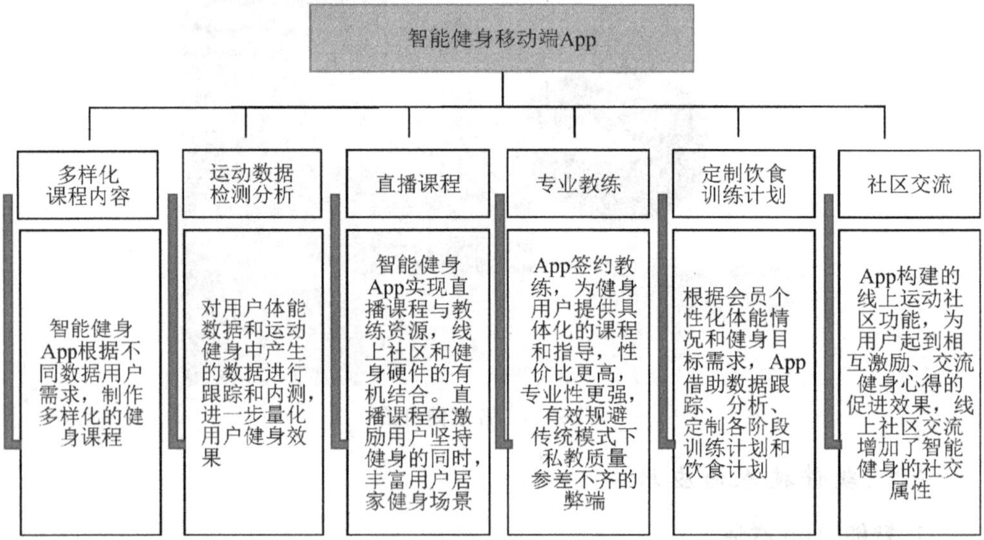

图5-3 智能健身移动App功能

2. 智能健身房管理系统

在智能技术的运用下，智能健身房管理系统建立了以企业过程为核心的横向宽纵向短的平面经营模型。智能化的体育馆对商业过程进行了再规划，展现了平行的网络架构，简化了过程，加强了水平的协作，改进了操作过程的有效性，减少了操作费用。智能健身房管理系统准确划分 14 个智能管理系统，14 个智能管理系统具体分为企业的智能化管理系统、健身设施设备的智能化系统、实体空间的智能化管理系统三部分，此三个部分几乎涵盖了智能健身房管理的全部范围。

由于企业的业务过程变得更加简单，因此，智能化的管理体系不但可以简化企业的业务过程，而且可以扩大企业的经营规模。健身管理系统功能如图 5－4 所示。

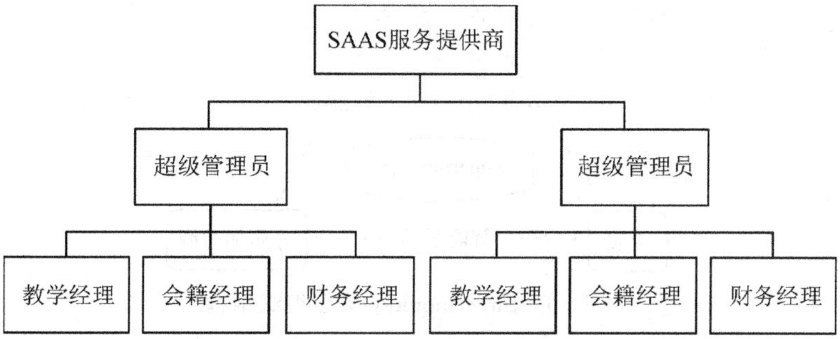

图 5－4　健身管理系统功能

二、智能信息时代智能运动健身行业的关键特征

1. 运营管理秩序化

针对健身房经营者而言，智能健身中心的重要性是利用智能化的系统实现员工的最优配备，从而达到更好的管理效果。尤其是将 SaaS 与智能硬件相结合，以达到“端控会员”的目的，形成一个平面型的组织架构。相对于 20～30 个成员的传统的健身会所，这里很少有接待，而且只要有少量的训练师就能维持日常的训练，这就极大地降低了训练的人数。通过实施轻质化的经营，可以有效地提升体育馆的经营效益。通过技术和会所的融合，会所管理得以具有标准化、流程化、数据化的特征，使效率低下的人力得以释放，自助式的工作过程得以完成，且能够精确地搜集并对俱乐部所界定的核心评价问题进行及时的处理。SaaS 服务框架关系如图 5－5 所示。

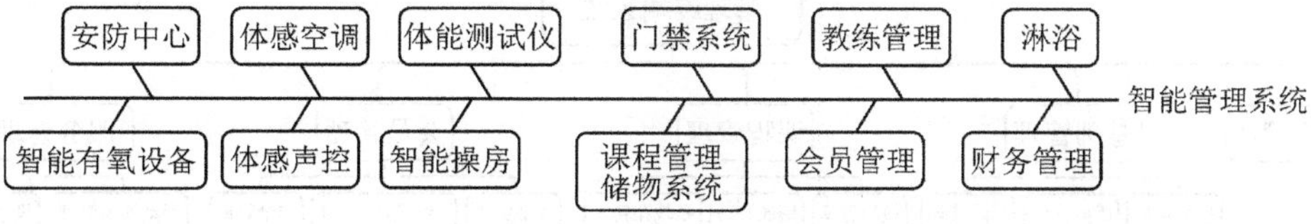

图 5－5　SaaS 服务框架关系

2. 组织结构流程高效性

在智能体育馆的平面管理中，它抛弃了传统的以功能为中心的机构，采用了以俱乐部为中心的运作流程，对运作流程进行了简化。通过增设管理层，减少了一些中层管理职位，减少了指挥链条，实现了体育馆的最大效益。总部通过智能 App 对分店加盟商进行管理，分店加盟商借助智能手环对会员实现管理，总部又通过云数据分析会员的基本情况，整体上形成一个闭合的链条，大大提升了智能健身房日常管理和维护的效率。例如，Supermonkey 核心组织结构如 5-6 所示。

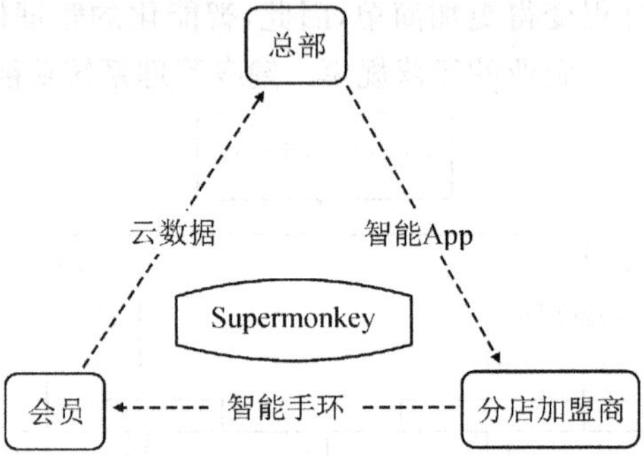

图 5-6 Supermonkey 核心组织结构

3. 会员运动黏性化

用户黏性是产品能够持续发展的关键。用户黏性是用户对产品的满意程度、依赖程度、再使用程度的综合表现。加强会员对智能运动的黏性，能够从根本上保证智能运动健身行业的发展。

增强用户运动黏性，首先要满足用户的智慧运动的需求，通过挖掘出用户的健身需求，为用户制订出独特的健身计划与方案，为用户寻找出智慧行业的实用价值，并进行迭代完善，不断更新与创新产品，增加用户需求场景；同时要建立用户的情感归属感，使用户在使用智能运动 App 期间得到心灵的慰藉。

智能健身管理系统（见图 5-7）以“App＋SaaS＋IOT 硬件”三位一体互联智能系统为基础，通过“（供应商＋企业）到消费者”的商业模式，形成了核心优势——小巧美观、低成本开店、无限创新月度制卡、互联智能轻量管理、丰富场景、强互动、高黏度。

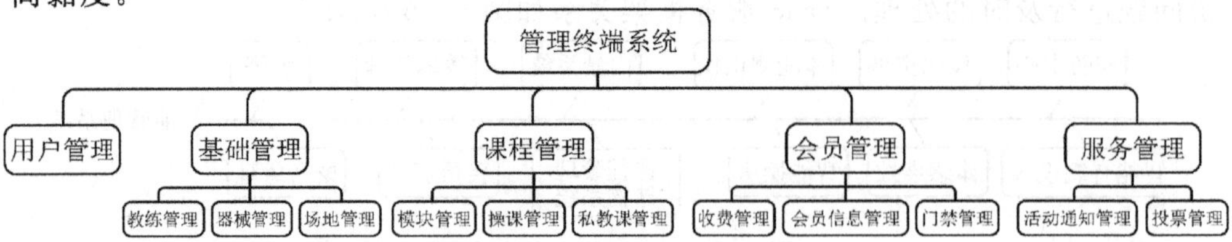

图 5-7 智能健身管理系统

4. 运动场景游戏化

虚拟现实技术在民用领域的最早应用是视频游戏，如 HTC 的 vive 虚拟现实眼镜。在许多基于游戏的健身产品中，也借鉴了电子游戏的设计方法，将用户作为虚拟角色应用到构建的场景中。作为疫情期间少有增长的行业，健身产品的智能化赋能符合了时代的潮流，满足了用户的需求。更多的品牌加入，意味着更多的创新以及选择，这对于产业的转型来说是一个很大的利好。加上政府层面对体育健身行业的未来规划，体育健身智能化发展一定是未来的趋势。例如，I WALL 健身系统（见图 5－8），通过将用户的动作与游戏中虚拟角色的动作相关联，将真实的运动场景与健身产品构建的虚拟场景连接起来，构建真实的健身运动与虚拟构建场景之间的链接，提高运动乐趣和运动体验。

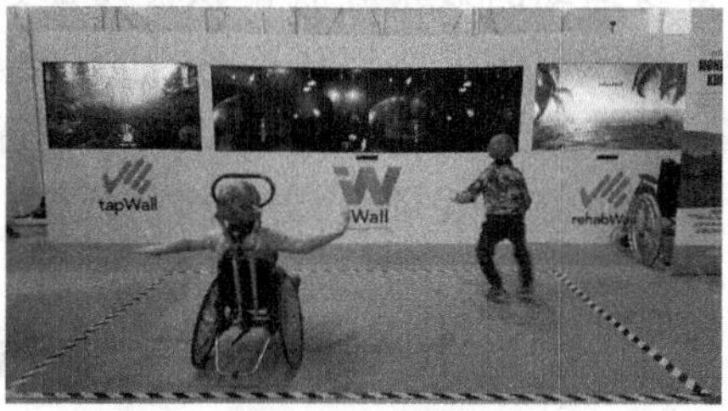

图 5－8　I WALL 健身系统

再如，myShape 智能健身设备界面如图 5－9、图 5－10 所示，当它连接电视时，用户可以通过电视屏幕看到自己的姿态，然后用户就可以跟着屏幕上的视频进行同步锻炼。而且它还具有智能躯体关节识别技术，当用户在健身的过程中动作不到位或者出现不标准的情况，会语音提醒纠正，从而使用户更加高效地健身。

图 5－9　myShape 智能健身设备界面（一）

图 5-10 myShape 智能健身设备界面(二)

通过数字、光效、声效等直观方式对每次健身运动的效果进行评价，可以使运动参与者能够及时感知健身运动的效果并获得积极反馈。从游戏化的角度来看，持续的正反馈不仅是游戏化活动的重要组成部分，也是参与者不断进步的重要原因。因此，通过直观的数字、灯光效果和鼓励的话语或声音向参与者提供反馈，更有利于健身消费者清晰地感知健身效果，获得积极的反馈。

第二节 智能信息时代智慧体育场馆的智慧集成

一、智慧体育场馆的智慧表征

体育场馆智慧化(stadium intelligence)是以体育场馆空间为主体，以数字平台为核心，应用 BIM、云计算、物联网、5G 等核心技术，打造成集智能、节约、高效、便利、安全为一体的智能体育场馆。其场馆建立的体系(见图 5-11)具体包括：①硬件感知层，通过感知+数据采集设备获取位置信息、客流信息、行为信息等。②核心技术层，包括 BIM、云计算、物联网、人工智能等。③基础平台层，包括业务中台、数据中台和 AI 中台。④业务应用层，包括场馆运营管理应用、场馆综合运维管控平台、场馆设备管理平台。⑤应用展示层，如移动应用、统一门户、数字可视化大屏展示、场馆运营指挥平台等。

(一)技术创新智慧

智慧体育场馆实现转型升级的基础在于技术的创新。核心技术层向各场馆、各部门提供计算、存储、传输、学习、推理、决策等保障和服务。例如，应用 BIM 技术至体育场馆的运营管理中，以 BIM 模型为载体、数据为媒介，借助“BIM+技术”助力项目管理模式逐渐迈向信息化，致力于智慧建造。推进数字化，关键在于数据共享、过程同步、多专业协同。场馆建设以 BIM 技术深化应用为载体，构建大数据系统，做到各专业共享，显著提高了项目基础管理的穿透性、精准性。场馆建设团队实施 BIM 系列软件与专业分析软件的数据交换，配备高性能图形工作站，以实

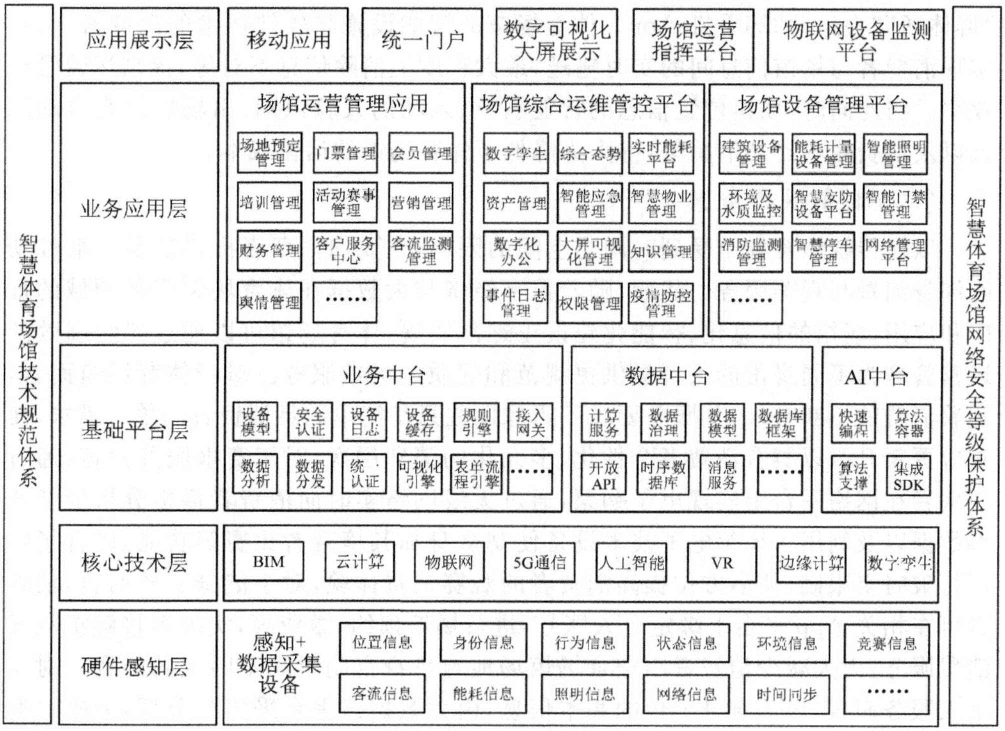

图 5－11　智慧体育场馆技术规范体系

现数字管控平台统筹管理。同时，持续发力“BIM＋”数字化管理平台集成创新，引领项目建设智慧化升级，可为企业数字化转型高质量发展贡献力量。例如，美国黄金一号体育中心在场馆中铺设了 650 英里（约 1046 千米）的光纤网线和 300 英里（约 483 千米）的铜线，在场馆内外架设了几百个 Wi-Fi 热点。同时，体育馆数据中心装配了大型天线系统 DAS。优越的网络条件保障了场馆一系列最前沿的物联网和云技术的运行，将黄金一号中心场馆与票务、餐饮贩售服务等系统整合为一体。

（二）运营管理智慧

智慧体育场馆实现转型升级，关键在于运营管理的高效。由于过去体制壁垒，传统体育场馆运营管理效率的痛点难以击破。2021 年 3 月，浙江省人民政府办公厅颁布了《关于高水平建设现代化体育强省的实施意见》，该政策的核心是厘清政府、市场、社会“三条边界”，激发体育事业新动力，通过“放管服”改革，使政府“下放”体育事务管理，更多地转为监督职能；体育管理与体育服务由市场和社会力量承担，双方共同努力形成合力，推动智慧体育运营高质量发展。如今体育场馆更多以政企合作形式进行管理经营，市场上各类软件平台如雨后春笋般相继涌现，如

"群体通""去运动"等手机 App。体育场馆的智能设施与软件技术的深度融合，可实现消费者与场馆信息间的实时输送，最大程度上消除信息不对等，提高运营管理效率。与此同时，场馆位置信息的智能引导、入场的人脸识别、出场后灯光自动熄灭以及消费账单自动清算等，都大大降低了体育场馆的运营成本。

（三）服务供给智慧

以往传统体育场馆受到时间与空间的限制，主要向消费者提供的是一般性功能健身消费与观赛服务。然而，随着数字经济与大数据在体育场馆服务领域的推广和应用，场馆的信息化、智能化建设正逐渐实现，体育场馆可以通过科学高效的运营管理为不同身份的人群提供更规范和优质的场馆服务。对于体育场馆而言，随着消费的不断升级，其服务要求不再像以往只是简单满足消费者的单一需求，而是应更新升级以契合消费者个性化、多元化的消费层次；对于赛事服务而言，通过消费者在网络平台上实现电子购票，通过无线网络实时向消费者播报分析最新赛事数据以及利用 VR 等电子技术设备使观众身临其境观看比赛等功能，体育场馆可打破时空限制，从多方位提高消费者的观赛消费体验；对于健身服务而言，消费者可在相关 App 平台上绑定个人账号，进行场馆预约、缴费等，实现零接触沉浸式消费服务，大大减少消费者因空余场馆场地与自身空闲时间不匹配的问题。对于个人服务而言，用户自身上传的基本信息，由大数据云平台采集与分析，云平台通过对数据科学化地处理与分析，为用户制定出个性化的健身方案。例如，黄龙体育中心智慧服务理念如图 5－12 所示。

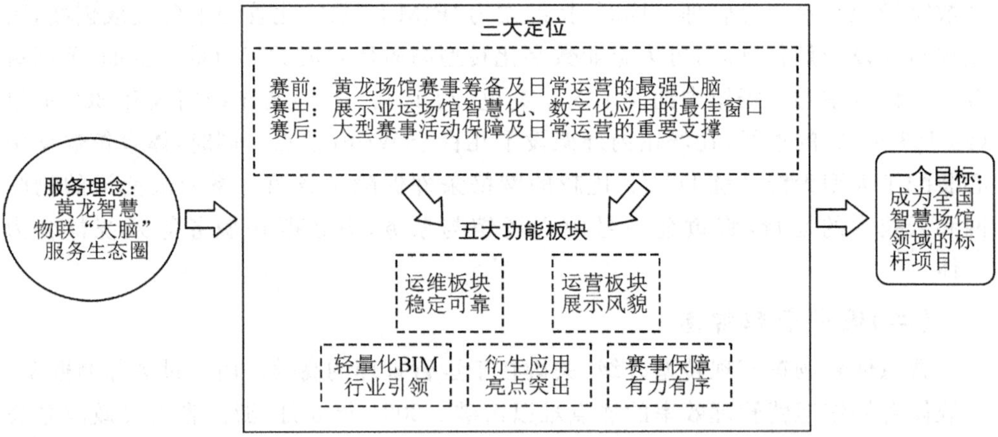

图 5－12　黄龙体育中心智慧服务理念

二、智慧体育场馆的创新要素

区别于传统体育场馆要素，智慧场馆已逐渐迈入 3.0 时代，即利用信息技术，提升场馆的智慧化水平，优化用户体验。管理包括决策、组织、领导、控制、创新，在管理要素这一框架下论述智慧体育场馆的创新要素，为探索体育场馆的智慧化转型打开了新思路。

（一）职能组织要素

传统体育场馆组织结构的不合理可引发管理效率低等一系列问题。例如，传统的事业部制组织框架或矩阵式组织框架，从整体的组织机构设置看，职能部门中并未开发设置市场部，主要还是以行政的方式对场馆进行运营管理，但这并不利于场馆的市场化运作，也不符合现在场馆应展现出多元化功能的趋势。

在高质量发展的背景下，智能设备、数字化技术等与体育场馆的深度融合，把场馆从事简单体力操作的工作人员逐渐转向智能技术操作，这不仅能提高场馆工作效率，还可以降低场馆运营成本，节省额外开销。例如，北京五棵松体育场馆运营管理有限公司共设 12 个部门，包括综合办公室、市场开发组、品牌营销组等，颠覆了体育场馆过去被动式的服务模式，开启了主动营销的服务模式。

（二）人力资源要素

在传统体育场馆中，一方面，人力资源人才大多为管理类职员，常年从事基础体育场馆的经营与运营工作，场馆运营模式单一，缺乏创新思维；而在智慧体育场馆中，职员更加强调“跨域性”“融合性”“多元性”，人力会将科技与场馆管理融合在一起，将数据与场馆运营交汇在一起，发散创新思维，发挥不同领域的合力，共同打造成新型体育场馆。另一方面，采取不同形式对场馆从业人员进行指导和培训，帮助他们掌握与时俱进的场馆运营理论知识，可以促进他们对信息技术知识的学习以及在实际中的运用。

我国部分体育场馆智慧化服务方式如表 5－1 所示。

表 5－1　我国部分体育场馆智慧化服务方式

启动时间	服务体系名称	服务方式
2008 年	凯迪拉克中心（五棵松体育馆）	现场同步直播、精彩瞬间捕捉、奇特镜头回放、赛况信息播报、计时计分统计、广告播出等多项功能
2017 年	杭州黄龙体育中心智慧场馆系统	通过引入自助服务机、人脸识别设备、无人值守闸机、灯控等智能化硬件，以信息化技术手段打破软硬件异域结构，实现了智慧硬件和智慧软件的协同联结，构建黄龙智慧物联“大脑”服务生态圈

续表

启动时间	服务体系名称	服务方式
2017 年	江苏五台山场馆群智能运营销售平台	建成并使用办公 OA 系统，运用中心微信与其他 App 实现体育场馆及体育健身在线预定，对场地、器械、人员进行远程监控和信息采集，实现健身培训、大型活动、物业服务、体育用品销售等所有业务系统的一网融合
2018 年	北京“冰丝带”国家速滑馆	通过手机 App 实现无纸化检票、智能导引至停车位和场馆座席、了解赛事特点解析和精彩片段回放。人脸识别安保门禁、智能消防控制、供配电控制等，场地照明调节、温度适度控制、物柜存取等实现智能化
2018 年	焦作太极体育中心智慧场馆管理平台	引入智慧停车、健身场地智能监控、智慧体育大数据中心等子系统。实现微信购票、订座、导航等功能，支持人脸识别、指纹入场。通过微信公众号绑定车牌信息，可实现人工智能无感停车
2018 年	苏州奥体中心	游泳馆的“三环合一”，微信、市民卡等平台实现场地预定和票据购买的智能化，微信会员注册，会员二维码进场消费，照明、网络等环节采用了智能化模块的集成设置
2018 年	湖州奥体中心	通过“私人订制”“驻场服务”等专属工作模式，湖州奥体智慧场馆系统正式上线
2019 年	上海中心智慧体育场馆公众订场管理系统	“玉兰娇”室内游泳馆首创微信端到线下服务体验（O2O），泳客通过微信服务端购票，现场自助服务机扫码领取智能手环，缩短排队等候时间
2019 年	杭州阿里体育中心智能物联网服务系统	刷脸入场、自助取还手环、储物、支付；人场人数、水质检测，与支付宝“运动银行”结合

（三）绿色创新要素

以前的体育场馆大多只专注于单一的赛事举办等，赛事举办后场馆闲置、废弃问题一直成为场馆运营中的一大难题。现在人们开始重视起体育场馆的绿色发展。在绿色创新理念的指引下，我国场馆建设将更加注重土地集约化和功能复合化，着力于场馆的循环、低碳、高效利用。例如，2022 年北京冬季奥运会的“冰丝带”场馆，遵循绿色办奥理念，馆内冰面几乎实现二氧化碳的零排放；再如，NFL 费城老鹰队的场馆外围铺上太阳能设备保证了智慧场馆的可持续发展。

第三节　智能时代智慧体育培训行业发展剖析

一、动力维度：以科技赋能破除技术障碍

随着社会生活水平提高以及数字经济发展，加快了青少年体育培训的数字化进程，青少年体育培训不断引入科技力量。从内部管理上，实现组织架构升级，搭建技术产品团队，实现透明化运营，以科技赋能，提升运营效率、质量，将培训、营销、财务一体化，体育培训企业进入平台化时代。从外部运行上，青少年体育培训企业面对庞大的用户管理体系和不断升级的用户需求，以运动项目为核心，开发数字化产品，将日常培训的环节流程化，促进了规范化和标准化的发展，让用户可以便捷地在线上完成课程管理、开发；在教学方式上，一个教练通过互联网进行线上教学，突破了场地和时间的限制，同时能够对运动项目进行深入的指导，学员也可以课下多次练习，降低了企业成本，提升了用户满意度；在营销方式上，除了传统的电话销售，增加线上宣传线下体验，还利用自身开发的 App 或相关直播平台，让明星教研团队进行体育培训教学。

青少年体育培训企业通过加快数字化改革、数字化转型，建设数字体育，促使青少年体育培训结构优化、体制变革、流程优化，从而实现高质量发展目标。由于国家政策的大力支持和人们健康意识普遍增强，涌现了许多中型青少年体育培训企业。外在的竞争、内在压力和盈利的本身需求，迫使广大青少年体育培训机构运用新技术，打造新模式，组建专业数字化研发团队，定制化打造官方网站、应用程序、小程序。一方面，通过教学系统、线上排课系统、学员管理系统、营销系统、财务系统，实现内部管理优化；另一方面，依靠家校端、场馆预约、客户服务、营销管理等系统，搭建起学员和机构的桥梁，增加服务内容。特别是在营销领域，青少年体育培训不同于学科培训，培训成果无法直观体现。为解决反馈不足的问题，部分青少年体育培训企业利用抖音、微信、小红书等平台，将训练过程、训练成果利用视频进行记录，展现体育带给孩子自信、乐观、开放、团结的精神品质，从而提升客户满意度。

例如，动因体育数字化历程如表 5－2 所示，其营销方式数字化赋能如图 5－13 所示。

表 5-2 动因体育数字化历程

时间	项目	项目内容
2017-02	开启数字化	启动数字化改革,目标:提升运营效率和升级客户端
2018-05	课程数字化管理	通过数字化系统精准分析场地使用率、续班率、投诉率和客户满意度,实现日常业务数字化管理
2019-06	淘宝店	开设网店,在淘宝店、微店售卖运动服饰和运动装备
2020-02	疫情线上课	依靠 App、小程序、官方网站开展线上运动课,针对所有用户免费开放,课程类型丰富
2020-11	赛事积分系统	开发赛事系统,多维度记录球队得分、失分、篮板、助攻等数据
2021-02	深化数字化内容	收购 Isee 灰姑娘,发挥其智能化运营、完善财务分析、市场营销管理等数字化优势
2021-02	打造 OMO 模式	即"教、学、练、测、评",给体育培训模式中的个人练习、教练教学和体能训练三部分增设线上课程,分为大班直播课、小班直播课、精品录播课三种类型

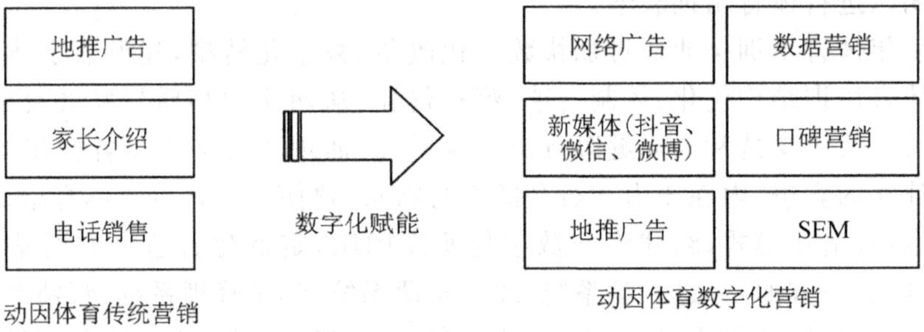

图 5-13 动因体育营销方式数字化赋能

二、方式维度:推动多元主体协同体育供给

在数字化赋能青少年体育培训高质量发展过程中,要推动多元主体协同供给产品与协同治理,这是青少年体育培训高质量发展的实践逻辑。多元主体协同供给与治理体系超越了政府、市场、社会传统的三分法,体现了公共体育服务"政府主导、部门协同、全社会共同参与"的特点(见图 5-14)。其主要包含三方面的内容。其一,整合行动主体。数字化赋能青少年体育培训的高质量发展,企业、政府、家庭、社会等部门会增强联系,逐步成为统一整体,统筹青少年体育培训产品供给与治理过程。其二,促进行动目标趋同。数字化赋能,能创新经济发展动力,推动经

济发展，提高企业社会竞争力，提高青少年体育培训的效率，提升青少年培训的参与感与体验感，使不同的需求包含一致的目标。其三，协调行动过程。要尊重市场主体地位，充分发挥政府作用，政府要了解企业需求，提供精细化针对性的政策；落实到实践层面，需要广泛的市场需求，能够降低企业经营管理成本，从而使企业大力推动数字化进程；具体到青少年，要增强培训过程的体验感，增强培训效果，满足个性化需求。

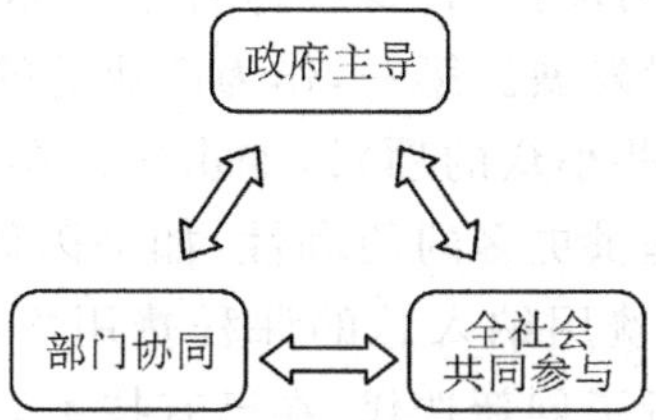

图 5－14　多元主体协同供给与治理体系

三、形态维度：培育青少年体育培训新业态

（一）打造“线上＋线下”新模式

数字化给予了青少年体育培训更多的可能，除了将数字化技术引入培训之中，许多青少年培训企业还搭建起 O2O、B2C 的商业模式，改变了青少年体育培训的商业格局。青少年培训企业将线上和线下场景相结合，依靠地理信息技术，并创新性利用 O2O 商业模式，形成了“线上＋线下”相结合的新模式。一方面，布局较为完善的数字化运营管理系统，学生课程、教练教学、店铺管理小程序三者协调联动，形成用户管理和业务管理新模式。另一方面，挖掘线上课程新模式，作为宣传手段之一，比如体测、亲子游戏、打卡分析等。

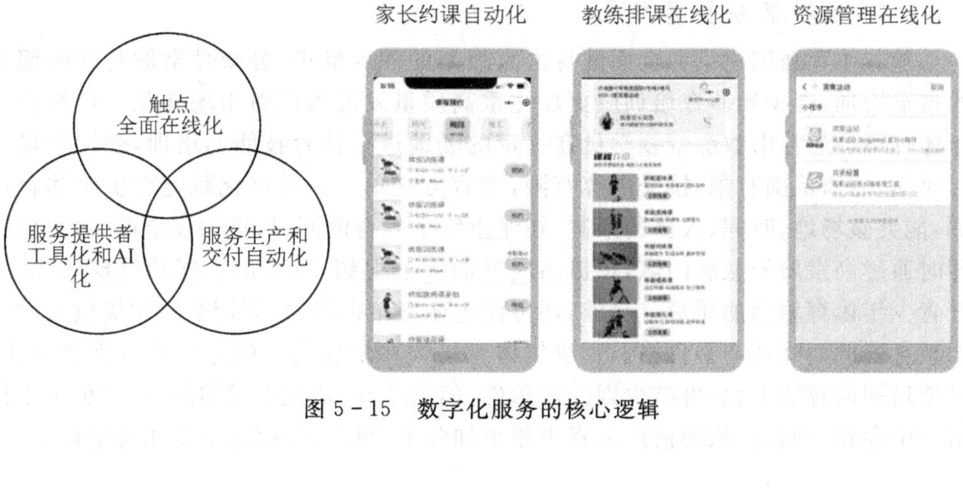

图 5－15　数字化服务的核心逻辑

（二）延长产业链，形成产业新业态

运动项目是体育培训的核心内容，运动技能和运动知识培训是青少年体育培训的核心产品，青少年体育培训过程中需强调数字化的运用，但必须以提供高质量的运动项目培训产品为基础。因此，企业要延长运动项目的产业链。企业在数字化发展过程中，会带动装备制造、体育研学、体育营销、青少年体育赛事等上中下游产业发展，使各主体协调能力增强，青少年体育培训体系更加完善，从而逐步实现青少年体育培训产业高质量发展。第一，作为产业链的延伸，线上体育培训能够提供装备售卖服务，特别是一些小众的项目，如击剑。第二，企业应向消费者提供多元服务。企业应给消费者提供更多的便利性，如动因体育开展课后答疑并不收取任何费用，而是将课后答疑费用纳入总的课程费用之中。第三，生产智能技术设备。现代智能技术设备进行了创新迭代，在已有技术的基础上，新增了远程热量监控、动作姿势监控、沉浸式体验、3D 或 VR 教学等，拓宽了产业链，形成了产品新业态。

四、效果维度：推进青少年体育培训普惠化

（一）注重青少年健康成长

体育运动具有健身功能，不仅能够在生理方面提升人体的心血管系统机能水平，提升呼吸系统效率，而且能够调适人的心理状态，如在运动中可以缓解青少年面临的学业压力、家庭沟通压力和心理压力。幼儿在进行体适能体育培训的实践过程中，可增强幼儿的团队协作能力、交流沟通能力，使其能够形成更加积极阳光的性格。但实践过程中也出现了将体育作为应试科目的倾向，因此，应利用数字化完善教育体系，建立学生体质健康档案，搭建全方位的体育评价。

（二）培训服务普惠益民

随着体育强国建设和全面健身国家战略的深入推进，公众日常健身休闲服务的需求增加，青少年体育培训应更加注重高质量发展以应对市场变化。传统青少年体育培训通常由教练带领学员在一定的场地进行体育技能的培训，受制于场地与时间，传播范围有限，接受内容有限，教育方式单一。数字化赋能青少年体育培训，能突破场地、时间、人员的限制，在注重线下教育的同时，更加注重课后的培训，同时通过高素质的教研团队，拍摄高质量的线上视频，以更加丰富的呈现形式，提升青少年体育培训的质量。另外，还可促进体育培训学习，利用数字化提供高质量的教育资源而降低产品价格。青少年体育培训在快速发展的过程中依靠数字化，可使培训内容线上化，可减少因经济条件、信息差异、地域造成的差距，避免了学科培训中存在的问题，从而使广大青少年更加公平、可及、便捷地享受体育培训。

第四节　基于消费者认知的智慧体育消费调查分析

为了更好地了解智慧体育产品及服务对于普通消费者的消费偏好，掌握智慧体育消费的发展趋势，本书基于消费者认知视角，制作关于智能时代智慧体育消费的调查问卷(见附录 1、附录 2)。本问卷于 2020 年 2 月 10 日至 2020 年 4 月 20 日线上、线下同时发放，共回收问卷 1145 份，剔除无效问卷 84 份，有效问卷共计 1061 份，问卷有效率为 92.7%。问卷整体 Cronbach's α 值为 0.909，KMO 检验值为 0.910，数据均通过 Bartlet 球形度检验($p<0.05$)。

被调查者的人口统计学特征如下：从性别结构看，男性占比 66.92%，明显多于女性。年龄多集中在 18～45 岁，占比 70.12%，这一群体拥有相对稳定的经济收入，也更愿意尝试与接受智慧体育产品和服务。本科以上学历人数占比 31.20%，税前月收入在 8000 元以上占比 68.05%。从职业分布来看，在校学生占比 14.99%，企业职工占比 36.00%。居住在上海市、浙江省的消费者居多，占比分别为 22.81%、19.79%。上海、浙江等地较早地开始进行数字化改革转型，将智慧体育融入全民健身公共服务系统，消费者对智慧体育的了解与接触相对较多，因此更愿意选择智慧体育产品和服务。被调查者描述性统计基本信息如表 5－3 所示。

表 5－3　消费者描述性统计基本信息

变量	分类	人数/个	百分比/%	变量	分类	人数/个	百分比/%
性别	男	710	66.92	年龄	18 岁以下	127	11.97
	女	351	33.08		18～30 岁	339	31.95
税前月收入	5000 元以下	106	9.99		31～45 岁	405	38.17
	5000～8000 元	233	21.96		46～60 岁	190	17.91
	8001～17000 元	403	37.98	文化程度	高中及以下	127	11.97
	17001～30000 元	213	20.08		专科	190	17.91
	30000 元以上	106	9.99		本科	413	38.93
现居地	北京市	179	16.87		本科以上	331	31.20
	上海市	242	22.81	社会身份	政府及事业单位	190	17.91
	浙江省	210	19.79		企业职工	382	36.00
	江苏省	189	17.81		自由职业者	233	21.96
	广东省	105	9.90		在校学生	159	14.99
	其他省市	136	12.82		其他	97	9.14

在智慧体育概念认知调查中(见图 5－16)，53.3%的受众对智慧体育比较了

解和非常了解，166 人对智慧体育不了解，占比 15.6%。随着智能信息技术的快速发展，越来越多的消费者对智能化、数字化的智慧体育产品与服务接触越来越多，80%的消费者（有些消费者对智慧体育并不完全了解）均倾向于选择智能体育产品或者智慧体育服务（见图 5－17）。数据显示，未来智慧体育产品与服务市场的发展具有巨大的潜力。

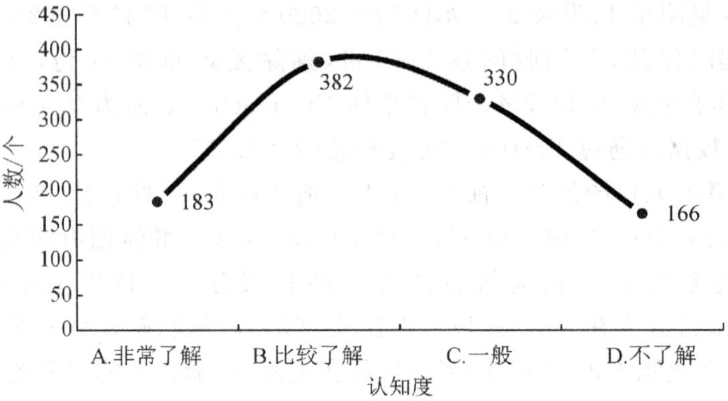

图 5－16 消费者对智慧体育的认知度

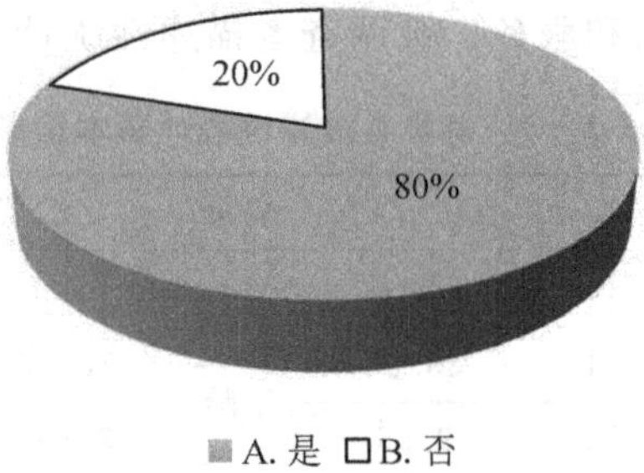

图 5－17 消费者选择智能体育产品或者智慧体育服务倾向性

在消费者关注的智慧体育服务内容中（见图 5－18），“预定体育场馆”“在线体测评估”“在线培训指导”“5G＋AI＋VR 等智慧观赛”“在线虚拟参赛”排列前五位，而“体育数字人解说”“体育数字地图”等新型服务在 2022 年卡塔尔世界杯足球赛事中受到越来越多的人青睐。智慧体育产品在数字经济驱动下，产品内容日益丰富，据数据统计，运动手表、智能跑步机、智能健身镜、Swith 健身环、智能跳绳等依次位居消费者最为关注的智慧体育产品前五（见图 5－19）。

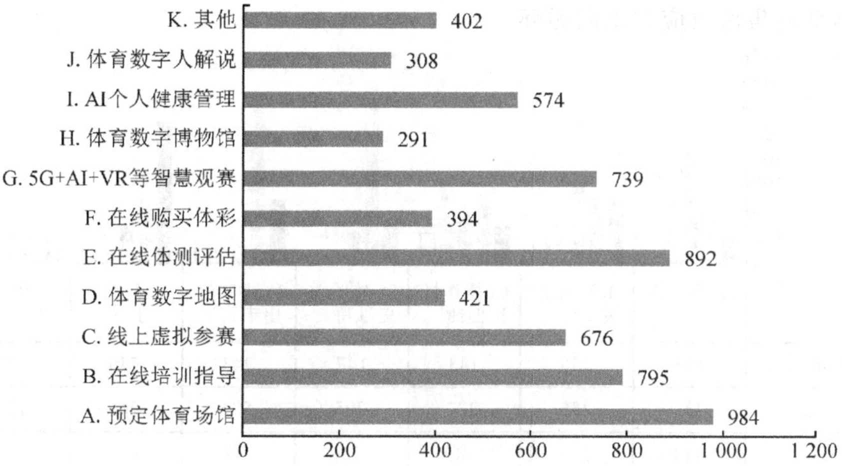

图 5－18 消费者关注的智慧体育服务类别

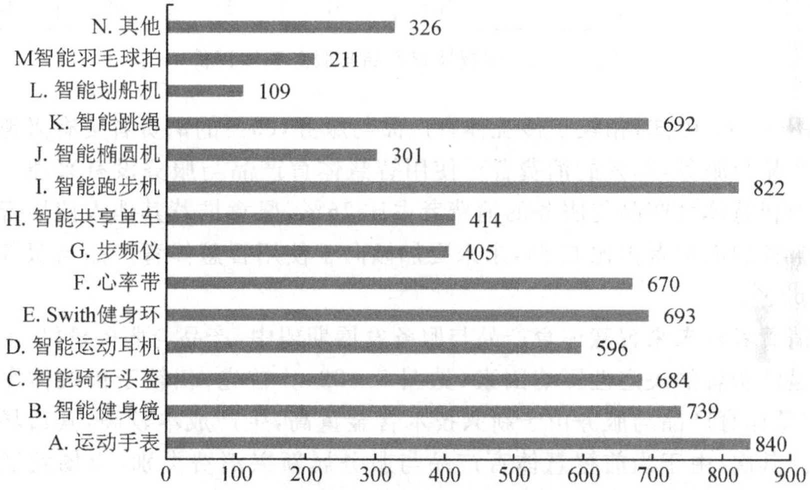

图 5－19 消费者关注的智慧体育产品类别

相较于传统体育产品与服务，智慧体育产品与服务在专业性、功能性、操作性、体验性、趣味性、互动性、可靠性领域中的表现得到更高评价。特别值得引起注意的是体验性评价（见图 5－20）。80.3％消费者认为智慧体育产品与服务让用户的体验性得到了充分满足。如通过动作识别算法对运动过程中电子设备采集的动作姿态数据进行分析和对比，进而实现计算、动作标准度判断等，将有效提升运动参与者体验深度。在互动性表现方面，76.6％消费者均不同程度认为智慧体育产品与服务有效提升了互动性。消费者通过在线打卡、运动分享，形成自我激励、同伴激励，引发运动社群互动并推动潜在消费者线下体验，再激发更多线上分享，从而形成运动的集聚效应和正向循环。

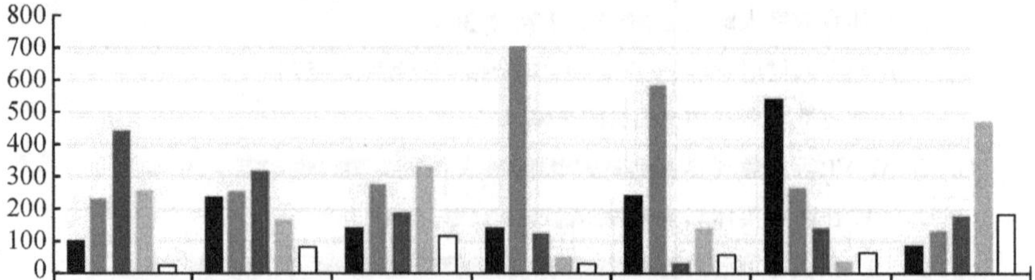

	A. 专业性更完善	B. 功能性更全面	C. 操作性更便捷	D. 体验性更独特	E. 趣味性更丰富	F. 互动性更强大	G. 可靠性更显著
■非常同意	103	238	143	147	243	545	89
■比较同意	232	256	277	705	584	268	135
■不确定	443	318	189	126	33	144	180
■比较不同意	257	167	332	52	143	39	473
□非常不同意	26	82	120	31	58	65	184

图 5－20 智慧体育产品与服务感知评价

由图 5－21 可知，相较于传统体育产品与服务，69％的消费者更有兴趣使用智慧体育产品与服务，22％的消费者对使用智慧体育产品与服务没有兴趣。愿意尝试与使用智慧体育产品与服务的消费者占比 76％，愿意推荐其他人使用智慧体育产品与服务的消费者占比 62％，未来更加倾向于使用智慧体育产品与服务的消费者占比 65％。

在消费者对未来智慧体育产品与服务发展期望中，产品与服务价格、实用与可靠依然是消费者的决定性影响因素（见图 5－22）。首先，相较于传统体育产品与服务，智慧体育产品与服务由于新兴技术含金量高，生产成本较高，其市场价格相对较高。其次，由于当前智慧体育产品与服务属新兴消费类别，市场发展良莠不齐，质量标准尚无统一认证，加之诸多产品与服务消费过程中的噱头、流量密码等眼球效应的宣传，造成消费者实际消费体验差，“实用与可靠”是未来智慧体育产品与服务亟须关注的焦点因素。再则，“产品与服务的智能化程度”“线上线下一体化水平”“产品设计潮流创新”“个性化定制水平”“产品与服务的类别”依次为消费者较为期待进行优化与完善的重要因子（见图 5－22）。

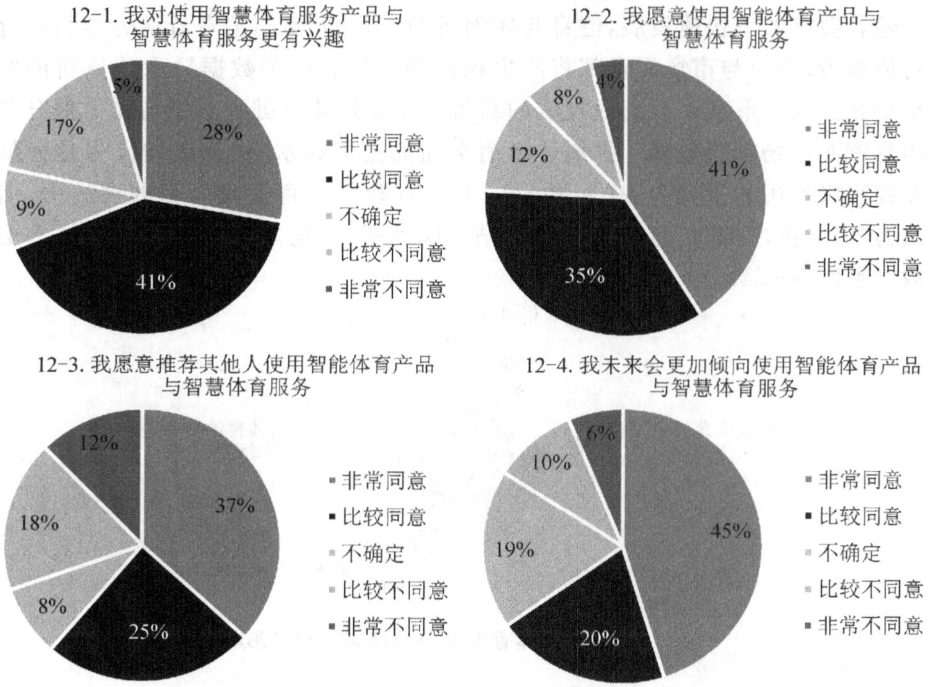

图 5－21　消费者对智慧体育产品与服务的消费意愿

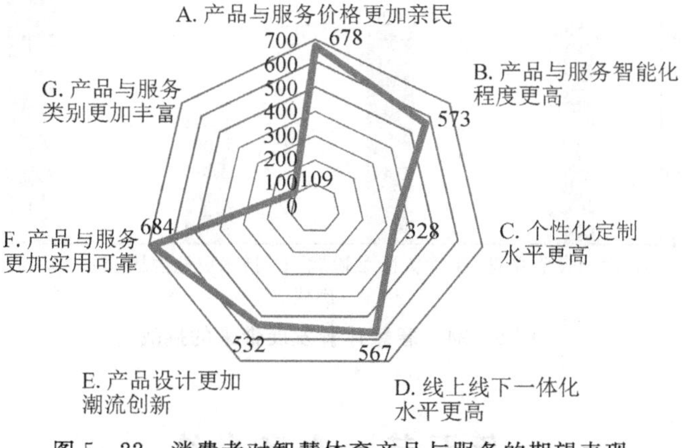

图 5－22　消费者对智慧体育产品与服务的期望表现

随着数字经济快速发展，健身与休闲运动方式的变迁，消费者认为智慧体育发展对消费者、企业与市场投资都将产生积极的作用。相关数据显示，“革新消费者运动交互方式”“形成体育商业投资的新机遇”“促进体育健身意识与能力提升”“提升体育资源市场配置效率”“扩展体育消费品的范围和水平”依次被认为是智慧体育发挥积极作用的重要表现(见图 5－23)。在智慧体育发展面临的挑战中，消费者认为“市场推广挑战”与“个人隐私挑战”远远超过“运动安全挑战”与“技术更迭挑战”(见图 5－24)。

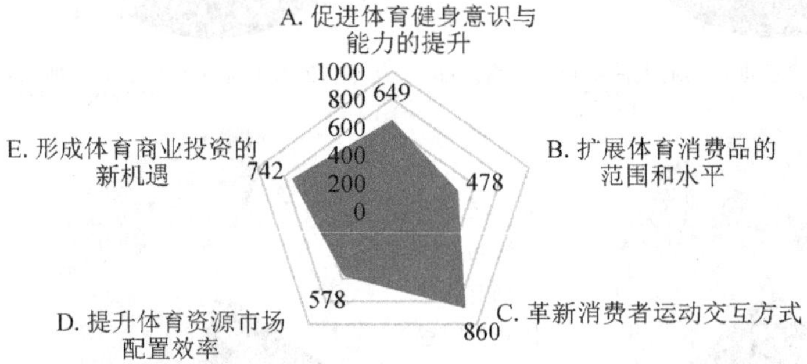

图 5－23 智慧体育发展将会带来的积极影响

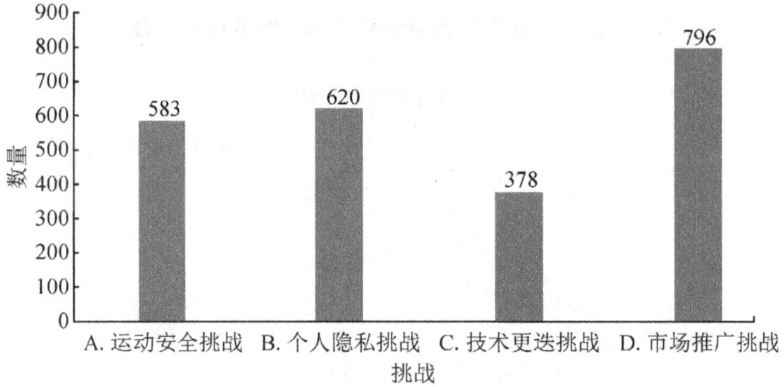

图 5－24 智慧体育发展带来的挑战

第五节 本章小结

(1)目前，我国健身运动行业正处在现行政策鼓励、局势稳步发展、技术性促进行业发展更新期，但也普遍存在着行业结构发展不平衡、传统运动健身公司管理创新不足、商业模式单一等发展瓶颈，而互联网技术与智能化科技的发展极大地提高了行业服务效能，为行业升级提供了驱动力。智能信息时代智能运动健身行业的关键特征呈现为：运营管理秩序化、组织结构流程高效性、会员运动黏性化、运动场景游戏化。

(2)体育场馆智慧化是以体育场馆空间为主体，应用BIM、云计算、物联网、5G通信、大数据、人工智能、数字孪生等现代信息技术，形成体育场馆即时感知、科学决策、主动服务、高效运行、智能监管等功能为一体的新型建设和运行管理模式。当前，智慧体育场馆呈现技术创新智慧、运营管理智慧、服务供给智慧等特征，并在职能组织要素、人力资源要素、绿色创新要素方面实现要素创新。

(3)随着社会生活水平提高以及数字经济发展，加快了青少年体育培训的数字化进程，青少年体育培训不断引入科技力量。本书从动力维度、方式维度和形态维度、效果维度深度剖析智慧体育培训行业。通过加快数字化改革、智慧化转型，可促进青少年体育培训结构优化、体制变革、流程优化，从而实现智慧体育培训的高质量目标。

(4)本书基于消费者认知视角，对智能时代智慧体育消费调查的结果显示：随着智能信息技术的快速发展，80％消费者均倾向于选择智能体育产品或者智慧体育服务。数据显示，智慧体育产品与服务未来市场发展具有巨大的潜力。“预定体育场馆”“在线体测评估”“在线培训指导”“5G＋AI＋VR等智慧观赛”“在线虚拟参赛”是消费者对智慧体育服务最为关注的内容。相较于传统体育产品与服务，智慧体育产品与服务在专业性、功能性、操作性、体验性、趣味性、互动性、可靠性领域中的表现得到了更高评价。在消费者对未来智慧体育产品与服务发展期望中，“产品与服务价格”“实用与可靠”“产品与服务的智能化程度”“线上线下一体化水平”“产品设计潮流创新”“个性化定制水平”“产品与服务的类别”依次为未来智慧体育产品与服务进行优化与完善的重要因子。

第六章 高质量发展背景下我国智慧体育产业的形成机理

第一节 高质量发展与我国智慧体育产业发展

一、高质量发展与体育产业

中国共产党第十九次全国代表大会首次提出“高质量发展”表述，表明中国经济由高速增长阶段转向高质量发展阶段。国家体育总局发布的《“十四五”体育发展规划》指出，支持大数据、区块链、物联网、云计算、人工智能等新技术在体育领域的创新运用，打造智能健身场景，加快相关产品开发。在经济高质量发展背景下，体育产业与信息技术的融合，塑造体育产业新服务、新业态、新模式，是实现体育产业高质量发展的题中应有之义。高质量发展的提出与我国现阶段社会主要矛盾有机关联，当前我国社会主要矛盾是人民日益增长的美好生活需要和不平衡不充分的发展之间的矛盾，既承接了深化供给侧结构性改革的任务，又助力推动建设现代经济体系。高质量发展要求贯彻新发展理念，创新是引领发展的第一动力，必须把创新摆在国家发展全局的核心位置。协调是持续健康发展的内在要求，必须注重发展的平衡公正。绿色是永续发展的必要条件和人民对美好生活追求的重要体现，必须注重经济社会发展和生态环境保护的协调共进。开放是国家繁荣发展的必由之路，必须发展高层次的开放型经济。共享是中国特色社会主义的本质要求，必须坚持全民共享、全面共享、共建共享、渐进共享。

2018 年，国家体育总局副局长提出“推动体育产业高质量发展，为体育强国建设和健康中国的建设做出新的贡献”。相关学者结合双碳战略目标，指出“数字技术能够赋能体育产业提升资源利用效率，促进体育产业业态融合、产业链整合，促进体育产业结构优化、供需匹配；数字技术赋能还能够降低体育产业的碳排放强度，促进体育产业降碳、脱碳，助力体育产业逐步实现碳达峰碳中和”。

因此，本书将在以上研究的基础上，从产业链、产业融合、智慧体育产业等方向，分析产业融合的动力及依赖路径，深入探索高质量发展背景下我国智慧体育产业的形成机理。

二、智慧体育产业与产业融合

产业融合是不同产业或同一产业内不同行业在技术融合的基础上相互交叉、相互渗透，逐步形成新的产业属性或新型产业形态的动态发展过程。其实质是打破原有产业或企业间的分工界限，形成一种新的分工链条，之后通过产业分工链条的重新组合建立一种有序的产业内或产业内部的分工链条。产业融合最初是指计算机、通信和广播电视业的"三网融合"，是在技术融合、数字融合技术上所出现的产业边界的模糊化。随着信息产业和科学技术的发展，产业融合逐步发展到其他领域。

本书根据哈佛学派产业组织研究的"三分法"(SCP框架)，即市场结构(structure)、企业行为(conduct)、市场绩效(performance)，对产业融合的效应进行分析。当产业边界出现交叉或者模糊化，会改变市场进入壁垒，使竞争更加激烈，形成垄断的概率降低，但组织规模会扩大，从而促使行业内生产量、销售量上升，进而影响市场结构。市场融合出现后，改变了原有的产业价值链，为了顺应专业化、精细化生产下的融合趋势，各企业之间的关系变成既竞争又合作态势，从而影响企业战略行为的制定。产业融合出现后，行业生产效率提高，出现了更多的创新型产品，扩大了针对消费者需求的有效供给，反过来也刺激了消费者的需求，进而提高了行业的市场绩效。

智慧体育产业是智慧体育的有机组成部分，是新一轮科技革命背景下体育产业与信息产业融合而成的产业新形态，代表体育产业发展的新方向、新要求、新趋势。从信息技术和体育产业融合的产品类型和最终效用出发，本书将智慧体育产业分为智能体育制造业和智慧体育服务业。智慧体育的重要表现形式是利用技术创新对传统模式、理念进行变革。物联网、大数据、云计算、VR、AR、3D打印、体感控制等科技成果与可穿戴设备、传统体育制造业相结合，催生了智能体育制造业的发展。例如，专项训练和比赛器材的研制和应用领域中，重点围绕专项训练竞赛器械、运动康复器械、运动训练和竞赛监控仪器、专项可穿戴式监控仪器等进行研制。同时，将信息技术与传统体育服务业相结合，塑造了体育服务新业态、新模式。例如智慧体育场馆服务中，"冰丝带"国家速滑馆使用"超级大脑"，使观众通过手机App实现无纸化检票、智能导引至停车位和场馆座席、了解赛事特点解析和精彩片段回放。同时，该场馆还设有智能化人脸识别安保门禁、智能消防控制、供配电控制等，此外，包括场地照明调节、温度适度控制、物柜存取等也实现了智能化。

第二节　智慧体育产业发展的逻辑演进

正如自然界进化一样，产业也按照自身发展规律沿着一定轨迹发生着演进。

根据产业融合规律，产业融合是一个动态发展的过程，一般经过技术融合、业务融合、市场融合三个阶段，其中，制度融合贯穿始终(周振华，2003)。从产业演进逻辑来看，产业融合是基于专业性的产业分工形成不同的产业链和价值链，当条件成熟时，相关产业链和价值链就会出现融合。其中，技术融合是产业融合的前提和基础，业务融合是产业融合的重要内容，市场融合是产业融合的最终结果，制度融合贯穿始终(梁伟军，2011)。

智慧体育产业形成演进过程如图 6-1 所示。

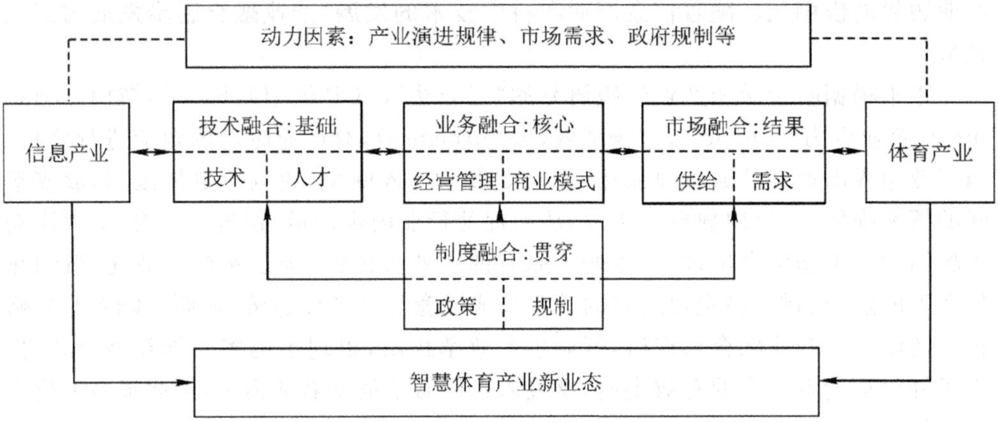

图 6-1 智慧体育产业形成演进过程示意图

具体到智慧体育产业的演进逻辑，我国信息产业和体育产业交叉、渗透、重组的生成遵循产业融合一般规律，即体育产业利用信息产业扩散契机，吸纳信息技术产业新技术，塑造体育产业新特征、新业态、新模式。首先，技术融合是智慧体育产业融合的基础。产业融合率先发生在技术领域，随着技术的创新与技术扩散的不可阻挡，新技术逐渐进入产业，这导致产业边界变得更加模糊，使产业间和不同产业的人力、科技、资源得到互补使用，逐渐消除或降低了不同产业之间的技术性进入壁垒。其次，业务融合是智慧体育产业融合的核心。在技术融合的加深过程中，产业内部和产业间的联系和沟通逐渐加深，产业内部和产业间加强了原料采购过程、生产过程、销售过程的交往与联系，塑造了体育产业新的经营管理模式，形成了较为稳定的制度体系，从而实现了较为稳定的业务融合。再次，市场融合是智慧体育产业融合的结果。在产业业务融合的扩展过程中，生产出具有新特征、新属性的产品与服务，满意消费者的多元化需求，可实现市场融合。最后，制度融合贯穿产业融合始终。随着市场融合的不断扩大，逐步演化出一种新业态、新模式，在政策支持和制度规制的影响下，最终实现产业融合。因此，根据产业融合发展一般规律和体育产业与信息产业的特殊性，体育产业与信息产业融合形成机理历经以下发展过程：技术融合——技术要素和人才的融合，业务融合——经营管理和制度的融合，市场融合——供给和需求的融合的演进过程，以及制度融合——政策和规制的协调发展。

一、技术融合

产业融合源于技术的创新和扩散。Rosenberg 认为技术融合是一种自组织现象，其内涵为不同的技术开始共享共同或相似的技术特征。在知识经济时代，技术融合不仅仅是在产业交叉处实现的技术渗透与扩散，更是基于以知识分工协作为基础的人才资源的重塑。因此，技术融合可通过技术要素融合和人才要素融合实现，从而为信息产业和体育产业的业务融合和市场融合奠定良好基础。

技术要素融合是指信息产业和体育产业共享相同或相似的技术，体育产业引进信息产业技术要素，进而提升全要素生产率，提高信息产业和体育产业的融合积极性。由于信息产业具备强渗透性，与具有一定技术关联和共同价值取向的体育产品和服务相联结，逐步实现了功能的互补和融合，使原有产业链不断解构与重构，打破了原有行业间的技术壁垒，促进了新的业务领域的壮大与发展，使资源得以优化配置。体育产业利用物联网、5G、大数据、VR 等技术要素扩散的契机，打造出科技化、智能化的智能体育产品和信息化、平台化的智慧体育服务，实现了对竞技比赛、运动训练、全民健身等的全方面、全流程、全领域重塑。例如，以元宇宙的交互技术为背景的 XR（包括 VR、AR、MR）技术，作为一种全新的生产要素，研发出具有交互性、沉浸性、构想性的体育项目，给用户带来全新的沉浸式运动体验。

人才要素融合是技术融合过程中的一项基础性工程，是适应以知识分工为基础的产业链的必然要求。先要有人才的融合，才可能促进产业融合现象的产生，才可能实现体育产业高质量的发展目标（杨强，2010）。人才融合要求既懂体育技术、体育管理，还要通晓科技、心理、制造等方向的人才。只懂信息技术而不懂体育的人才，会导致设计不合理，导致资源的流失与浪费；只懂体育而不懂技术，缺乏科技对体育产业重要性认识的人才，会导致体育产业难以取得突破性进展。国内、国外体育产业发展实践表明，信息产业和体育产业的人才融合分为两种途径。一种是发展时间较长、产业体量较大的体育企业，内融信息产业技术，以改善其经营管理活动；另一种是市场需求较为旺盛、技术壁垒较高的体育产业中，行业外部具有较强的技术素养、专业技能的知识型人才积极主动进军体育产业，以新知识、新理念实现体育产业的变革。例如，在当前数字经济大发展的趋势下，体育产业“线上＋线下”态势逐渐明显，越来越多的互联网领域的技术人才投身于智慧体育设备创新创业领域，推动了智慧体育产业市场化进程。

二、业务融合

业务融合和新业态已经成为智慧体育产业发展的重要方式。业务融合是指在利润的驱动下，体育产业和信息产业进行的生产流程、业务模式、管理组织的变革，积极开展新型业务，这实质上实现了产业链与价值链的解构与重构。在产业融合的背景下，业务融合不仅体现在设计、生产、销售等方面的业务流程融合，更在于形成了适配业务流程的经营管理融合。因此，各种类型的体育企业是产业融合的实施主体，业务融合是体育产业和信息产业融合的核心。

在市场经济条件下，市场需求呈现多元化和科技化特征，体育产业的产品和服务天然选择与信息产业交叉、渗透，信息产业与体育产业实现了生产、管理、销售等业务流程方面产业内部或产业间的融合，即业务流程融合。从实质上而言，业务流程融合强化了产业间资产的共同性，使具有业务关联的产业链充分共享资源，这种共享性体现在生产、流通、营销等多个业务环节。从体育产业产品和服务的生产来看，智慧体育产业将信息产业的 VR、互联网、传感器等信息技术引入体育产业，突破了传统体育产业发展的时空限制，而且还赋予体育产业视频设计、软硬件迭代升级、算法系统完善等新型业务内容，延长了体育产业链。从流通过程来看，信息技术实现了产业和服务供需双方的信息对应程度，有利于体育企业实现对消费市场的精准把握，以及将产品价格和质量透明化，有利于消费者做出选择。特别是数字支付和电商物流的发展，使得体育产品和服务实现快速流通，实现即期消费。从最终产品的市场营销角度来看，依靠趣缘性社群，打造信息化、数字化、智能化手段的营销业务模式，可增强市场营销精准性，扩大产品和服务的影响力。总而言之，信息产业和数字产业融合产生了大量的新业态，从本质上对体育产业进行产业革新，这些新业态使得体育产业展现出蓬勃生机与活力。

经营管理融合是指在业务融合过程中商业模式的整体性融合升级，改变了传统的信息产业和体育产业生产端、交易端、客户端的内容，重塑体育产业收入模式、价值创造过程、要素支撑体系。在智慧体育产业中，经营管理融合最显著地体现在体育数字平台上，即信息产业外部资源与体育产业内部资源的相结合，形成体育产业动态的自适应的治理系统（Helfat et al.，2018）。在收入模式方面，体育数字平台拥有大量的用户规模，针对性开发休闲健身课程，发挥数字平台的规模效应和范围效应，充分发挥数字技术时间溢出效应，降低实际成本。在价值创造方面，体育数字平台倾向于集约化经营，体育企业经营管理方式更加扁平化，有利于提高智慧体育产业应对市场需求调整的灵敏性，提升企业经营管理效率。在要素支撑体系方面，云技术、支付平台和物流体系与体育数字平台的融合，提升了信息产业和体育产业融合的效率与安全保障。例如，动因体育利用 App、官网、微信小程序等渠道实现了客户端和管理端的数字化管理，一体化实现线上购买课程、线下门店体验、线上教练服务等多重功能，极大提升了企业经营管理的效率。总而言之，产业融合重塑了体育产业管理模式，推动体育产业实现扁平化、模块化管理，加强了不同部门、流程、领域间的协同联系，提升了体育产业经营管理效能。

三、市场融合

市场融合是指信息产业和体育产业突破行业间的壁垒，生产出具有多元价值与功能的产品及服务，进入其他市场占据更多市场份额。市场融合加剧了竞争的激烈程度，促进了资源的优化配置，发展形成新的产业链、价值链，实现了更大范围的综合性竞争。由于市场融合实现了更大范围的竞争，改变了传统供给和需求的特征，为产业发展带来显著性效应，因此，市场融合是技术融合和业务融合的结果。市场融合可以分为供给融合和需求融合两个方面。

需求是在一定时期内各种可能的价格水平下，愿意并且能够购买某种产品或服务的数量，从而满足人基于生理活动和心理活动而产生的消费某种产品或服务的欲望(厉以宁，2015)。需求具有多样性，尤其是随着经济发展水平的提升和全民健身意识的逐步树立，消费者对体育产品和服务的消费需求日益旺盛，对产品的功能和作用由“一元”到“多元”，消费者在更小的时间成本和经济成本下实现物质需求和精神需求的最大满足的建构下，推动了需求融合。因此，在这种整体性消费需求的推动下，要求信息产业和体育产业的供给和服务方围绕技术或功能的拓展实现新的价值创造，跨产业重新打造符合市场需求特征的产业链。以健身数字平台Keep为例，其实现了运动健身、运动医疗、健康食谱、运动商城等多元复合功能，“一站化”服务满足消费者体育需求，增加了消费者使用黏性。

供给融合是指信息产业和体育产业在技术融合和业务融合的基础上实现了产品功能与服务的统一，供给产品与服务能够满足消费者多元特征的需求。随着供应方加强产品与服务的创新与研发，特别是“一站式”服务的繁荣发展，融合的新市场不仅能够满足体育运动、健身怡情的传统需求，还能满足教育、文化、休闲、旅游等多种功能的需求，形成一种新的产业形态，即智慧体育产业。其中，体育用品制造和新材料、互联网相结合形成了智能分析、智能统计的智能体育用品制造业；体育场馆和物联网、自动化系统等相结合形成了集自动化控制、数据分析、智慧营销等功能为一体的智慧体育场馆；体育健身与互联网、传感器、VR等先进技术相融合形成了线上教学、多元场景的智慧健身；体育竞赛表演和通信技术、广播电视相结合形成了具有交互性、移动化、个性化的体育传媒；体育培训和互联网、智能运动装备、移动互联网相融合形成了集“线上＋线下”的智慧体育培训。例如，印度的数字健身平台Cure. Fit同时提供运动健身方案、运动健身档案、运动健身食谱等内容，有利于消费者在特定的时间和意愿的水平下获取最全面的健身消费产品与服务。

四、制度融合

制度融合是产业融合发展的必要条件，政府作为重要的利益相关者，对信息产业和体育产业的融合进行规划、扶植和监管，通过政策支持和政策管制引导智慧体育产业符合产业发展预期，从而推动智慧体育产业的形成与发展。体育产业是一种健康型产业，具有强烈的外部性特征，对国民身心健康、社会和谐稳定起到重要作用。但总体上而言，我国体育产业发展起步晚，产业基础较为薄弱，体育产业产值占 GDP 比重相对较低，自 2014 年国家出台相关政策后，体育产业才实现快速发展。因此，根据国际体育产业发展的一般规律，智慧体育产业处于发展初期往往需要政策、规制的保障，尤其是产业融合涉及的利益和矛盾较多，这就需要政策和规制的双重融合保障弱小的智慧体育产业稳步成长。

政策融合是指政府立足智慧体育产业发展状况，制定相关的政策并搭配贯彻落实机制。通常国家把握整体方向，区域政府制定产业发展规划，通过土地、人力、财政、税收等资源的扶植，促进区域内体育产业快速发展，增强产业竞争力。从国家层面来看，《中共中央关于制定国民经济和社会发展第十四个五年规划和二〇三五年远景目标的建议》《"十四五"体育发展规划》《"十四五"国家战略性新兴产业发展规划》《体育强国建设纲要》等战略性规划中提出，要充分利用数字化技术提升体育产业发展质量，助力构建"双循环"新格局，实现体育产业的高质量发展。具体到区域政府层面，《湖北体育发展"十四五"规划》提出促进体育产业和信息产业融合发展，使物联网、互联网、大数据技术运用更加广泛，加强智能体育制造业建设，打造现代智慧体育服务业[①]。例如，在税收优惠方面，进行土地税、消费税等税收减免，允许技术研发费用纳入税额抵扣；在融资支持方面，实行低息贷款和财政补贴等金融措施，扶持智慧体育产业的成长。

规制融合是指信息产业和体育产业共享相似的市场规则的过程，目的是促进信息产业和体育产业融合的规范发展。规制是由信息产业和体育产业行业主管部门提出的，对产业融合过程中的行为进行具有强制作用，其通过立法或行政手段，矫正和改善信息不对称、损害消费者利益、垄断等问题，维护市场机制有序运行。行业主管部门进行规制主要通过三种途径：市场进入规制、价格规制、质量规制，从而优化产业融合的市场环境，提升资源的配置效率（王健 等，2009）。在市场进入规制层面，最为重要的在于在国家政策的引导下建立起智慧体育产业的标准与规范，促使体育行业及相关主管部门进行行政审批，加强对市场准入的监管，使真正的智慧体育产业享受财政、税收等政策优惠。如"步道乐跑"作为教育部第一批成功备案的校园体育 App，在武汉理工大学、北京交通大学等 500 多所高校推行，适当的垄断保护了智慧体育产业的成长与发展。在价格规制层面，行业部门应指导性给予智慧体育产品或服务价格上限或下限来约束产业的定价行为，价格上限防

---

① 关于印发《湖北体育发展"十四五"规划》的通知[EB/OL]. (2021-11-01)[2022-07-13]. http://tyj.hubei.gov.cn/fbjd/zcwj/gfwj/202111/t20211101_3838120.shtml.

止垄断高价损害消费者利益，价格下限防止过度竞争恶化市场环境，同时，体育价格管理部门进行审批核查。例如智能运动手环中，小米手环 7、华为手环 7、KeepB3 等产品定价多在 200～300 元，其价格符合其商业价值，而对具有更高消费需求的群体开发出的 Apple Watch、Huawei Watch，其价格不超过 3000 元。在质量规制层面，行业主管部门应建立起智慧体育产业质量标准和质量规范，相应完善智慧体育产品和服务质量的监督机制，特别是针对正在运营的企业的信息安全、价格标准、资金保障、技术力量等多方面的内容进行监管，针对即将退出的企业要特别注重保障已消费群体的合法权益。如 2021 年 11 月 1 日施行的《中华人民共和国个人信息保护法》，规范了信息的收集与运用，维护了消费者权益[①]。

第三节　智慧体育产业的演化阶段及其特征

同生命体的演变过程一样，社会经济发展有其特定的规律，产品生命周期理论和企业生命周期理论亦逐步拓展到产业生命周期理论（魏丽丝，2014）。20 世纪 70 年代，William J. Abemathy 和 James M. Utterback 提出 A-U 模型，从产业发展和产业创新的关系出发，将产业周期分为流动阶段、过渡阶段和稳定阶段（Utterback，1994）。Gort 和 Klepper 在对 46 个产品的整个或部分生命周期的销售、价格和产量时间序列数据进行分析的基础上，按厂商数量对产业生命周期进行划分，得到引入、大量进入、稳定、大量退出和成熟等五个阶段。产业生命周期形态为 S 形曲线，一般来说要经历产业形成期、成长期、成熟期和衰退期。在产业形成期，随着技术创新和市场需求等因素的变化，融合型产业逐步形成。在产业成长期，产业规模迅速扩大，由企业的规模效应引起企业生产成本降低，为企业创造合理的利润空间。同时，此阶段，优势产业逐步发展成为区域性的主导产业，并且有效带动相关产业共同成长。在产业成熟期，产品与服务技术趋于稳定，市场组织和市场结构合理，产业绩效和利润进一步扩大。在产业衰退期，产业结构升级，需求逐渐萎缩，生产能力过剩，产业的增长受阻，并开始寻求有效的退出机制。

智慧体育产业遵循产业发展的一般规律，符合产业发展的阶段性特征，结合智慧体育产业演化过程中主要受技术创新、组织管理、经营绩效、战略发展和政府角色等要素的影响（见图 6－2），本书将智慧体育产业的生命周期分为四个阶段，即智慧体育产业的探索期（3 年以下）、萌芽期（3～5 年）、成长期（6～10 年）、高速发展期（10 年以上），且每个阶段呈现不同的阶段性特征（见图 6－3）。

---

① 中华人民共和国个人信息保护法[EB/OL].（2021－08－20）[2022－07－11]. http://www.gov.cn/xinwen/2021－08/20/content_5632486.html.

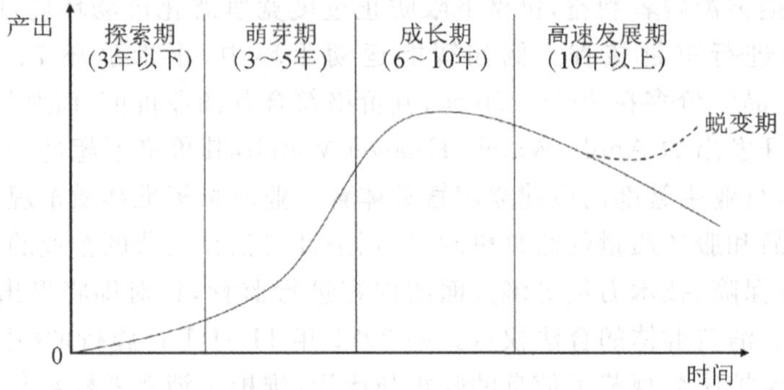

图 6－2　智慧体育产业生命周期的一般形态

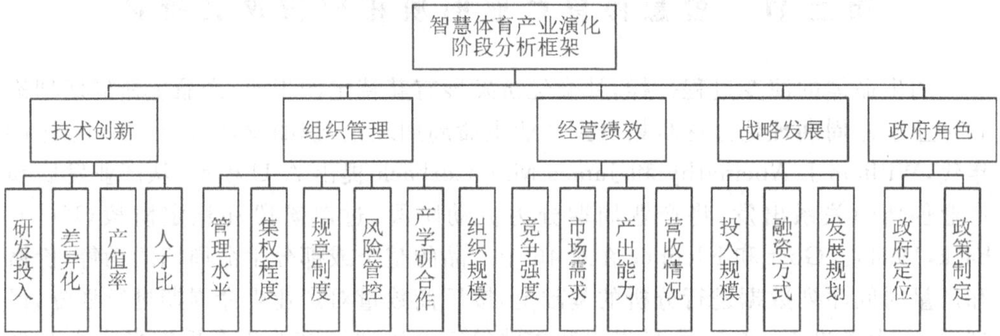

图 6－3　智慧体育产业演化阶段分析框架

一、探索期

3 年以下一般为智慧体育产业发展的探索期，此阶段为智慧体育产业的初步演化阶段，此时体育消费者需求增加且日益多元化、高级化、科技化，体育企业为顺应市场动态方向，获得更大的竞争优势，结合人工智能、新型材料、5G、大数据等关键性技术，集聚智慧体育产业的核心价值。由于市场需求和关键技术的限制，这个阶段企业规模普遍较小，研发资金投入较少，产品差异度不明显，产出能力和盈利能力相对较弱。因此，这一阶段体育科创企业融资数量有限，企业发展规划以获得短期收益为主，企业局限于产品方案和营销计划。在这一阶段，为扶植新兴产业的成长，政府应提供创新平台，助力产业孵化，对小微企业的融资给予支持。以 2020 年 12 月成立的景色智慧(北京)信息科技有限公司为例，其将 AR、AI、物联网技术与体育相结合，打造了监控跑步过程的智慧跑道、结合传感器的 AR 体感运动、利用 LED 打造沉浸式的多元运动场景，提升了用户的跑步酷炫体验。这类体育科创企业亟须政府进一步扶持，进而扩大竞争优势。

二、萌芽期

相对于探索期，智慧体育产业发展的萌芽期（3～5 年）有了一些新特点。强大的市场需求牵引产业实力迅速增强，在重大技术方面不断突破，技术的市场适应能力增强，人力资源、技术资源、资金资源、政策资源等生产要素大幅增加，产业竞争逐渐激烈。这一阶段体育科创企业研发投入有所增加，产品的差异化趋于扩大；其逐步建立了一些新型经营管理的规章制度，产学研合作有效开展，开始了阶段性战略发展，企业盈利能力增强。政府在智慧体育产业发展过程中的作用加强，注重加大产业孵化的力度、完善财税政策的扶植，同时亦强调体育科创企业在获取经济利益的同时承担相应的社会责任。相关数据显示，2022 年京东"6·18"期间家庭健身器材的整体预售订单额同比增长 100%，这表明伴随大众健康需求强烈和技术成熟，智能健身行业已经崛起。创立于 2019 年的运动健身公司 FITURE，成立 2 年后获得领域内最大 B 轮融资，形成"硬件＋内容＋服务＋AI"的协同突进，塑造了智能化、互联化、多元化以及普及化的运动健身新模式。FITURE 以魔镜硬件设备为载体，依靠智慧体育平台，研发涵盖 HIIT、力量塑形、瑜伽、普拉提、有氧舞蹈等在内的 16 大类，超过 3000 节课程，100 多个运动专题，充分满足不同目标和兴趣的消费者的运动需求，构建国内目前规模领先的在线自制健身课程内容库。

三、成长期

在成长期，智慧体育产业的各方面特征都有了很大的变化，此时智慧体育产业发展最为迅速。由于信息技术条件成熟，政府以扶持为主走向以监管为主，市场需求、劳动力价格、资本投入等要素更加重要，产业发展速度达到巅峰。在成长期，企业研发投入总量和增长水平都将达到最高，产品开始出现同质化现象；在组织管理方面，智慧体育产业的管理水平和效率都有所增加，企业的权力开始出现分化，建立了稳定的企业合作机制，此时企业的风险管理能力达到最高；在经营绩效方面，市场上产品的竞争激烈，市场需求迅速增加，企业的产出能力和盈利情况持续向好；在战略发展方面，投入规模稳步增长，以市场化融资为主，企业注重阶段性的竞争方案；在政府角色方面，政府注重市场监管的同时，注重引导各企业进行竞争。例如，成立于 2015 年，专注于人工智能、云技术等前沿技术的研发及为多元化体育场景提供价值和服务的每步科技，将体育赛事、体育营销、体育健康管理同信息技术融合发展。每步科技将云平台、物联网、大数据、移动互联网和体育赛事结合，实现了办赛线上线下相融合。同时，每步科技的硕士人才占比超过 60%，年研发投入超过 10%，技术创新达到较高水平。另外，每步科技与公司、高校、社会组织等达成了良好的合作关系，专注于不同领域使企业权力相对分散，完成 A、B 轮千万市场融资，产业发展资金充足，盈利能力较强且盈利模式清晰。

四、高速发展期

在高速发展期(10 年以上),智慧体育产业发展的特征为繁荣与衰退并行,若产生突破性的技术或新需求,将促进产业复苏。此时,智慧体育产业的技术创新已相当成熟,难以产生突破性的技术变革,出现了研发投入和技术人才所占比重逐步下降的现象;智慧体育产业的组织管理成熟,各方面规章制度完善,同时因企业经营分散化,风险管控能力相对下降;智慧体育产业能够满足多元化的市场需求,经济效益高,但由于市场需求相对减少,产业的产出能力和获利水平下降;企业注重综合化经营,注重发挥规模经济和范围经济的作用。同时,政府的作用转向加强市场监管,预防大型企业对市场的垄断进而影响产业的健康发展及损害公共利益。例如,成立于 2010 年的咕咚体育,借助大数据、云计算、移动互联网技术,打造了体育运动、健康管理、电商、社区的商业生态闭环,月活跃用户超过 1000 万。同时,企业注重技术创新,依赖平台产生的大量数据,借助 AI 完善算法模型,为用户提供更加专业化的运动指导。此外,企业开发了咕咚手环、咕咚跑鞋、咕咚跑步机等硬件设备,与 YYsports 联合布局新零售、与华为 HiHealth 展开运动数据合作,实现了企业的综合化布局与经营,发挥了规模经济和范围经济的经济效益。

第四节　智慧体育产业演化成长的动力因素

随着 5G、人工智能、区块链、移动互联网等技术的发展,体育产业和信息产业产生渗透、交叉、重组,是社会发展和体育产业发展到一定阶段的必然结果。信息产业和体育产业的融合给体育产业带来了良好的发展机遇,推动信息技术在体育产业中的运用,增强了体育产业的创新能力,延长了产业链,实现了价值增值,推动了体育产业内部架构重组,提升了产业在市场中的竞争力,这对促进我国体育产业快速发展和满足人民群众日益增长的体育需求起到了积极的推动作用。

信息产业和体育产业融合的动力因素众多。马克思认为,分工基础上结合生产实际导致产业融合。Sahal 提出产业融合起始于产业之间的技术关联,某一种技术范式向不同产业扩散,促使这些产业开展技术革新,在技术革新的基础上发生产业融合。植草益对信息产业融合进行研究后,认为技术革新和放松限制是产业融合的动因。张磊认为产业融合动力来源于三方面:技术创新、管制放松和管理创新。郑明高提出产业融合的动因主要包括产业发展的内在规律、技术创新、企业间的竞合关系和企业对效益与效率的持续追求、市场需求的扩大、跨国公司的发展以及政府管制的放松。综合来看,本书将信息产业和体育产业融合的动因分为以下几个方面。

一、产业演进自身规律

世界各国经济发展历史经验表明，产业的发展遵循经济发展的历史和逻辑序列，由低水平均衡向高水平均衡的动态演进，导致产业规模扩大、产业结构优化、产业组织管理升级。产业的发展由一次产业占优势比重逐级向二、三次产业占优势比重演进，即以劳动密集型产业为主体逐步发展到以资本密集型产业为主体，以资本密集型产业为主体逐步升级到以技术密集型产业为主体，知识在产业结构中所占价值比重更高。2018 年，经国家统计局核算，全国体育产业总产出为 26579 亿元，增加值为 10078 亿元，增加值占国内生产总值的比重达到 1.1%，产业规模进一步扩大。其中，体育服务业增加值占比 64.8%，体育用品及相关产品制造增加值占比 33.7%，体育产业内部结构进一步优化，新兴体育服务业增势强劲，不断满足人民群众对美好生活的需求。产业组织管理整体性加强，促进体育产业系统整体功能大于部分功能之和，以组织管理升级发挥出体育产业结构的整体协调功能。

信息产业内部市场需求的有限性，制约信息产业的持续发展、扩张速度。同时，随着经济水平的提高，人们更高层次的享受和自我发展需求日益旺盛，这为体育产业的发展创造了巨大的空间。基于产业发展状况，以 5G、物联网、大数据、区块链为代表的信息产业和体育产业的融合促使体育产业边界收缩或消失，形成了更加网络化、平台化、智能化的体育产业新业态、新模式。信息产业以其新理念、新技术赋予体育产业新的价值与内涵，促进体育产业结构优化升级，给经济社会的发展增添新活力。近年来，作为信息产业和体育产业融合的重要方向，体育大数据已逐步呈现出巨大潜力。体育产业依托数字化平台，利用平台产生的大量数据分析经常参与体育锻炼人数、运动健身综合评价、运动参与者爱好倾向等内容，以实现体育产品或服务生产、制造、营销精准化、科学化，更加精准地挖掘用户需求。

从体育消费产品的属性来看，由于体育消费产品的时间属性、空间属性的限制，只有与信息技术相结合，才能扩大传统体育产业的交易规模，实现规模经济效益；从智能体育制造过程来看，由于材料价格、人工成本等生产要素价格限制，只有依赖科技这种新型生产要素，才能实现更大的产品溢价空间；从体育产业价值特征来看，只有实现产业边界的拓展，与经济、社会、文化、教育相融合，才能更大程度发挥体育产业的综合价值。

二、技术进步与创新

波特从技术的视角出发，认为产业融合发生的主要动力来源于技术的进步和创新，新技术的发展改变了传统意义上的产业界限。技术进步与创新是新技术原理及其物化形态所引起的技术体系的根本变革，其分为三个阶段：发明、创新和技术扩散。技术进步与创新首先源于某一个产业部门，然后向其他的产业部门扩散，使原有产业经营的形式和内容发生改变，使得各个产业之间的技术开始融合，使得各产业间的分界线变得模糊，并最终形成了各产业间产业融合的现象。产业融合在20世纪90年代以来成为全球产业发展的浪潮，其主要原因就在于各个领域发生的技术进步与创新。

技术进步与创新是产业融合的源泉之一，也是信息产业和体育产业产生融合现象的关键。技术进步与创新影响产业融合，遵循"技术融合—业务融合—市场融合"的顺序。随着信息技术与互联网技术的日益成熟和完善，信息产业依靠技术基础或产业平台开发出替代性或关联性技术或产品，渗透、扩散到体育产业之中，形成体育产业新产品、新服务、新模式，由技术扩散导致技术融合。这种技术扩散是双向的，互联网的技术创新扩散到体育产业，使体育产业的技术水平得以提高，如体育互联网平台对大数据、机器视觉、智能硬件算法的创新运用。同时，互联网技术扩散的过程，也汲取体育产业产品或服务使用信息技术的反馈，完善信息技术，使信息技术产业出现技术融合升级。技术融合使信息技术产业和智慧体育产业的成本结构、技术条件和商业模式的相似程度提高，从而形成产业间的通用平台，导致技术边界趋同。在信息产业和体育产业技术融合的基础上，形成了具有相似功能的产业或服务，用以满足消费者的多元需要，从而促进两者间的业务融合。信息产业和体育产业技术的进步与创新，以及在这个基础上产生的技术融合和业务融合，给体育产业带来了新的市场需求，从而产生市场融合，推动智慧体育产业的发展。

技术进步与创新将对信息产业和体育产业的融合带来积极影响。首先，体育产业利用信息产业的先进技术，改变了体育产品或服务原本的技术特征和生产模式，大大提高了体育产业的生产率，降低了生产成本。其次，技术进步与创新为高新技术企业提供了可供选择的具有关联性和替代性的技术，这些技术渗透、扩散至体育产业中，从而再次替代体育产业的技术、模式及产业生态，驱使原有生产成本函数的变革，从而增强信息产业和体育产业的融合态势。再次，技术进步与创新扩大了市场对体育产品或服务的需求，消费者需求更趋多元化、新兴化、潮流化，只有与信息产业相融合，才能精准锁定消费者群体及实际消费需求，这也从市场特征的视角为产业融合发展中的技术革新提供了必要条件。最后，信息产业和体育产业的融合不是简单地把产品融合在一起，更重要的是打破原来的产业链体系，构成以知识与价值分工为基础的功能网链。

三、消费需求导向

消费经济学认为"消费指的是使用物质资料和劳务来满足人们某种需要的行为过程"。马克思认为在社会再生产的过程中，生产是决定性环节，消费是生产的动力。随着消费的高级化，居民消费需求从满足生存需要为主转向满足享受型和发展型需要为主，消费结构升级引起产业结构的调整与升级，促进信息产业和体育产业的融合。

党的十九大鲜明地提出："中国特色社会主义进入新时代，我国社会主要矛盾已经转化为人民日益增长的美好生活需要和不平衡不充分的发展之间的矛盾。"建设现代经济体系的过程更加注重消费需求导向，人们的消费需求在不断高级化、多元化、科技化，这种无止境的需求使得企业不断谋求创新发展，促进体育产业优化升级。一方面，体育消费者在追求健体、益智、怡情的基础上，增强了对体育产品或服务的体验感、科技感、服务效率的需求，体育需求更加复杂化。同时，体育消费者除了运动健身需求外，还兼有教育、社交、购物等需求，通过信息产业和体育产业的融合发展，以"一站式服务"满足消费者的多元需求。消费者对于体育产品或服务的需求随着与信息产业的融合而发展，带动行业内或行业间企业的交叉、渗透、融合，体育产业呈现出新业态、新特征，促进体育产业链和价值链的解构与重构，实现体育产业的动态发展。另一方面，对体育产品数字化、体育服务智能化、应用场景多元化的新型需求带动体育产业创新，为体育产业和信息产业的融合创造了更加广阔的市场空间，促进更大范围的融合。例如，智能体育制造业作为体育产业的核心部分，将数字化技术、新型材料广泛应用于产品的设计、制造、营销等环节，利用技术创新催生智能体育制造业新业态。

四、企业竞争与协同

企业是市场活动的主体，为应对激烈的市场竞争和保持持续的竞争优势，企业之间形成了"在竞争中协同，在协同中竞争"的竞争与协同关系，从而满足了消费者异质性需求，实现利润最大化的生产经营目的。企业间这种竞争与合作的关系，降低了产业间壁垒，导致企业间发生一系列大规模的合并与重组，形成新的产品结构和市场结构，促进了不同企业间的融合。在市场经济条件下，市场是配置资源的最佳方式，体育企业是市场竞争的主体。为了实现更高的利润和应对竞争的外部压力，体育产业通过技术创新、战略协同、组织管理等方式实现综合性经营来应对市场竞争，提高市场竞争水平，从而扩大产业规模；产业间的竞争合作可以突破产业间的条块分割，减少产业间的进入壁垒，降低市场交易成本，从而实现资源的优化配置，促进生产效率的提高，促进体育产业融合型的产品和服务具有更强的市场竞争力。在体育产业发展过程中融合互联网、大数据、AI 等先进技术，通过业务融合形成差异化的产品或服务，塑造消费者消费观念和行为实现市场融合，可提升生产效率，降低生产成本。信息产业和体育产业的融合能够在市场竞争过程中发挥优势作用，主要源于企业生产产品和服务的过程中，信息技术起到的规模经济和范围经济效应。如在智慧体育健身中，健身教育产品前期具有高昂的研发、生产费用，这种成本不因销售数量而改变，而利用互联网平台，依靠音频技术、精准推送系统提升健身教育产品的销售额，使得智慧体育健身行业的平均成本降低，则形成了规模经济。同时，智慧体育健身企业逐步关注产品的多元化，基于主营业务且开展其他业务，如售卖体育健身器材、健康食品，延长自身产业链，从而获得更高利润，其成本低于单独开展多项业务的成本，则形成了范围经济。

五、政策环境优化

政策环境是产业融合发生的重要外部环境。美国学者施蒂格勒认为，政府的经济性管制是形成产业边界的主要原因，产业边界阻碍了产业融合现象的产生。20 世纪 90 年代，一些发达资本主义国家为了让相关行业部门在全球经济体系中更具市场竞争力，维护其竞争的优势地位，开展了经济管理制度改革，降低或取消对被规制产业的各种技术标准、价格准入、服务规范等方面的要求，降低了产业的进入壁垒，在产业发展内在规律、技术进步与创新、消费需求导向等因素的共同作用下，导致相关产业的技术、市场、业务渗透、交叉到其他产业中，促进了产业融合现象的产生。

国家和地区层面信息产业与体育产业融合发展的相关政策如表 6－1 所示。

表 6－1　信息产业与体育产业融合发展相关政策

序号	颁布时间	颁布部门和政策名称	相关内容
1	2014 年 10 月	国务院《关于加快发展体育产业促进体育消费的若干意见》	培育多元市场主体，优化产业结构，促进体育与旅游、传媒等业态融合，吸引社会投资等，推动体育产业成为经济转型升级的重要力量
2	2014 年 12 月	国家体育总局《关于推进体育赛事审批制度改革的若干意见》	全面推进体育赛事审批制度改革，打破社会组织承办体育赛事的制度壁垒，取消审批，依法管理
3	2016 年 6 月	国务院《全民健身计划（2016—2020 年）》	发挥全民健身对发展体育产业的推动作用，扩大与全民健身相关的体育健身休闲活动等体育产业规模
4	2016 年 10 月	中共中央、国务院《“健康中国 2030”规划纲要》	加强健康大数据应用体系建设，推进基于区域人口健康信息平台的健康大数据开放共享、深度挖掘和广泛应用

续表

序号	颁布时间	颁布部门和政策名称	相关内容
5	2019 年 8 月	国务院办公厅《体育强国建设纲要》	加快推动互联网、大数据、人工智能与体育实体经济深度融合，推动体育产业生产方式、服务方式和商业模式等方面的创新，促进体育产业发展和提质增效
6	2019 年 9 月	国务院办公厅《关于促进全民健身和体育消费推动体育产业高质量发展的意见》	落实已有税费政策、加强知识产权保护、加大金融支持力度、优化体育消费环境、出台鼓励消费政策
7	2020 年 4 月	国家发展改革委、中央网信办《关于推进"上云用数赋智"行动 培育新经济发展实施方案》	加快数字化转型共性技术、关键技术研发应用，支持在具备条件的行业领域和企业范围探索大数据、人工智能、云计算、5G、物联网和区块链等新一代数字技术应用和创新
8	2020 年 4 月	中共中央、国务院《关于构建更加完善的要素市场化配置体制机制的意见》	明确将数据作为一种新型生产要素写入政策文件，推进政府数据开放共享，提升社会数据资源价值，加强数据资源整合和安全保护
9	2021 年 2 月	重庆市体育局、四川省体育局、成都体育学院《成渝地区双城经济圈体育产业协作协议》	推动成渝地区体育产业协调发展、可持续发展、一体化发展、高质量发展
10	2021 年 3 月	全国人民代表大会《中华人民共和国国民经济和社会发展第十四个五年规划和2035 年远景目标纲要》	提出发展数字经济，推进数字产业化和产业数字化，推动数字经济和实体经济深度融合，进一步从国家层面部署推动数字经济发展
11	2021 年 4 月	中国人民银行、银保监会、证监会、外汇局《关于金融支持海南全面深化改革开放的意见》	多处释放对海南体育和健康产业的政策利好，建立企业信用大数据平台，强化体育金融领域服务
12	2021 年 10 月	国家体育总局《"十四五"体育发展规划》	支持大数据、区块链、物联网、云计算、人工智能等新技术在体育领域的创新运用，实施体育产业数字化战略，发挥体育数据的创新引擎和基础资源作用

体育产业具有综合性、关联性、服务性等特征，其发展过程中容易受到外部环境的影响，在信息产业和体育产业融合的过程中，区域政府的政策激励、政策保障、政策协调对体育产业的融合和优化成长起到了重要的作用。以城市群为中心的区域政府作为重要的利益相关者，按照统筹规划、协同发展、因地制宜、分工合作等原则，制定合理有效的区域政策，促进资源的合理配置，推进信息产业和体育产业的融合发展，不仅能够满足区域内群众的运动健康需求，同时能够带动区域产业的变革升级。从政策激励来看，区域政府加强税收、价格、信息等政策对于体育企业的扶持，扩大融合信息产业过程中的税收减免、专项补贴等财政政策支持，可以增进信息产业和体育产业的深度融合；从政策保障来看，放宽政策约束，增加市场主体力量，可以促进区域优质资源整合；从政策协同来看，实现区域内场馆、环保、交通、文化、教育等各个行政部门的协同，将扶植性政策落到实处，使广大的体育产业和信息产业在产业融合中享受政策利好，可以促进各主体的利益协调，推动产业融合。

第五节　本章小结

(1)我国信息产业和体育产业交叉、渗透、重组的生成遵循产业融合的一般规律，体育产业应充分利用信息产业扩散的发展契机，将信息技术与体育产业融合，塑造体育产业新特征、新业态、新模式，提升产业竞争能力和维持产业竞争优势地位。

(2)智慧体育产业的形成与发展并非是一蹴而就、单一技术主导推进的，而是技术创新、市场需求高级化、企业竞争协同、政府相机干预等多动力共同作用下的动态发展过程。其中，技术进步与创新是推动智慧体育产业成长的关键因素。

(3)"技术融合—业务融合—市场融合—产业融合"的动态过程贯穿我国智慧体育产业演进过程。

(4)智慧体育产业遵循产业发展的一般规律，呈现出产业发展的阶段性特征。结合智慧体育产业演化过程中主要受技术创新、组织管理、经营绩效、战略发展和政府角色等要素的影响，智慧体育产业的生命周期可分为四个阶段，即智慧体育产业的探索期(3年以下)、萌芽期(3～5年)、成长期(6～10年)、高速发展期(10年以上)，且不同阶段呈现出不同的特点。

第七章 高质量发展背景下我国智慧体育产业的培育机制

本章旨在探究高质量发展背景下我国智慧体育产业的培育机制，主要内容分为两方面：一是在扎根理论的基础上，以质性分析软件 NVivo12 对从 CNKI 文献库中选取的体育产业创新发展相关文献进行处理，经过开放式编码、主轴编码、选择性编码，对文献中关于体育新兴产业发展的内容节点进行试探性分析、主从关系分析、关联性分析、理论饱和度检测，构建以政府行为、融资通道、企业战略、技术创新为主体动力要素，人力资源、市场运行机制为调节要素的体育新兴产业发展动力机制模型。二是在模型的基础上，提出六要素（政府行为、融资通道、企业战略、技术创新、人力资源、市场运行机制）与体育新兴产业发展相关假设，在假设的基础上构建变量的指标体系并设计调查问卷，对问卷反馈的样本数据进行因子分析、相关分析，明确各要素在体育新兴产业发展中所起的作用。

第一节　基于扎根理论的智慧体育产业培育机制模型构建

一、扎根理论及其研究方法

扎根理论正式产生于 1967 年由格拉泽（Glaser）和斯特劳斯（Strauss）合著的《扎根理论的发现：质化研究策略》一书中。在书中，他们第一次明确指出，在基于数据的研究中发展理论，而非演绎可验证的假设，这就是扎根理论方法。扎根理论是质性研究的一种科学方法，“持续比较”与“理论抽样”是扎根理论的基本原则。

扎根理论的资料处理过程为：开放式编码—主轴编码—选择性编码。开放性编码即将选取后的原始资料进行分解提取，比较资料中的内容、现象的异同，将这些内容、现象划分为概念，将概念根据其相似性进行集合形成范畴。主轴编码是在范畴群的基础上感知、寻找、考证、确立范畴间的联系。选择性编码即对已经确立的范畴间联系进行分析整合，梳理出范畴间的主次关系，将零散的范畴群整合为范畴体系，形成理论架构，最后补充新的资料对范畴体系进行扩充并验证。

当前体育产业发展面临需求结构升级与发展模式变革的双重挑战。国家统计局与国家体育总局联合发布的体育产业年度统计数据显示，2015—2020 年，体育用品和相关产品制造业占体育产业总规模比重分别为 65.7%、62.9%、61.4%、

64.8%、49.4%、31.3%，体育用品和相关产品制造业增加值比重为50.2%、44.2%、14.0%、23.1%、30.4%、−8.1%，除去特定年份因疫情造成的户外运动减少、物流不畅、收入降低的叠加影响之外，我国体育消费需求发生明显变化。一直以来，实体体育产品在消费结构中占绝大部分比重，近年来随着消费观念（冯红新，2015）、消费渠道（王相飞 等，2021）、消费主体、供给结构（赵胜国 等，2021）的变化，体育服务需求增加，大众需要更加舒适的服务体验、更加新奇的使用感受、更加强调参与感、更加便利的售后服务，而与之相对应的创新型体育服务企业寥寥；加之当下低端体育用品和相关产品制造业为绝大部分地区体育产业的主要成分，其生产的高污染性、低端制造的高替代性、产品的低利润性都决定了发展体育新兴产业刻不容缓。

在此背景下，基于创新发展的共同目的，学界对体育新兴产业发展的研究方向不尽相同，部分学者立足体育产业整体观，将体育新兴产业发展各部分串联起来提出“高质量发展”，部分学者根据近年体育产业发展中出现的技术融合、业务融合、企业融合提出了“融合发展”，部分学者基于部分地区的体育制造业集群发展提出“融合发展”。此外，还有基于企业运营的“经营创新”“营销创新”“模式创新”，以及“5G”“大数据”“物联网”等代表技术变革的创新研究。结合相关文献可知，“创新发展”并非是带来行业颠覆性发展的某种路径，而是在现有的企业运营、技术科研、市场运行等诸多方面存在的环节创新。

二、文献编码与数据分析

本章在文献收集方式上运用专业检索式“TI=（体育产业+发展+创新+转型+融合+数字+智慧+智能）OR KY=（影响+机制+模式+路径+动力+对策）”进行检索，并且对具体领域的高质量文献进行了检索与摘录。截至2021年3月23日，笔者通过泛读文献摘要与研究内容对最终检索到的相关文献进行筛选，得到176篇相关文章，然后再进一步剔除描述性文章、指向性弱的实证文章、发表较早的文章以及难以进行概念提取的文章，最终选定85篇文献进行编码分析。将选定的85篇文献导入NVivo12进行整理归类，首先进行开放式编码，对所有文献全文阅览后进行分解，得到540个信息元，经过对比参照后得到93个初始范畴，通过整合归类且最终摘除高同质性部分后筛选得到各初始概念及其相关的73个初始范畴（次范畴）（见表7-1）。

表 7-1 开放式编码表

初始范畴(次范畴)	相关内容
优惠政策	出台鼓励消费政策;鼓励体育场馆免费或低收费向社会开放;通过加强水电、财税等惠企纾困政策落实;帮助企业平稳渡过疫情难关;享受有关房产税和城镇土地使用税优惠政策
企业类型	体育骨干企业、体育中小微企业
制度建设	取消商业性和群众性体育赛事活动审批,政府出台多项涉及“放管服”体育产业政策文件
职能转型	政府掌握较多的体育资源,使得体育产业的管理体制和运行机制不畅;体育赛事的层层审批管理;体育市场存在着一定的行政性垄断
权力下放	体育总局主管的 89 家体育协会中,21 家体育协会已脱钩;中国篮协等 68 家体育协会处于拟脱钩状态;体育行业协会与行政机关在机构分离、职能分离、资产财务分离等方面需加快脱钩
价值链	体育服务业价值链的增值环节主要定位于上游的产品设计与研发、中游的产品生产与制造和品牌营销以及下游的服务消费等环节; 价值链延伸度不够,服务产品有效供给不足; 价值链主体活力不强,制度环境亟待改善
供应链	完善内部供应链;可通过转变传统的供应链模式,积极探索数字化转型、精确化采购、定制化生产制造、创新化分销等,畅通体育企业内部供应链
产业链	从产业链视角出发,做好上下游市场之间的互动和关联是未来体育消费市场高质量发展的关键; 在产业链中,产品生产包含了大量的技术,经由物化作用逐渐形成上下游技术链,进而决定产业链的价值分布
新业态培育	冰雪、山地户外等各类运动项目产业,以及体育康养、体育文旅等新业态不断涌现,直播健身、线上购物等新模式不断出现; 大型体育赛事,体旅融合,发展冰雪运动、马拉松、户外运动、航空运动等
区域产业聚集导向	培育区域体育产业增长极,可以重点打造长三角体育产业一体化发展、粤港澳大湾区体育产业发展、京津冀体育产业协同发展等
发展模式创新	体育产业供给侧改革、需求侧改革

续表

初始范畴(次范畴)	相关内容
产业升级	通过推动体育装备制造升级换挡,提升体育用品生产加工智能化水平
产业融合	现代科学技术的发展与创新、体育市场的消费需求政策的引导与鼓励,促进了大型体育赛事与传媒产业形成的融合; 技术融合、产品融合导致市场融合
产业结构调整	促进体育产业结构优化升级可从确立体育主导产业和体育重点发展产业两个方面着手; 在体育产业结构上,产业之间的各个产业分支之间不平衡; 体育产业结构优化将"提升生产率"以及"体育服务产业与用品制造业互动融合"作为政策重心导向
国家财政	2019 年中央一般公共预算支出为 113134.3 亿元,文化旅游体育与传媒支出预算数为 309.54 亿元,体育占 42.15 亿元,主要用于对体育训练项的增资、对体育场馆项的增资
地方财政	体育财政投入影响当地体育产业发展。随着体育财政投入的增加,当地体育基础设施、体育相关产业以及服务业也会得到快速发展;体育产业相关的其他行业也会产生关联效应
新兴市场开拓	大学生体育市场、少数民族体育市场、老年人体育市场、职业体育市场、休闲体育市场
消费需求升级	消费结构升级,大众对体育产品与服务从单一化、低层次向着多样化、多层次转化,体育消费从实物型向着观赏型、参与型转化
消费群体扩展	通过普及群众参与度广和关注度高的日常健身休闲活动,加强体育消费宣传推介;通过加强对促进体育消费工作的舆论宣传,鼓励各级各类媒体开辟专题专栏,培育大众健康理性的体育消费观念,养成体育消费习惯
市场潜在风险	疫情风险
市场趋势调节	以体育供给与体育需求的匹配为要求,推动体育供给侧改革与体育需求侧改革的有效对接,形成体育供给与体育需求的协调平衡发展态势
全球市场趋势	美国市场、日本市场、欧洲市场

续表

初始范畴(次范畴)	相关内容
建立行业标准	体育标准领域不断扩展,目前形成了以体育服务、体育用品、体育设施设备等三大领域标准为主体的标准体系结构
规范市场秩序	优化体育消费环境,建立和完善体育市场准入机制,加强体育市场主体和从业人员的信用记录,提供体育赛事的安保服务,加强体育网购平台的监管等,营造良好的体育消费环境
债务融资	加大金融扶持,支持符合条件的体育企业发行专项债券,丰富体育相关债券市场品种,加快发展体育债券市场
银行信贷	银行对担保、抵押物要求较高,不少规模较小且处于初创期的体育企业很难从银行获得贷款
体育产业投资基金	体育产业投资基金是政府通过股权等方式与社会资本合作,引导资本投向和流向体育产业,按市场化管理运营的政策性基金
社会资本	在自由竞争的市场经济机制中,社会资本才有生命力,完善市场自由进入与退出机制; 社会资本选择体育产业的适宜业态,规避各种风险,谋求利益最大化; 体育产业的业态创新催生和衍生出大量的体育产业新业态,为社会资本投资体育产业开辟了更为广阔的空间
上市融资	少数体育企业能够在新三板、创业板、中小板上市
金融信贷	放宽体育金融服务业市场准入,增加体育小微企业和体育民营企业的金融服务供给; 加强与金融机构合作,搭建银企对接平台,创新体育消费支付方式
财政拨款	为体育产业提供政策性低息贷款,甚至体育投资参股等,以市场为基础配置资源
公私合营模式	PPP(政府和社会资本合作融资,public-private-partnership financing)模式强调私人资本与政府部门通力合作
私人主动融资模式	PFI(private finance initiative,私人主动融资)模式
建设-经营-转让模式	BOT(build-operate-transfer,建设-经营-转让)模式

续表

初始范畴(次范畴)	相关内容
体育智库	体育智库特有的数据采集、存储、关联分析的优势； 发挥体育智库大数据服务平台的积极作用，为政府体育部门提供决策咨询，服务于更广泛的体育科学研究和体育改革发展，使大数据体育智库成为政府科学决策的重要保障
复合型体育人才	国际型人才的需求，有国际性的开放视野，掌握体育产业国际性知识和规则
创新创业人才	体育产业领域具有创新的意识、创新的精神、创新的思维和创新的能力
体育经营管理人才	以体育市场需求为导向，培养与市场精准对接的各类体育产业人才； 通过制定体育产业高端人才、创新创业人才的就业扶持政策，形成适应市场需求的合理化人才流动
薪资待遇	提高体育科技创新人员的收入水平，采用多种形式的创新激励模式，提高体育科研投入的创新绩效
工作环境	提高产线自动化水平，减少规避工伤风险
福利条件	薪资水平、休假制度、住房补贴、健康福利、弹性工作制
价值体现	职业生涯规划、企业人才培养计划、内部培训、岗位周转、技术项目培训
营销模式创新	探索体育用品新零售模式等
产品服务创新	提供智慧体育场馆、体育线上销售平台、网络化体育培训业务等
成本控制	体育用品企业降低物流运作成本，通过提高生产智能化程度降低企业人工成本，优化企业管理制度降低企业运行成本，建立科研投入成本控制制度
开拓消费市场	体育用品产业可以向“一带一路”沿线国家转移过剩的产能，促进我国体育产业高端化发展，实现我国体育消费市场的可持续发展
新技术应用转化	晋江-哈工大机器人技术研发中心开发出的自动断线检测等智能化生产系统，在运动鞋服中普及应用获得成效
生产服务化转型	通过使用高端要素资源实现产业范围经济，基于服务突破同质化竞争和通过价值链转移推进产业整体转型升级； 体育用品制造企业实施服务化，使企业在投入和产出过程中增加知识型服务要素比例，从单一产品提供，向产品和附加服务提供，再到产品和服务包提供的进程转型

续表

初始范畴(次范畴)	相关内容
数字化转型	数字经济成为刺激经济增长的重要手段，云计算、大数据、物联网等新型数字技术的新动能，推动体育产业数字化转型
人力资源管理创新	以体育人力资源的实际情况为着手点，制定具有创新性的管理模式；在体育人力资源中应用管理控制技术，建立专门的体育人力资源管理部门
组织结构创新	体育企业组织结构必须具备高敏捷性、高效性、开放性、智能性；实现组织结构的扁平化、分散化、网络化、小型化、虚拟化
文化管理创新	企业文化建设融入新的理念与元素，敢于挑战、勇于开拓，在新的文化建设、精神引领方面进行必要探索；将"更快、更高、更强、拼搏与进取"的体育精神有机地植入企业文化建设中，加大宣传力度，营造文化声势，将企业文化建设纳入企业建设中长期规划
制度设计创新	人事制度、分配制度、财务制度、投资管理制度
管理机制创新	管理思想与观念的创新、管理组织创新、管理技术创新
智慧运动互联网	体育教学平台、体育视频网络、体育媒体网络
智慧运动设备	Nike、Adidas、Garmin、Apple、Google、SAMSUNG 等重量级公司，纷纷加强可穿戴设备的研发
智慧体育信息服务	体育教育与科研部门的核心业务有望从传统的日常事务，转向知识创新、信息咨询等知识文明服务；综合信息平台具有发现行业和部门间的关联、洞察行业发展趋势、统筹优化资源配置等巨大价值；上海市大数据资源以及"一网通办"和"一网统管"平台；构建由体育消费者、游泳场所、体育部门、卫生健康等相关部门共同组成的智慧监管平台
智慧体育教学	教学空间智能化：将视频矩阵系统、环境控制系统、集中管理控制系统等多种系统应用于教学平台，辅以智慧化桌椅和教室布局；教学模式智能化：线上内容、线下课堂、移动教育端
智慧体育公园	动态影像陪跑墙、人脸识别多功能杆、智能户外健身器材、智能健康体测厅、智能健身舱等

续表

初始范畴(次范畴)	相关内容
智慧体育场馆	加强场馆智慧化管理,优化用户体验,立足智能建筑框架下的硬件设施建设,提升智能终端和软件升级衍生服务质量智慧化导引; 大型体育场馆要融合当前顶尖的科学技术,利用5G、物联网和虚拟现实等实现场馆硬件的高端建设和布置
虚拟场景体验服务	任何人、任何时间、任何地点的竞技训练工作,在理论上可通过虚拟训练基地(中心)有效实施和管理
虚拟现实	AR使得原本只能观看二维屏幕影像的观众,可以在虚拟的三维世界中进行互动
物联网	体育物联网是通过传感设备和通信协议实现体育系统内部的识别、定位、跟踪、监控和管理,能有效提高体育教育与科研过程知识增长的效率
人工智能	依托大数据、智能算法的人工智能技术应用于竞技体育,不仅能精准地监控运动员赛前、赛中、赛后的身体状态,还可帮助教练员实时调整技战术; 基于人工智能技术的产品工具; "人工智能 + 体育"发展战略的支持和相关智能体育产品应用,可帮助资本市场挖掘市场机遇、变革商业模式、改善客户服务体验、创新管理体制并提高决策能力
区块链	借助区块链技术有效进行体育知识产权保护,促进体育产业有序发展; 区块链平台可提升消费者对整个体育产业的影响力,进而打破传统价值传递模式,颠覆体育产业传统商业模式
互联网+	互联网+居家运动、互联网+体育教学、互联网+体育传媒
大数据	2014年巴西世界杯上,德国队运用SAP; 某公司开发的Match Insights大数据应用技术,应用在训练沟通、表现评估、战略分析、临场攻略等方面
5G	技术上比较成熟的5G应用包括高速网络传输、4K高清转播、360°全景直播等
其他技术	元宇宙、体育材料技术、运动捕捉技术、数据分析技术

续表

初始范畴(次范畴)	相关内容
自有技术研发	广东德朝体育设施有限公司一种体育跑道材料加工设备，专利号：CN201922321407.5； 宁波应许地电子商务有限公司一种多功能水上体育设备，专利号：CN201711455240.0
专利引进与技术购买	专利权的转让和许可证合同，供应方提供专利清单；有关专利号或者专利申请号专利内容、地区范围、专利的期限； 体育专利技术交流推动高层次国际资源配置，在加强沟通交流、打破区域壁垒、重大技术突破中协作共赢，提升专利质量和水平，优化协作的空间和广度
产学研用一体化	创新成果转化为现实生产力，支持龙头企业整合科研院所、高等院校力量，建立创新联合体； 抓好企业主体、市场导向、政府引导、平台建设等
跨部门研发合作	缺乏有效的跨部门协同机制、产品研发的统一认识、明确的产品开发流程、项目运行原则和机制

接着进行主轴编码，通过扎根理论的基本范式：资料收集—现象分析—脉络梳理—逻辑整理，构建次范畴之间的逻辑架构，最终整合出 17 个主范畴与政府行为、市场运行机制、融资通道、智力支持、企业战略和技术创新等六大维度(见表 7－2)。

选择式编码表如图 7－1 所示。

表 7－2　主轴式编码表

维度	主范畴	次范畴
政府行为	税收调节	优惠政策、企业类型
	管理体制改革	制度建设、职能转型、权力下放
	产业组织政策	价值链、供应链、产业链
	发展政策导向	新业态培育、区域产业聚集导向、发展模式创新、产业升级、产业融合、产业结构调整
	财政支持	国家财政、地方财政

续表

维度	主范畴	次范畴
市场运行机制	市场机制调节	消费需求升级、消费群体扩展、全球市场趋势、市场潜在风险
	市场秩序规范	新兴市场开拓、市场趋势调节、建立行业标准、规范市场秩序
融资通道	经营型融资	债务融资、银行信贷、体育产业投资基金、社会资本、上市融资、金融信贷、财政拨款
	项目型融资	公私合营模式、私人主动融资模式、建设-经营-转让模式
智力支持	人力资源需求	体育智库、复合型体育人才、创新创业人才、体育经营管理人才
	高端人才吸引	薪资待遇、工作环境、福利条件、价值体现
企业战略	营销创新	营销模式创新、产品服务创新、成本控制、开拓消费市场
	战略创新	数字化转型、生产服务化转型、新技术应用转化
	运营创新	人力资源管理创新、组织结构创新、文化管理创新、制度设计创新、管理机制创新
技术创新	应用领域	智慧运动互联网、智慧运动设备、智慧体育信息服务、智慧体育教学、智慧体育公园、智慧体育场馆、虚拟场景体验服务
	技术形式	虚拟现实、物联网、人工智能、区块链、互联网＋、大数据、5G、其他技术
	技术研发	自有技术研发、专利引进与技术购买、产学研用一体化、跨部门研发合作

体育新兴产业发展是近年来体育产业供给侧结构性改革、体育产业转型与高质量发展等顶层架构下的中观产业发展目标。本研究在文献的选取上很大程度参考近年来的前沿研究成果，在文献选取过程中发现了体育新兴产业发展的相关研究领域较为集中，研究者往往将创新发展作为体育产业发展目标构建中的一个组成部分进行论述，而缺乏对以创新发展为主体的相关研究。同时，研究主题上集中

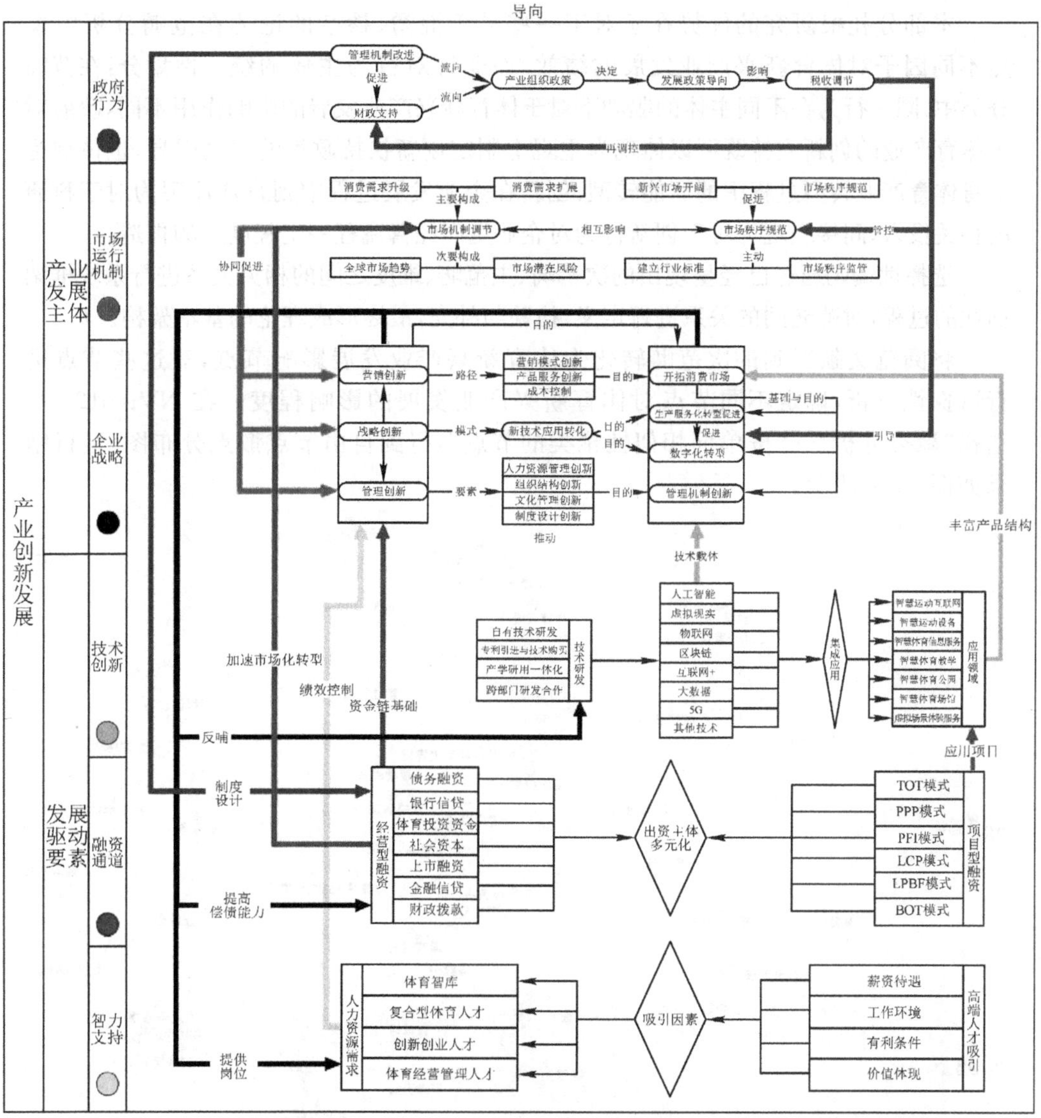

图 7-1　选择式编码表

于技术应用、应用场景以及创新方向，创新机制相关研究的缺少使得产业创新发展成为分散在案例研究、地方经验等诸多领域的零散论述。此外，在市场机制研究视角上往往集中于论述需求态势的升级与变化，对于需求与供给之间的互动关系则缺乏研究。最后，体育新兴产业发展的研究领域有待充实，创新的参与主体与驱动要素的研究仍有待扩充。在文献选取过程中，考虑具有代表性的应用研究、案例研究与态势研究成果，是为了使研究视角贴合创新发展实践进程。同时，本研究对相关领域的其他文献进行了选择摘录。

本部分扎根研究的优势在于对于一些易于混淆、掺杂的论述在范畴分析中聚焦不同因子对体育新兴产业发展的绩效，而非针对行为主体的统一性划分：在范畴分类中，同一行为在不同主体的驱动下对于体育新兴产业发展的影响作用不同，政府对于体育产业的创新支持既可以体现为主观上制定创新扶持政策的主动引导，也体现为自身体育产业转型过程中的职能转型；创新在企业发展过程中则直观体现为对于科研的相关投入，间接表现为对于创新行为对企业生产经营流程一定程度上的再造。

选择性编码通过已经呈现出的次范畴、主范畴、维度之间的相关关系进行系统框架描述的过程，对范畴间的关系进行定义、检验与补充，最终形成理论的基本架构。

将阅览文献得到的次范畴转化为体育新兴产业发展影响节点，对这些节点进行试探性分析，确定不同节点对体育新兴产业发展的影响程度。在 NVivo12 中，选择“聚类分析”→“按单词相似性聚类的节点”，得到自由节点散点分布图，运行结果如图 7－2 所示。

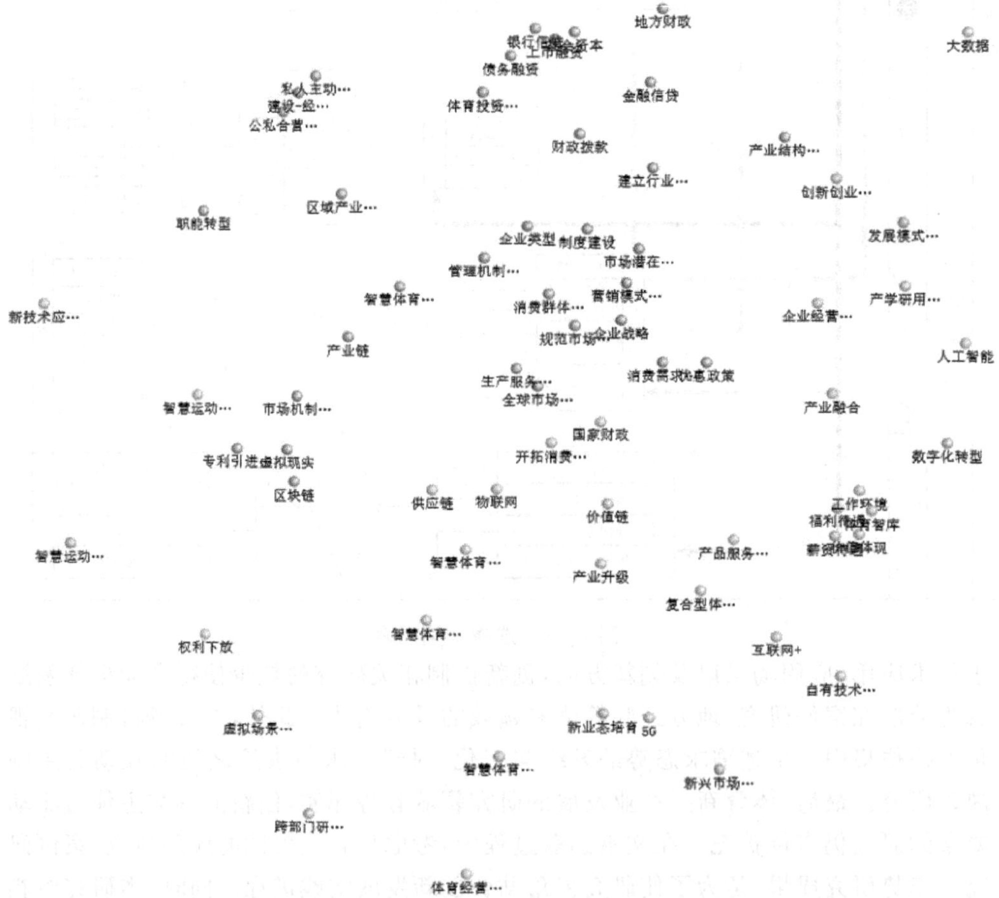

图 7－2　自由散点分布图

节点群分布表明，技术创新、市场运行机制、人力资源、企业战略、融资通道、政府行为六个节点群共同对体育新兴产业发展产生影响，文献节点的多寡反映了选取文献对于相关内容研究的纵深情况。

分析结果表明，对于体育新兴产业发展问题的研究集中在政府行为、市场运行机制、企业战略、技术创新、融资通道等方面，其中政府行为、市场运行机制、企业战略、技术创新四大因素与体育新兴产业发展相关性较大。

在 NVivo12 中运行树状聚类分析，对编码文献的节点进行聚类分析，且将文献节点关系组织成结构化体系，呈现各节点之间的关系。如图 7－3 所示，体育经营管理人才、新技术应用转化、智慧运动物联网与体育新兴产业发展的关系最为疏远；消费需求升级、规范市场秩序、营销模式创新、产业结构调整等节点与体育新兴产业发展的关联性较强；区域产业聚集导向、财政拨款、金融信贷、企业类型、制度建设与体育新兴产业发展的关联性最强。

基于现有文献资料的主从关系分析结果表明，政府行为、市场运行机制、企业战略、技术创新等是影响体育新兴产业发展的主要因素，区域产业聚集、财政拨款、金融信贷、企业类型、制度建设是体育新兴产业发展的重点研究领域。

运行 NVivo12 对六大节点进行矩阵结构图分析（见图 7－4），根据节点群分布状况及节点数显示，节点群与体育新兴产业发展相关性由强到弱依次为政府行为、市场运行机制、技术创新、企业战略、融资通道、人力资源。节点分布情况表示产业融合、产业升级、发展模式创新、规范市场秩序、消费需求升级、市场潜在风险、营销模式创新与体育新兴产业发展关联性最强，产品服务创新、消费市场开拓、互联网＋、物联网、体育投资基金、金融信贷、债务融资等与体育新兴产业发展关联性次之，人力资源相关节点与体育新兴产业发展相关性最弱。

试探性分析结果表明政府行为、市场运行机制、技术创新、企业战略与体育新兴产业发展关联性最强，主从分析结果表明与体育新兴产业发展关联性最强的节点群为政府行为，关联性分析结果表明政府行为、市场运行机制、技术创新、企业战略与体育新兴产业发展关联性最强，融资通道、人力资源与体育新兴产业发展关联性次之。

三类分析结果一致表明，政府行为、市场运行机制、技术创新、企业战略（任波等，2021a）是影响体育新兴产业发展的主要因素。

为验证结论的正确性，根据王相飞等人（2018）的研究，体育核心期刊主要包括《体育科学》《中国体育科技》《体育与科学》《体育学刊》《北京体育大学学报》《武汉体育学院学报》《上海体育学院学报》《天津体育学院学报》等 16 种期刊，在这些期刊中抽取 5 篇文献进行理论饱和度检验。马运超等（2019）认为，政府行为特别是政策工具的使用是推进体育新兴产业发展的可靠路径，体育科技政策工具在体育产业领域的应用逐渐广泛，供给型、环境型、需求型政策工具在体育产业领域的组合使用在促进成果转化、批量生产方面具有促进作用，推动了产学研结合与产业化创新。

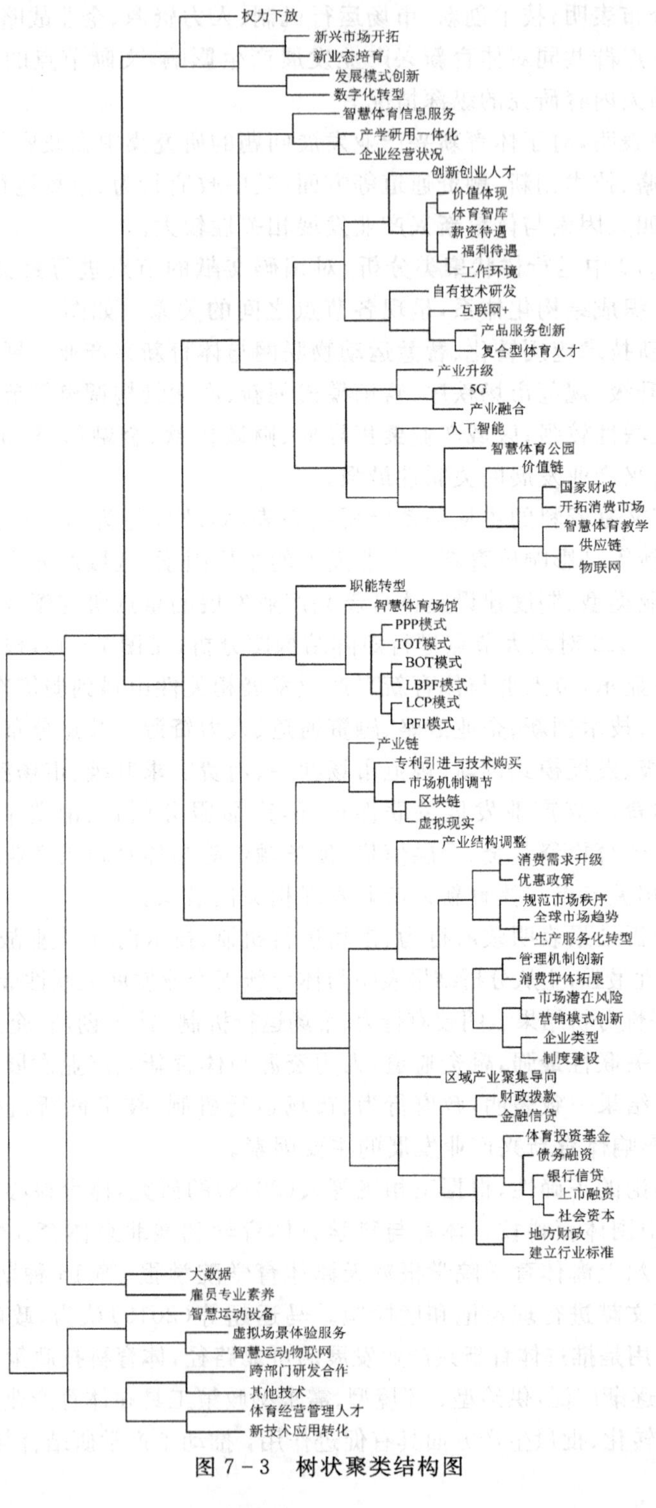
权力下放
新兴市场开拓
新业态培育
发展模式创新
数字化转型
智慧体育信息服务
产学研用一体化
企业经营状况
创新创业人才
价值体现
体育智库
薪资待遇
福利待遇
工作环境
自有技术研发
互联网+
产品服务创新
复合型体育人才
产业升级
5G
产业融合
人工智能
智慧体育公园
价值链
国家财政
开拓消费市场
智慧体育教学
供应链
物联网
职能转型
智慧体育场馆
PPP模式
TOT模式
BOT模式
LBPF模式
LCP模式
PFI模式
产业链
专利引进与技术购买
市场机制调节
区块链
虚拟现实
产业结构调整
消费需求升级
优惠政策
规范市场秩序
全球市场趋势
生产服务化转型
管理机制创新
消费群体拓展
市场潜在风险
营销模式创新
企业类型
制度建设
区域产业聚集导向
财政拨款
金融信贷
体育投资基金
债务融资
银行信贷
上市融资
社会资本
地方财政
建立行业标准
大数据
雇员专业素养
智慧运动设备
虚拟场景体验服务
智慧运动物联网
跨部门研发合作
其他技术
体育经营管理人才
新技术应用转化

图 7－3　树状聚类结构图

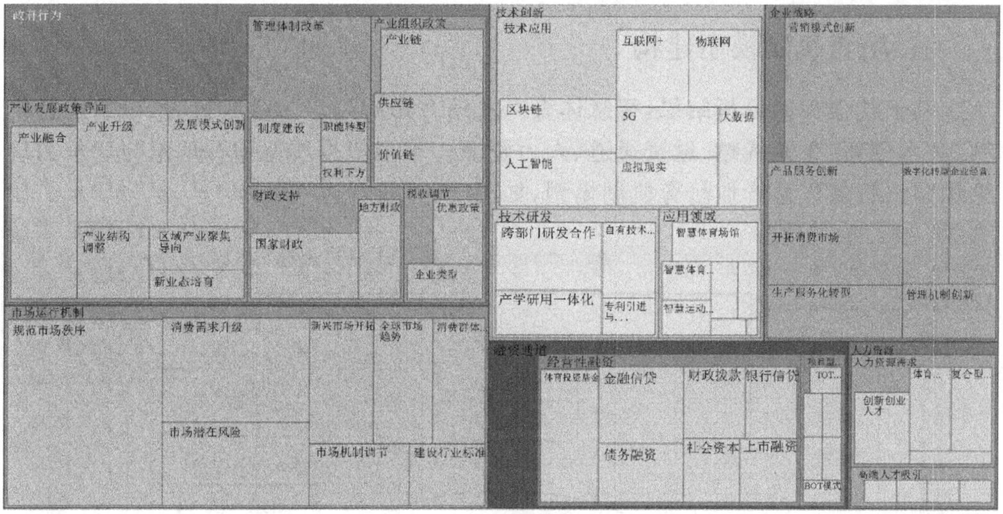

图 7－4　矩阵式编码表

张振峰(2017)认为政府应培育和扶持新兴体育业态发展，在产业政策的制定上给予适当倾斜。任波等(2021b)认为，技术创新是推进体育新兴产业发展的重要手段，以数字技术、VR/AR、5G为代表的新一代信息技术为增强体育产业智能化生产转型与全周期服务、提高产品供给能力创造了条件。段艳铃等(2019)认为企业战略，特别是企业要想获取更多的创新资源必须具备资源柔性，为了提升产品创新绩效必须具备能力柔性，协调企业内外部资源，且在经济转型过程中企业要运用灵活的经营策略，需要选择资源互补性高、愿意共享资源、有共同利益的合作伙伴。任波等(2021b)认为体育产业发展机遇主要表现为体育消费内需扩大、体育产业扩大有效供给需求升级倒逼体育产业供给侧改革，二者将扩大有效与中高端供给促进体育产业发展增质提效。

根据产业经济学相关理论，马运超等(2019)、张振峰(2019)的研究观点阐明了政府行为对于体育产业的创新影响作用，可以将这一类影响机制下的体育新兴产业概括为政府引导型；根据产业组织相关理论，任波等(2021a)的研究表达了技术作为产业创新发展的重要指标，技术研发及应用对于体育新兴产业发展具有重要意义，可将技术影响下的体育新兴产业概括为技术引导型；根据市场经济学相关理论，任波等(2021b)的相关研究认为体育市场的构建对于发挥市场在资源配置中的作用具有决定性，可将市场影响下的体育新兴产业概括为市场驱动型；根据企业管理相关理论，段艳铃等(2019)的相关研究论述了企业探索创新过程、获取创新要素中所必须具备的竞争策略，可将企业影响下的体育新兴产业概括为企业探索型。

三、培育机制模型建构

基于扎根理论分析结果，智慧体育产业培育影响因素为政府行为、市场运行机制、技术创新、企业战略、融资通道、人力资源。本书依据波特钻石理论与竞争力理论构建出智慧体育产业培育机制模型，如图 7－5 所示。

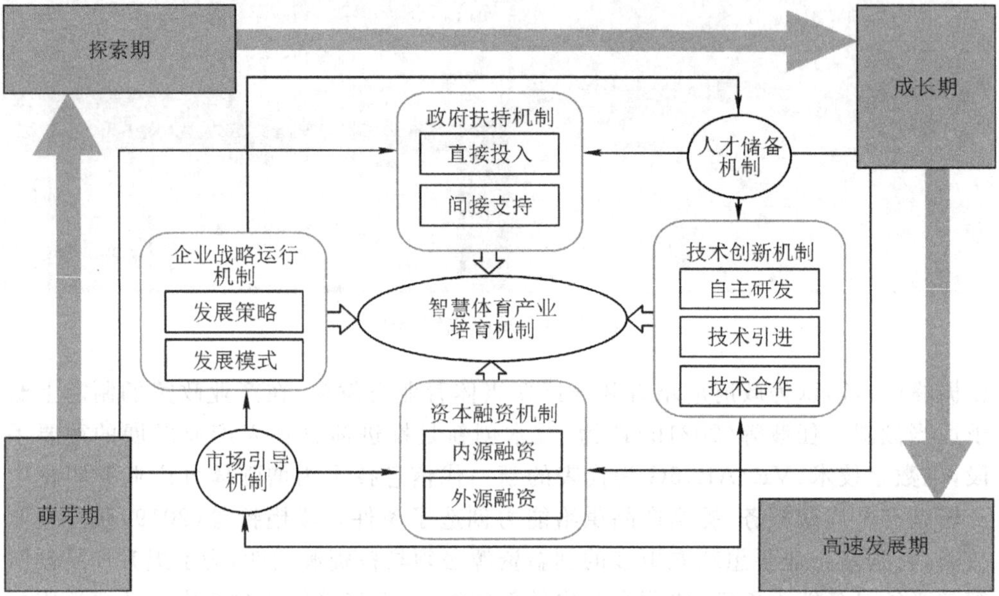

图 7－5　高质量发展背景下我国智慧体育产业培育机制模型

从模型体系中可以看出，智慧体育产业培育的主要影响因素为政府扶持、技术创新、资本融资、企业战略，人才储备机制与市场引导机制处于次要位置，起到沟通调节的作用。扎根理论分析结果表明智慧体育产业培育的主要影响因素为政府行为、市场运行机制、技术创新、企业战略，而在产业组织学理论中，产业是由多个主体构成的复杂体系，尽管在智慧体育产业培育过程中发挥市场机制对资源的调配作用具有重要意义，但由于市场的波动性与不确定性，使得市场对于智慧体育产业培育的作用模式不固定。相对于资本融资要素而言，市场引导机制在智慧体育产业培育过程中发挥基础性作用，特别是在市场相对稳定的条件下，应按照经济转型升级的顶层设计推进智慧体育产业发展态势。现有的实际案例表明，资本融资对于智慧体育产业培育发展的影响更多是显性、可控制的，其作用过程具有程序性、可控性，其影响结果相对而言更具有可计量与预测性。

近十多年的发展进程中，新兴的互联网企业、房地产企业巨头进入体育产业，为体育产业带来了产品形式、服务体系、商业模式上的变革，直接促进新体育业态的不断涌现。例如，乐视体育的成立，万达集团控股欧洲盈方体育传媒集团等。在头部企业的带动下，大量企业进入医疗健康、教育培训、文创娱乐等C端市场，在B端市场，雷速体育进入体育数据服务市场，上线了面向亚洲企业的Resonsports（雷速数据）体育数据服务，该服务主要包含足球、篮球、网球等运动的实时比赛数据、动画直播、实时球员统计数据等。因而，受现阶段研究视角的限制以及市场因素自身的特殊性，文献分析结果表示市场引导机制对于体育新业态会发挥作用，但在动力机制模型构建中将市场作用视为同人才储备机制一道为体育新业态的发展发挥系统性的维持作用。

第二节　智慧体育产业培育机制实证分析

一、假设提出

（一）政府扶持与智慧体育产业关系分析

一般认为政府不应过度干预经济发展态势，新能源产业发展案例也表明部分企业会借助产业扶持政策骗取政府补贴，损害消费者与投资者权益。但是，仅靠市场机制调节与企业力量难以解决体育消费市场不完善与技术积累不足等智慧体育产业发展问题。政府应为智慧体育企业提供优质高效的公共服务，落实智慧体育产品质量监督执法，治理智慧体育消费市场秩序和不正当竞争，营造公平的市场环境，要提高智慧体育企业经营事项行政审批效率；逐步放开归于体育产业投融资的限制，引导社会资本投向；积极营造有利于智慧体育产业人才干事创业的良好环境。当前我国体育产业仍处于计划经济向市场化的转型过程中，政府通过制定产业扶持政策可促进体育产业新业态的发展，政府扶持方式具体为：体育产业专项财政资金的支持、智慧体育产业发展政策的制定、支撑智慧体育产业产学研合作、扩展智慧体育产业上下游产业链、减免智慧体育产业税收、培育智慧体育消费市场、直接购买产品、国资企业参与产业改革。基于以上分析，本书提出假设H1：

H1：政府扶持对于智慧体育产业发展具有正向推动作用。

（二）企业战略与智慧体育产业关系分析

体育消费需求升级催化出高端化、细分化的体育消费市场，进而刺激了体育业态的创新，业态的创新直观体现为产品与服务的创新，创新的方向之一在于提升产品与服务的科技化程度，新技术的转化与应用在这个过程中起到了沟通供给与需求的桥梁作用。小微企业是支撑体育业态创新的中坚力量，小微企业与少数头部企业共同构成了智慧体育产业链。智慧体育产业企业规模与利润收益同样遵循二八定律，因而为维护新兴体育消费市场，需要构建良性体育企业竞合关系，避免恶性竞争。面对新兴的消费市场，企业应稳健扩张，保持良性的负债比例与经营态势。融资过程中不同机构的融资利率与融资机制的不同，决定了合理的融资配置有利于降低企业融资成本。智慧体育产业同时具有知识密集型与劳动力密集型的特点，智慧体育企业对于生产经营、技术创新、管理决策等诸多环节需要保持合理的人员结构，以满足企业需求。基于以上分析，本书提出假设 H2：

H2：企业战略对于智慧体育产业发展有正向推动作用。

（三）资本融资与智慧体育产业关系分析

资本融资是企业经营的重要部分。智慧体育产业发展方向仍待探索，金融资本对于智慧体育产业融资仍持观望态度，加之融资领域政策限制缓慢放开，智慧体育企业应主动探索多元化的融资模式，从而降低融资成本与资金周转压力。研究表明，智慧体育产业融资借贷的主要来源为政府、机构、社会。其中，商业银行贷款存在诸多限制，金融机构信贷对于以中小规模为主的智慧体育企业而言门槛过高，民间资本则主要依靠企业的社会关系网络，其过程与条款不透明，借贷双方同时承担较高的违约风险。上市融资作为智慧体育企业融资的主要模式，高门槛的同时，对于筹资的规模、筹资的连续性、扩展经营规模等均具有正向推动作用。此外，债务与债权融资模式对于智慧体育企业发展更具及时性与灵活性，可通过债务杠杆的合理使用保持业务扩展、技术研发等领域需要的持续投入。基于以上分析，本书提出假设 H3：

H3：资本融资对于智慧体育产业发展有正向推动作用。

（四）技术创新与智慧体育产业关系分析

智慧体育产业是新一代信息技术与体育产业深度融合的产物。技术创新会推动产品与服务创新，依靠高附加值的体育产品与服务改变原有的体育产值结构，可探索体育产业技术升级发展模式。体育制造业智慧化转型可有效降低人力成本，通过技术集成实现功能的叠加，提高单品利润率的同时带动产品复购；智慧体育服务业则通过对消费者的数据画像分析更加精准了解用户需求，培育潜在用户群体，制定定制化、个性化的服务内容。基于以上分析，本书提出假设 H4：

H4：技术创新对于智慧体育产业发展有正向推动作用。

（五）市场引导机制、人力储备机制分别对主体变量与智慧体育产业的调节分析

我国体育产业仍处于市场化发展进程中，参照产业发展周期理论，智慧体育产业仍处于萌芽期，产值规模较小但相对增速快，市场主体规模仍有待扩充，现阶段构建良好的市场环境对于产业链建设、产业资源集中、消费市场的构建具有正向关系。对于以中小微企业为主的智慧体育产业，在产业竞争中处于相对劣势，政府必须规范相关企业的无序扩张，维持良性的市场环境，放开资本对于智慧体育产业领域投资的管制，发挥市场机制在资本投资等要素配置中的决定性作用。

智慧体育产业的发展是体育消费需求倒逼体育供给结构变革的成果，智慧化转型并非技术的简单叠加，为规范智慧体育产业生产秩序、保护消费者权益，需要尽快建立相关产品的行业标准。

人力资源的建设作用贯穿产业发展与企业经营的全过程，智慧体育产业发展需要多元化的人力结构。当前绝大部分人力资源集中于营销环节，在智慧体育发展的诸多环节均出现了经营型、技术型人才的需求缺口。人力资源供需结构失衡的核心在于高校人才培养模式与产业需求脱节，相关高校的课程设置、教育目标实践性较弱，体育专业毕业生质量无法满足产业发展需求。实现智慧体育人力资源结构的优化，扩大体育科研型人才、经营型人才的比例，有助于稳定企业总体运营态势，提高科研投入利用率，降低经营风险，提高企业内部沟通效率。同时，人力资源的质量决定了企业短期的决策质量与长期发展潜力，稳定、高质量的人员储备机制需要高校、企业共同建设。此外，高质量体育人才不仅仅集中于企业、高校，体育智库作为体育智力资源的重要补充，将会在产业发展中发挥越来越重要的作用。

基于以上分析，本书提出假设 H5～H12：

H5：市场引导在政府扶持与智慧体育产业发展绩效之间存在正向调节作用。

H6：人才资源在政府扶持与智慧体育产业发展绩效之间存在正向调节作用。

H7：市场引导在技术创新与智慧体育产业发展绩效之间存在正向调节作用。

H8：人才资源在技术创新与智慧体育产业发展绩效之间存在正向调节作用。

H9：市场引导在资本要素与智慧体育产业发展绩效之间存在正向调节作用。

H10：人才资源在资本要素与智慧体育产业发展绩效之间存在正向调节作用。

H11：市场引导在企业战略与智慧体育产业发展绩效之间存在正向调节作用。

H12：人才资源在企业战略与智慧体育产业发展绩效之间存在正向调节作用。

二、实证方法与变量设计

经由扎根理论的文献梳理结果与动力机制构建，六大智慧体育产业发展相关要素逐渐显现，在此结合文献内容及政策文件，对发展动力机制模型包含的变量进行指标设计，采用探索性因子分析法(exploratory factor analysis，EFA)对基于问卷调查收集的指标倾向数据进行实证分析。

探索性因子分析法是一项用来找出多元观测变量的本质结构，并进行处理降维的技术。探索性因子分析法是因子分析的路径之一，因子分析的目的是将众多重叠、复杂、相互影响的变量归结为必要的、无交叉的少数综合因子，变量的组合与分类是因子分析的重要步骤之一。探索性因子分析法的目的在于通过指标维度、指标效度、因子关系分析验证理论假设与数据模型之间的拟合状况。

本部分探索性因子分析方法的使用旨在测算与筛选智慧体育产业发展的多元影响要素指标体系中影响程度较弱的相关指标，压缩智慧体育产业发展指标体系，使智慧体育产业发展指标与绩效指标之间的相互关系进一步显化。

探索性因子分析法的相关流程如图7-6所示。

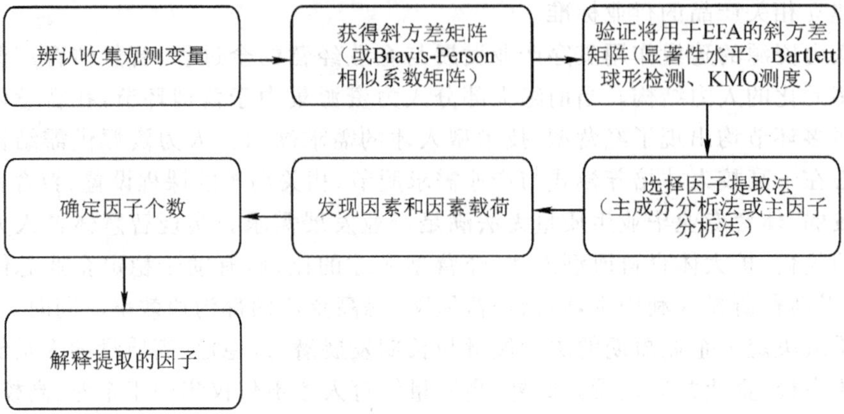

图7-6 EFA流程图

（一）主体变量设计

1. 政府扶持

近年来以国办发〔2019〕43号文件①与国发〔2014〕46号文件②为代表的体育产业高质量发展的指导性政策表明，在我国体育产业市场化转型时期，政府管理职能的行使与产业政策的制定仍是体育产业发展的重要动力之一。例如，以江苏、浙江、福建三地为代表的地方政府积极响应中央政策，根据自身体育产业发展状况，制定了有关产业聚集、升级、转型的地方性政策。政府的扶持作用贯穿智慧体育产业发展的全时期，在产业融合、技术创新、企业孵化等关键环节发挥组织协调作用。各级政府扶持智慧体育发展，需要灵活使用行政调控与市场机制两种调控手段；在智慧体育产业新兴领域，政府应对产业发展进行适当引导，避免行业过热引发的资源浪费与发展滞涨；政府及国资企业应充分向市场释放积极信号，对于智慧体育代表性企业给予政府采购订单以及注资合作等实际支持。

为验证H1假设，本书设置体育产业专项财政资金的支持、智慧体育产业发展政策的制定、支撑智慧体育产业产学研合作、扩展智慧体育产业上下游产业链、减免智慧体育产业税收、培育智慧体育消费市场、直接购买产品、国资企业参与产业改革8个二级指标对政府扶持变量进行检测。

2. 技术创新

智慧体育产业是新一轮信息技术革命的技术成果与传统体育产业互动关联引

---

① 指《国务院办公厅关于促进全民健身和体育消费推动体育产业高质量发展的意见》。

② 指《国务院关于加快发展体育产业促进体育消费的若干意见》。

发的技术融合、业务融合、产业融合，外源性技术引入与自有技术创新作为智慧体育产业技术创新的重要方式，在产业发展不同时期呈现不同态势。产业发展初期，技术创新依赖对外引入及模仿创新，产业资源积累到一定程度、产业要素逐步完善后，具有创新资质的相关企业会逐步加大研发投资，表现为企业科研团队与研发中心的出现。随着产业规模扩大，为争夺消费市场占有份额，企业将主动建立产学研一体化的技术创新模式，以技术创新为源动力将继而引发产品设计、商业模式、管理理念等一系列链式反应。

为验证 H2 假设，本书设置自有技术研发、购买体育相关技术及专利、产学研一体化发展、跨部门技术合作、设立研发中心等 5 个二级指标对技术创新变量进行检测。

3. 资本融资

融资困难是智慧体育产业发展的主要困境之一，其中既有企业规模过小导致的机构信贷歧视，也具有系统性的融资机制缺位。社会资本对于智慧体育产业发展呈现观望态势，仅有的投资者为稀释风险、提高收益，选择性地忽视小微企业的投融资需求。小微智慧体育企业融资主要依赖企业社会关系网络，融资效率低、规模小，且由于缺乏对借贷双方的有效约束监督，借贷双方承受较大风险。上市融资在可预见的未来会成为大型智慧体育企业融资的有效渠道，债务债券融资适合智慧体育制造业等具有大量实体资产与稳定业务的智慧体育产业类别。

为验证 H3 假设，本书设置财政及政策性信贷、商业银行及金融机构信贷支持、民间融资、上市融资、债务及债权融资、其他方式的融资等 6 个二级指标对资本融资变量进行检测。

4. 企业战略

智慧体育市场仍处于探索时期，智慧体育企业在产品与服务结构上必须不断做出调整以适应市场需求，同时成熟业务也面临日益激烈的企业竞争，因此，智慧体育企业需要清晰的市场定位与战略选择，探索新的业务领域与商业模式，培育新兴智慧体育消费市场。企业生产、运营、销售、创新全环节面临复杂市场生态的考验，这对于企业营收及负债状况提出了较高要求，同时要求企业管理者具有较强的信息整合能力与准确的战略选择，面对市场需求的灵活变化，企业对供应链的控制力与议价能力直接影响企业的市场份额。以乐视体育为例，企业多轮融资流向对体育赛事版权资源不计成本的垄断，主营业务营收结构异常最终导致资金链断裂，企业生存难以为继，因而，构建良性的企业竞合关系是智慧体育企业发展战略的内容之一。

为验证 H4 假设，本书设置体育产品及服务创新、开拓新的体育消费市场、主动探索多元化融资方式、企业新技术的转化及应用、企业自身营收及负债情况、体育企业人员结构、构建良性体育企业竞合关系等7个二级指标对企业战略变量进行检测。

综上，主体变量指标体系如表7-3所示。

表7-3 主体变量指标体系

一级指标	二级指标
政府扶持(G)	G1 体育产业专项财政资金的支持 G2 智慧体育产业发展政策的制定 G3 支撑智慧体育产业产学研合作 G4 扩展智慧体育产业上下游产业链 G5 减免智慧体育产业税收 G6 培育智慧体育消费市场 G7 直接购买产品 G8 国资企业参与产业改革
企业战略(S)	S1 体育产品及服务创新 S2 开拓新的体育消费市场 S3 企业自身营收及负债情况 S4 企业新技术的转化及应用 S5 主动探索多元化融资方式 S6 构建良性体育企业竞合关系 S7 体育企业人员结构
资本融资(R)	R1 财政及政策性信贷 R2 商业银行及金融机构信贷支持 R3 民间融资 R4 上市融资 R5 债务及债权融资 R6 其他方式的融资
技术创新(T)	T1 自有技术研发 T2 购买体育相关技术及专利 T3 跨部门技术合作 T4 设立研发中心 T5 产学研一体化发展

(二)调节变量设计

以智慧体育产业发展动力机制模型为基准，构建调节变量指标体系对市场引导机制及人才储备机制进行检测。

1. 市场引导机制

体育消费市场规模扩展是智慧体育产业发展的重要动力之一。当前智慧体育产业发展仍处于较低水平，产品与服务种类迅速扩充的同时，相关立法进程与执法监测水平仍有待提升，为维护市场秩序，保护消费者权益，需尽快建立主要产品与服务的行业标准。同时，应当以多元化的技术集成带给消费者更加新奇的消费体验，进而探索培育新兴的消费市场。之前面对疫情的复杂影响，户外体育运动与聚集性体育赛事的需求与消费需求向居家体育与体育信息服务等新兴体育消费转移。在居家隔离过程中，老年人、儿童以及家庭成为新的体育消费群体，面对这些人群的智慧体育产品及服务具有极大的市场规模，从而催生出“体育＋教育”“体育＋医疗”等诸多新业态。

本书设置体育市场风险、市场需求培育、拓展体育消费群体、体育新业态培育、体育企业金融服务市场化、打造体育新兴市场环境、建立体育新兴行业标准 7 个二级指标对市场引导机制变量进行检测。

2. 人才储备机制

人才储备机制是政府扶持、企业战略、资本融资、技术创新和市场引导机制 5 个指标落地实施的基础性要素。智慧体育产业作为新兴产业与融合性产业，对人力资源素质要求较高。智慧体育产业技术人才需要具备完善的技术能力与沟通技能；智慧体育管理人才要求具有企业经营管理履历与创新思维能力，引导企业确立创新目标，面对智慧体育企业生产、经营、管理全环节的管理控制要求具有整体观念与判断能力。作为智慧体育产业智力资源的重要补充，体育智库的建设及发展对于提高企业决策质量，优化企业人力资源结构具有重要作用。因此，要搭建优质人力资源聚集的软环境，优化技术型人才的工作环境与绩效激励，提高管理人才的薪资待遇与福利条件，而对于具体领域的领军型人才，需要提供相应的资源支持，推动其自身价值追求的实现，通过高质量的资源供给吸引人才。

本书设置体育经营管理人才、高端体育智库、体育创新创业人才、人才配套支持和员工绩效激励 5 个二级指标对人才储备机制变量进行检测。

综上，调节变量指标体系如表 7 - 4 所示。

（三）因变量设计

借鉴相关研究，本书提出智慧体育产业发展的指标体系，即体育产品技术水平、体育产品市场需求、体育创新人才、体育销售渠道、体育融资渠道、体育社会关系网络布局、政府对产业创新支持力度（见表 7 - 5）。

表 7－4　调节变量指标体系

一级指标	二级指标
市场引导机制(M)	M1 体育市场风险 M2 市场需求培育 M3 拓展体育消费群体 M4 体育新业态培育 M5 体育企业金融服务市场化 M6 打造体育新兴市场环境 M7 建立体育新兴行业标准
人才储备机制(P)	P1 体育经营管理人才 P2 体育创新创业人才 P3 高端体育智库 P4 人才配套支持 P5 员工绩效激励

表 7－5　因变量指标体系

一级指标	二级指标
智慧体育产业发展绩效(Y)	Y1 体育产品技术水平 Y2 体育产品市场需求 Y3 体育创新人才 Y4 体育销售渠道 Y5 体育融资渠道 Y6 体育社会关系网络布局 Y7 政府对产业创新支持力度

三、信效度实证检测

本部分通过问卷调查得到的实际反馈数据对智慧体育产业发展影响因素指标体系进行信效度检测。本书在阅读体育产业高质量发展、数字体育、智慧体育、智能体育、体育产业供给侧结构性改革以及相关政策性文件与实际案例的基础上形成了问卷的基础框架，对于部分指标体系与评价指标的设定，咨询了相关专家学者的建议并对部分指标定义进行了标注解释，便于被调查者理解，之后进行了小样本量的预调研并对问卷整体设计进行了检验，以进一步完善问卷。

(一)调查问卷设计与预调查

目前智慧体育产业相关研究与统计数据缺乏成果参照，本书综合多领域相关研究，对政府扶持、技术创新、企业战略、资本融资、市场引导机制、人才储备机制对智慧体育产业发展的影响进行了调查。

调查问卷（见附录1）主要面向体育产业相关主管部门及智慧体育从业者，问卷设计为五个部分，第一部分为被调查者基本信息及背景概况，问题设置对被调查者的地域、学历、专业背景、单位性质进行了调查，设计目的是保障被调查者职业或从业经历与智慧体育产业相关或自身即为智慧体育产业从业者。

第二部分对政府人员与企业人员分别设置不同专业性问题进行针对性分流，若被调查者在工作单位中选择了“政府”相关选项则会进入单位职能属性选项、产业发展涉及事项，对被调查者的单位性质与智慧体育产业发展相关关系进行归类。若被调查者选择了“企业”则会进入企业状况、从业经历、工作内容等相关选项，对被调查者就职企业在智慧体育产业类别中的具体类属进行划分。此部分的主要目的是对被调查者进行精确分类与归档，便于数据统计与分析。

第三部分对不同职业的被调查者关于智慧体育产业的主观印象进行了归纳总结，包括：智慧体育产业供给侧和需求侧总体态势、智慧体育产业发展要素、不同性质单位对促进智慧体育产业发展的改进方向以及智慧体育产业未来发展面临的主要挑战等。

第四部分参考产业发展周期理论，通过技术创新、组织管理、经营绩效、战略发展、政府角色五大维度指标对智慧体育产业发展时期进行了区分。

第五部分包含显性、隐性要素对于智慧体育产业发展的影响状况，此部分围绕政府扶持、技术创新、企业战略、资本融资、市场引导机制、人才储备机制六大指标体系共设计37个变量，采用5点量表的计量方法，从“影响极大”到“没有影响”分别选择数字1到5。计分方式上采用正向积分法，即分数越高对于智慧体育产业发展影响越大。

预调查共发放问卷139份，回收125份，有效问卷107份，回收有效率为85.6%。预调查所涉及地区主要包括湖北武汉、江苏无锡等地区；所调查单位以企业为主，学历以本科居多，占比57.9%，其次是专科和硕士；专业涉及工商管理，占比达59.8%；单位的员工总人数在15～50人的最多，占比为68.2%；单位成立年限在三年以下的最多，占比37.4%；智慧体育产业领域包含制造业和服务业，占比分别为63.6%和36.4%；制造领域涉及的智慧体育产业包含体育场地与设施建设和体育用品及相关产品制造，服务领域涉及的智慧体育产业包括智慧健身休闲服务，且工作年限在3年以下和3～5年的最多；职务是技术人员的最多，占比45.8%，整体差异不大；65.4%的单位最近一年与其他单位有体育产业相关的交流与合作。

（二）信度检验

信度，反映量表测量结果的一致性、稳定性。一般认为，Cronbach’s Alpha 系数在 0.7 以上较为适宜。内部一致性系数的公式如下：

$$a=\frac{K}{K+1}\left(1-\frac{\sum S^2}{S^2}\right)$$

其中，K 为量表的变量数；$\sum S^2$ 为量表变量的方差总和；S^2 为量表总分的方差。量表的变量数愈多时，$\frac{K}{K+1}$ 的值愈接近 1，$\frac{\sum S^2}{S^2}$ 的值愈接近 0，内部一致性系数也会愈接近 1。

(1)政府扶持变量：设定相应的 8 个变量，对该项目进行同质性检验（包括信度和效度检验）的结果见表 7－6，其中第 7 个题项在校正变量、总分相关变量删除后的值、共同性与因素负荷量等指标的统计量上均不理想，应从测量指标体系中删除该变量。

表 7－6　政府扶持变量分析摘要表

变量	修正后的项与总计相关性	Cronbach's Alpha	共同性	负荷量	未达标指标数	备注
G1	0.679	0.864	0.592	0.824	0	保留
G2	0.656	0.866	0.563	0.769	0	保留
G3	0.702	0.861	0.630	0.751	0	保留
G4	0.693	0.862	0.622	0.793	0	保留
G5	0.721	0.859	0.656	0.788	0	保留
G6	0.743	0.858	0.680	0.810	0	保留
G7	0.357	0.904	0.193	0.440	4	删除
G8	0.739	0.859	0.674	0.821	0	保留
判断标准	>0.4	<0.882	>0.4	>0.5		

删除第 7 个指标后，该项目的各项指标均得到提高。首先，系数由 0.882 提高到 0.904；其次，公因子方差均有不同程度的提高；再次，解释的总方差中提取平方和载入的积累方差率也得到提高，由 57.613％提高到 63.585％。如表 7－7 所示。

表 7－7　删除 G7 前后的解释总方差与公因子方差对比表

成分	删除前初始特征值			删除后初始特征值			删除前公因子方差提取	删除后公因子方差提取
	总计	方差百分比/％	累积/％	总计	方差百分比/％	累积/％		
1	4.609	57.613	57.613	4.451	63.585	63.585	0.592	0.613
2	0.848	10.598	68.210	0.516	7.375	70.959	0.563	0.565

续表

成分	删除前初始特征值			删除后初始特征值			删除前公因子方差提取	删除后公因子方差提取
	总计	方差百分比/%	累积/%	总计	方差百分比/%	累积/%		
3	0.516	6.448	74.658	0.495	7.077	78.036	0.630	0.647
4	0.492	6.154	80.812	0.424	6.058	84.095	0.622	0.620
5	0.423	5.291	86.103	0.398	5.687	89.781	0.656	0.652
6	0.398	4.971	91.074	0.379	5.409	95.190	0.680	0.685
7	0.378	4.730	95.803	—	—	—	0.193	—
8	0.336	4.197	100.000	0.337	4.810	100.000	0.674	0.675

(2)技术创新变量：从 5 个测试变量的相关指标来看，题目均达标，应保留（见表 7－8）。

表 7－8　技术创新变量分析摘要表

变量	修正后的项与总计相关性	Cronbach's Alpha	共同性	负荷量	未达标指标数	备注
T1	0.564	0.819	0.513	0.866	0	保留
T2	0.630	0.800	0.591	0.795	0	保留
T3	0.653	0.794	0.633	0.769	0	保留
T4	0.751	0.764	0.749	0.730	0	保留
T5	0.582	0.817	0.533	0.716	0	保留
判断标准	>0.4	<0.833	>0.4	>0.5		

(3)市场引导变量：7 个测试变量中，第 4 个变量 M4 、第 5 个变量 M5 在以上 4 个指标的统计量均不理想（见表 7－9），因而经项目分析综合评鉴后，应从测量指标体系中删除这 2 个变量。

表 7－9　市场引导变量分析摘要表

变量	修正后的项与总计相关性	Cronbach's Alpha	共同性	负荷量	未达标指标数	备注
M1	0.629	0.721	0.613	0.783	0	保留
M2	0.573	0.733	0.545	0.738	0	保留
M3	0.617	0.728	0.587	0.766	0	保留
M4	0.359	0.776	0.239	0.489	4	删除

续表

变量	修正后的项与总计相关性	Cronbach's Alpha	共同性	负荷量	未达标指标数	备注
M5	0.309	0.790	0.183	0.428	4	删除
M6	0.489	0.750	0.418	0.647	0	保留
M7	0.579	0.732	0.554	0.744	0	保留
判断标准	>0.4	<0.776	>0.4	>0.5		

删除第4和5个变量后，该项目的各项指标均得到提高。首先，系数由0.776提高到0.805；其次，公因子方差均有不同程度的提高；再次，解释的总方差中提取平方和载入的积累方差率也得到提高，由44.835%提高到56.718%。如表7-10所示。

表7-10 删除M4和M5前后的解释总方差与公因子方差对比表

成分	删除前初始特征值			删除后初始特征值			删除前公因子方差提取	删除后公因子方差提取
	总计	方差百分比/%	累积/%	总计	方差百分比/%	累积/%		
1	3.138	44.835	44.835	2.836	56.718	56.718	0.613	0.627
2	0.906	12.948	57.784	0.673	13.464	70.182	0.545	0.584
3	0.817	11.677	69.461	0.570	11.396	81.578	0.587	0.598
4	0.673	9.616	79.077	—	—	—	0.239	—
5	0.559	7.991	87.067	—	—	—	0.183	—
6	0.487	6.951	94.019	0.491	9.817	91.395	0.418	0.435
7	0.419	5.981	100.000	0.430	8.605	100.000	0.554	0.591

(4)企业战略变量：S3在以上4个指标的统计量均不理想(见表7-11)，因而经项目分析综合评鉴后，应从测量指标体系中删除这个变量。

表7-11 企业战略分析摘要表

变量	修正后的项与总计相关性	Cronbach's Alpha	共同性	负荷量	未达标指标数	备注
S1	0.716	0.821	0.665	0.816	0	保留
S2	0.670	0.828	0.609	0.780	0	保留
S3	0.357	0.879	0.210	0.458	4	删除
S4	0.659	0.829	0.606	0.778	0	保留

续表

变量	修正后的项与总计相关性	Cronbach's Alpha	共同性	负荷量	未达标指标数	备注
S5	0.683	0.826	0.624	0.790	0	保留
S6	0.636	0.832	0.570	0.755	0	保留
S7	0.682	0.825	0.620	0.788	0	保留
判断标准	>0.4	<0.855	>0.4	>0.5		

首先，删除S3后，系数由0.855提高到0.879；其次，公因子方差均有不同程度的提高；再次，解释的总方差中提取平方和载入的积累方差率由55.784%提高到62.335%。如表7-12所示。

表7-12　删除S3前后的解释总方差与公因子方差对比表

成分	删除前初始特征值			删除后初始特征值			删除前公因子方差提取	删除后公因子方差提取
	总计	方差百分比/%	累积/%	总计	方差百分比/%	累积/%		
1	3.905	55.784	55.784	3.740	62.335	62.335	0.665	0.666
2	0.853	12.181	67.966	0.584	9.728	72.063	0.609	0.617
3	0.578	8.257	76.223	—	—	—	0.210	—
4	0.459	6.555	82.778	0.467	7.789	79.852	0.606	0.624
5	0.433	6.188	88.966	0.434	7.232	87.084	0.624	0.628
6	0.395	5.644	94.610	0.398	6.626	93.710	0.570	0.584
7	0.377	5.390	100.000	0.377	6.290	100.000	0.620	0.621

（5）资本融资变量：6个测试变量在以上4个指标的统计量均比较理想（见表7-13），故该指标体系中无须删除任何变量。

表7-13　资本要素分析摘要表

变量	修正后的项与总计相关性	Cronbach's Alpha	共同性	负荷量	未达标指标数	备注
R1	0.676	0.847	0.614	0.784	0	保留
R2	0.703	0.841	0.651	0.807	0	保留
R3	0.713	0.839	0.661	0.813	0	保留
R4	0.665	0.848	0.601	0.775	0	保留
R5	0.645	0.852	0.577	0.759	0	保留
R6	0.618	0.856	0.545	0.738	0	保留
判断标准	>0.4	<0.869	>0.4	>0.5		

(6)人才储备变量:5个变量在以上4个指标的统计量均比较理想(见表7-14),故该指标体系中的变量均予以保留。

表7-14 人才资源分析摘要表

变量	修正后的项与总计相关性	Cronbach's Alpha	共同性	负荷量	未达标指标数	备注
P1	0.662	0.796	0.635	0.816	0	保留
P2	0.685	0.787	0.666	0.797	0	保留
P3	0.579	0.817	0.530	0.793	0	保留
P4	0.604	0.810	0.563	0.750	0	保留
P5	0.654	0.797	0.629	0.728	0	保留
判断标准	>0.4	<0.835	>0.4	>0.5		

(7)智慧体育产业:7个变量指标通过同质性检验,故均予以保留(见表7-15)。

表7-15 智慧体育产业发展分析摘要表

变量	修正后的项与总计相关性	Cronbach's Alpha	共同性	负荷量	未达标指标数	备注
Y1	0.770	0.920	0.696	0.834	0	保留
Y2	0.767	0.920	0.693	0.832	0	保留
Y3	0.792	0.918	0.726	0.852	0	保留
Y4	0.770	0.920	0.695	0.834	0	保留
Y5	0.817	0.915	0.758	0.870	0	保留
Y6	0.776	0.919	0.705	0.840	0	保留
Y7	0.751	0.922	0.672	0.820	0	保留
判断标准	>0.4	<0.930	>0.4	>0.5		

经过对7个测量变量的信效度分析,所设计问卷共需剔除4个变量,分别是G7、M4、M5、S3,汇总情况如表7-16所示。

表7-16 剔除变量汇总表

变量	修正后的项与总计相关性	Cronbach's Alpha	共同性	负荷量	未达标指标数	备注
G7	0.357	0.904	0.193	0.440	4	删除
M4	0.359	0.776	0.239	0.489	4	删除
M5	0.309	0.790	0.183	0.428	4	删除
S3	0.357	0.879	0.210	0.458	4	删除

(三)效度检验

在删除以上4个变量的前提下，本节对所获取的数据进行了KMO样本测度和Bartlett球形检验分析，根据检验结果对数据进行因子分析。

设有 n 个原始变量，表示为 $x_1, x_2, \cdots, x_n$，假设 n 个变量可以由 k 的因子 $f_1, f_2, \cdots, f_k$ 表示为线性组合，即

$$\begin{cases} x_1 = a_{11}f_1 + a_{12}f_2 + \cdots + a_{1k}f_k + \varepsilon_1 \\ x_2 = a_{21}f_1 + a_{22}f_2 + \cdots + a_{2k}f_k + \varepsilon_2 \\ \vdots \\ x_n = a_{n1}f_1 + a_{n2}f_2 + \cdots + a_{nk}f_k + \varepsilon_n \end{cases}$$

如果利用矩阵形式表示，即 $\boldsymbol{X} = \boldsymbol{AF} + \varepsilon$。其中，$\boldsymbol{X}$ 为可观测的 n 维变量向量，它的每一个分量表示一个指标或变量；$\boldsymbol{F}$ 称为因子向量，它的每一个分量表示一个因子，由于它们出现在每个原始变量的线性表达式中，所以又称为公共因子；矩阵 $\boldsymbol{A}$ 为因子负荷矩阵，元素 a_{ij} 称为因子负荷；ε 称为特殊因子，表示原始变量中不能由因子解释的部分，均值为0。

1. 探索性因子分析

(1)主体变量一：政府扶持。根据对政府扶持指标体系中各变量的效度检验，政府扶持测量变量中的"G7"项被删除，测量变量由8项变为7项。基于因子分析的基本原理，假设政府扶持及其影响因素符合以下线性模型：

$$G = a_{11}G_1 + a_{12}G_2 + a_{13}G_3 + a_{14}G_4 + a_{15}G_5 + a_{16}G_6 + \varepsilon_1$$

如表7-17所示，对政府扶持测量变量数据进行KMO样本测度与Bartlett球形检验可知，KMO为0.931，大于标准值0.6，且其Bartlett球形检验的统计值为1167.806，显著性概率为0.000，小于0.01，因此，政府扶持各测量变量所得数据适合进行因子分析。

表7-17　政府扶持KMO和Bartlett球形检验

KMO取样适切性量数		0.931
Bartlett球形检验	近似卡方	1167.806
	自由度	21
	显著性	0.000

运用主成分分析法、旋转方差最大法对政府行为全部测量变量进行探索性因子分析，结果显示仅得到一个大于1的特征值的因子，而且该因子可解释全部测量变量63.585%的总体方差，说明通过原始变量之间关系的分析，政府行为各测量变量数据具有良好的一维性，可以从中提取出一个因子对测量变量进行表示。如表7-18所示。

表 7－18　政府扶持总方差解释

成分	初始特征值			提取载荷平方和		
	总计	方差百分比/%	累积/%	总计	方差百分比/%	累积/%
1	4.451	63.585	63.585	4.451	63.585	63.585
2	0.516	7.375	70.959			
3	0.495	7.077	78.036			
4	0.424	6.058	84.095			
5	0.398	5.687	89.781			
6	0.379	5.409	95.190			
7	0.337	4.810	100.000			

提取方法：主成分分析法。

政府扶持各因素成分矩阵如表 7－19 所示。

表 7－19　政府扶持各因素成分矩阵

题项	成分矩阵	成分得分系数矩阵
G1	0.770	0.173
G2	0.753	0.169
G3	0.798	0.179
G4	0.795	0.179
G5	0.814	0.183
G6	0.826	0.186
G8	0.823	0.185

根据成分矩阵运行结果得到如下线性方程：

$$G=0.173G_1+0.169G_2+0.179G_3+0.179G_4+0.183G_5+0.186G_6+0.185G_8+\varepsilon_1$$

结合前一节对变量的信效度检验和所获取数据的信度检验，政府扶持各因子具有良好的信度和效度，对样本数据拟合程度较好，可以把其直接纳入理论模型的假设检验分析中。

(2)主体变量二：技术创新。基于因子分析的基本原理，假设技术创新及其影响因素符合如下线性模型：

$$T=a_{21}T_1+a_{22}T_2+a_{23}T_3+a_{24}T_4+a_{25}T_5+\varepsilon_1$$

如表 7－20、表 7－21 所示，技术创新各测量变量数据具有良好的一维性，可以从中提取出一个因子对测量变量进行表示。鉴于技术创新各因子具有良好的信度和效度，对样本数据拟合程度较好，故将其纳入理论模型的假设检验分析中。

表 7-20　技术创新 KMO 和 Bartlett 球形检验

KMO 取样适切性量数		0.833
Bartlett 球形检验	近似卡方	587.047
	自由度	10
	显著性	0.000

表 7-21　技术创新总方差解释

成分	初始特征值			提取载荷平方和		
	总计	方差百分比/%	累积/%	总计	方差百分比/%	累积/%
1	3.019	60.378	60.378	3.019	60.378	60.378
2	0.634	12.681	73.059			
3	0.573	11.453	84.512			
4	0.477	9.533	94.045			
5	0.298	5.955	100.000			

提取方法：主成分分析法。

技术创新各因素成分矩阵如表 7-22 所示。

表 7-22　技术创新各因素成分矩阵

题项	成分矩阵	成分得分系数矩阵
T1	0.716	0.237
T2	0.769	0.255
T3	0.795	0.263
T4	0.866	0.287
T5	0.730	0.242

根据成分矩阵运行结果得到如下线性方程：

$$T=0.237T_1+0.255T_2+0.263T_3+0.287T_4+0.242T_5+\varepsilon_1$$

(3)主体变量三：市场引导。根据效度检验，市场引导测量变量由 7 项变为 5 项。基于因子分析的基本原理，假设市场引导及其影响因素符合以下线性模型：

$$M = a_{31}M_1 + a_{32}M_2 + a_{33}M_3 + a_{36}M_6 + a_{37}M_7 + \varepsilon_1$$

如表 7-23 所示，市场引导各测量变量所得数据适合进行因子分析。

表 7-23 市场引导 KMO 和 Bartlett 球形检验

KMO 取样适切性量数		836
Bartlett 球形检验	近似卡方	510.571
	自由度	10
	显著性	0.000

同时,市场引导各测量变量数据具有良好的一维性,可以从中提取出一个因子对测量变量进行表示。如表 7-24 所示。

表 7-24 市场引导总方差解释

成分	初始特征值			提取载荷平方和		
	总计	方差百分比/%	累积/%	总计	方差百分比/%	累积/%
1	2.836	56.718	56.718	2.836	56.718	56.718
2	0.673	13.464	70.182			
3	0.570	11.396	81.578			
4	0.491	9.817	91.395			
5	0.430	8.605	100.000			

提取方法:主成分分析法。

市场引导各因素成分矩阵如表 7-25 所示。

表 7-25 市场引导各因素成分矩阵

题项	成分矩阵	成分得分系数矩阵
M1	0.792	0.279
M2	0.764	0.269
M3	0.773	0.273
M6	0.660	0.233
M7	0.769	0.271

根据成分矩阵运行结果得到如下线性方程:

$$M=0.279M_1+0.269M_2+0.273M_3+0.233M_6+0.271M_7+\varepsilon_1$$

结合前一节对变量的信效度检验和所获取数据的信度检验,市场引导各因子具有良好的信度和效度,对样本数据拟合程度较好,可以把其直接纳入理论模型的假设检验分析中。

(4)主体变量四:企业战略。根据效度检验,企业战略测量指标 S_3 被删除。基于因子分析的基本原理,假设企业战略及其影响因素符合如下线性模型:

$$S = a_{41}S_1 + a_{42}S_2 + a_{44}S_4 + a_{45}S_5 + a_{46}S_6 + a_{47}S_7 + \varepsilon_1$$

如表 7 - 26 所示，企业战略各测量变量所得数据适合进行因子分析。

表 7 - 26　企业战略 KMO 和 Bartlett 球形检验

KMO 取样适切性量数		0.899
Bartlett 球形检验	近似卡方	854.648
	自由度	15
	显著性	0.000

同时，企业战略各测量变量数据具有良好的一维性，可以从中提取出一个因子对测量变量进行表示。如表 7 - 27 所示。

表 7 - 27　企业战略总方差解释

成分	初始特征值			提取载荷平方和		
	总计	方差百分比/%	累积/%	总计	方差百分比/%	累积/%
1	3.740	62.335	62.335	3.740	62.335	62.335
2	0.584	9.728	72.063			
3	0.467	7.789	79.852			
4	0.434	7.232	87.084			
5	0.398	6.626	93.710			
6	0.377	6.290	100.000			

提取方法：主成分分析法。

企业战略各因素成分矩阵如表 7 - 28 所示。

表 7 - 28　企业战略各因素成分矩阵

题项	成分矩阵	成分得分系数矩阵
S1	0.816	0.218
S2	0.785	0.210
S4	0.790	0.211
S5	0.792	0.212
S6	0.764	0.204
S7	0.788	0.211

根据成分矩阵运行结果得到如下线性方程：

$$S=0.218S_1+0.210S_2+0.211S_4+0.212S_5+0.204S_6+0.211S_7+\varepsilon_1$$

鉴于企业战略各因子具有良好的信度和效度，对样本数据拟合程度较好，可以把其直接纳入理论模型的假设检验分析中。

(5)调节变量之资本要素。基于因子分析的基本原理，假设资本要素及其影响因素符合以下线性模型：

$$R = a_{51}R_1 + a_{52}R_2 + a_{53}R_3 + a_{54}R_4 + a_{55}R_5 + a_{56}R_6 + \varepsilon_1$$

如表 7－29 所示，资本要素各测量变量所得数据适合进行因子分析。

表 7－29　资本要素 KMO 和 Bartlett 球形检验

KMO 取样适切性量数		0.890
Bartlett 球形检验	近似卡方	806.862
	自由度	15
	显著性	0.000

同时，资本要素各测量变量数据具有良好的一维性，可以从中提取出一个因子对测量变量进行表示。如表 7－30 所示。

表 7－30　资本要素总方差解释

成分	初始特征值			提取载荷平方和		
	总计	方差百分比/%	累积/%	总计	方差百分比/%	累积/%
1	3.649	60.808	60.808	3.649	60.808	60.808
2	0.605	10.087	70.896			
3	0.529	8.823	79.719			
4	0.443	7.379	87.098			
5	0.409	6.814	93.912			
6	0.365	6.088	100.000			

提取方法：主成分分析法。

资本要素各因素成分矩阵如表 7－31 所示。

表 7－31　资本要素各因素成分矩阵

题项	成分矩阵	成分得分系数矩阵
R1	0.816	0.215
R2	0.785	0.221
R3	0.790	0.223
R4	0.792	0.212
R5	0.764	0.208
R6	0.788	0.202

根据成分矩阵运行结果得到如下线性方程：

$$R=0.215R_1+0.221R_2+0.223R_3+0.212R_4+0.208R_5+0.202R_6+\varepsilon_1$$

鉴于资本要素各因子具有良好的信度和效度，对样本数据拟合程度较好，可以把其直接纳入理论模型的假设检验分析中。

(6)调节变量之人才资源要素。基于因子分析的基本原理，假设人才资源要素及其影响因素符合以下线性模型：

$$P=a_{61}P_1+a_{62}P_2+a_{63}P_3+a_{64}P_4+a_{65}P_5+\varepsilon_1$$

如表 7－32 所示，人才资源各测量变量所得数据适合进行因子分析。

表 7－32　人才资源 KMO 和 Bartlett 球形检验

KMO 取样适切性量数		0.852
Bartlett 球形检验	近似卡方	556.262
	自由度	10
	显著性	0.000

同时，人才资源要素各测量变量数据具有良好的一维性，可以从中提取出一个因子对测量变量进行表示。如表 7－33 所示。

表 7－33　人才资源总方差解释

成分	初始特征值			提取载荷平方和		
	总计	方差百分比/%	累积/%	总计	方差百分比/%	累积/%
1	3.023	60.454	60.454	3.023	60.454	60.454
2	0.578	11.562	72.016			
3	0.563	11.269	83.285			
4	0.438	8.770	92.055			
5	0.397	7.945	100.000			

提取方法：主成分分析法。

人才资源各因素成分矩阵如表 7－34 所示。

表 7－34　人才资源各因素成分矩阵

题项	成分矩阵	成分得分系数矩阵
P1	0.264	0.264
P2	0.270	0.270
P3	0.241	0.241
P4	0.248	0.248
P5	0.262	0.262

根据成分矩阵运行结果得到如下线性方程：

$$P=0.264P_1+0.270P_2+0.241P_3+0.248P_4+0.262P_5+\varepsilon_1$$

鉴于人才资源各因子具有良好的信度和效度，对样本数据拟合程度较好，可以把其直接纳入理论模型的假设检验分析中。

(7)智慧体育产业发展。基于因子分析的基本原理，假设智慧体育产业发展及其影响因素符合以下线性模型：

$$Y=a_{71}Y_1+a_{72}Y_2+a_{73}Y_3+a_{74}Y_4+a_{75}Y_5+\varepsilon_1$$

如表 7-35 所示，智慧体育产业发展各测量变量所得数据适合进行因子分析。

表 7-35　智慧体育产业发展 KMO 和 Bartlett 球形检验

KMO 取样适切性量数		0.941
Bartlett 球形检验	近似卡方	1546.049
	自由度	21
	显著性	0.000

同时，智慧体育产业发展各测量变量数据具有良好的一维性，可以从中提取出一个因子对测量变量进行表示。如表 7-36 所示。

表 7-36　智慧体育产业发展总方差解释

成分	初始特征值			提取载荷平方和		
	总计	方差百分比/%	累积/%	总计	方差百分比/%	累积/%
1	4.944	70.635	70.635	4.944	70.635	70.635
2	0.431	6.155	76.791			
3	0.388	5.545	82.336			
4	0.344	4.913	87.249			
5	0.322	4.597	91.845			
6	0.316	4.517	96.362			
7	0.255	3.638	100.000			

提取方法：主成分分析法。

智慧体育产业发展各因素成分矩阵如表 7-37 所示。

表 7-37　智慧体育产业发展各因素成分矩阵

题项	成分矩阵	成分得分系数矩阵
Y1	0.834	0.169
Y2	0.832	0.168

续表

题项	成分矩阵	成分得分系数矩阵
Y3	0.852	0.172
Y4	0.834	0.169
Y5	0.870	0.176
Y6	0.840	0.170
Y7	0.820	0.166

根据成分矩阵运行结果得到如下线性方程：

$$Y=0.169Y_1+0.168Y_2+0.172Y_3+0.169Y_4+0.176Y_5+0.170Y_6+0.166Y_7+\varepsilon_1$$

2. 验证性因子分析

经过预调研之后的探索性因子分析，确定了正式问卷《高质量发展背景下智慧体育产业发展影响因素调查》的题项，也就是接下来用于结构方程模型验证的指标变量。接着做正式问卷的调研，也就是新一轮的问卷调查，获得相应的问卷数据如下：正式调查过程中，共发放问卷 350 份，回收 335 份，有效问卷 319 份，回收有效率为 95.2%。问卷所涉及地区主要包括浙江、江苏、上海、北京、广东等地区；所调查单位包含企业、政府、科研院所、高校；学历中本科最多，占比为 55.5%，其次是硕士、专科及以下和博士；专业涉及体育学类的最多，占比达 57.1%；单位的员工总人数在 10～50 人的最多，占比为 49.8%；单位成立年限在 3 年以下的最多，占比为 66.1%；智慧体育产业领域包含智慧体育制造业和智慧体育服务业，占比分别为 60.2%和 39.8%；制造领域所涉及的智慧体育产业包含体育场地与设施建设和体育用品及相关产品制造，服务领域涉及的智慧体育产业包括智慧健身休闲服务、智慧体育培训服务、智慧体育赛事服务、智慧体育场地服务、智慧体育传媒服务等；从事智慧体育行业的工作年限在 3 年以下和 3～5 年的位列前 2 位；职务是技术人员的最多，占比为 31%，整体差异不大；60.8%的单位最近一年与其他单位有体育产业相关的交流与合作。问卷调查的基本信息情况如表 7 - 38 所示。

表 7 - 38　基本信息统计

题项		个案数	百分比/%
地区	北京市	32	10.0
	江苏省	64	20.1
	浙江省	66	20.7
	上海市	47	14.7
	广东省	31	9.7
	其他省市	79	24.8

续表

题项		个案数	百分比/%
学历	专科及以下	49	15.3
	本科	177	55.5
	硕士	66	20.7
	博士	27	8.5
专业	体育学类	182	57.1
	教育学类	54	16.9
	电子商务类	21	6.6
	计算机科学与技术类	22	6.9
	信息与通信工程类	20	6.3
	材料科学与工程类	12	3.7
	其他	8	2.5
单位性质	企业	229	71.8
	高校	15	4.7
	科研院所	18	5.6
	政府	50	15.7
	其他	7	2.2
贵单位的员工总人数	10 人以下	44	13.8
	10～50 人	159	49.8
	51～100 人	86	27.0
	100 人以上	30	9.4
贵单位成立年限	3 年以下	211	66.1
	3～5 年	66	20.7
	6～10 年	26	8.2
	10 年以上	16	5.0
智慧体育产业领域	智慧体育制造业	192	60.2
	智慧体育服务业	127	39.8
制造领域涉及	体育场地与设施建设	152	79.2
	体育用品及相关产品制造	40	20.8

续表

题项		个案数	百分比/%
服务领域涉及	智慧健身休闲服务	42	33.1
	智慧体育培训服务	28	22.0
	智慧体育赛事服务	17	13.4
	智慧体育场地服务	16	12.6
	智慧体育传媒服务	14	11.0
	其他体育服务	10	7.9
从事本行业的工作年限	3 年以下	126	39.5
	3～5 年	125	39.2
	6～10 年	50	15.7
	10 年以上	18	5.6
现职	普通员工	67	21.0
	技术人员	99	31.0
	科研人员	42	13.2
	基层管理人员	32	10.0
	中层管理人员	56	17.6
	高层管理人员	23	7.2
贵单位最近一年是否与其他单位有体育产业相关的交流与合作	否	125	39.2
	是	194	60.8
交流与合作单位的性质	企业	111	57.2
	高校	14	7.2
	科研院所	23	11.9
	政府	32	16.5
	其他	14	7.2

回收问卷的 Cronbach's Alpha 为 0.867，且通过 KMO 样本测度与 Bartlett 球形检验，KMO 为 0.872，表明正式问卷数据稳定，结构合理。

本研究采用验证性因子分析考察结构效度，结构效度由聚敛效度和区分效度、拟合度指标构成，一般通过验证性因子分析来计算聚敛效度和区分效度。拟合度指标是指所有题项的拟合程度，拟合度指标一般由五个指标构成：卡方自由度比（χ^2/df）、相对拟合指数(CFI)、Tucker-Lewis 指数(TLI)、递增拟合指数(IFI)、误差均方根(RMESA)，每个拟合都应满足以下标准：χ^2/df 小于 5，CFI 大于 0.9，TLI 大于 0.9，IFI 大于 0.9，RMESA 小于 0.8。

验证性因子分析结构如图 7－7 所示。

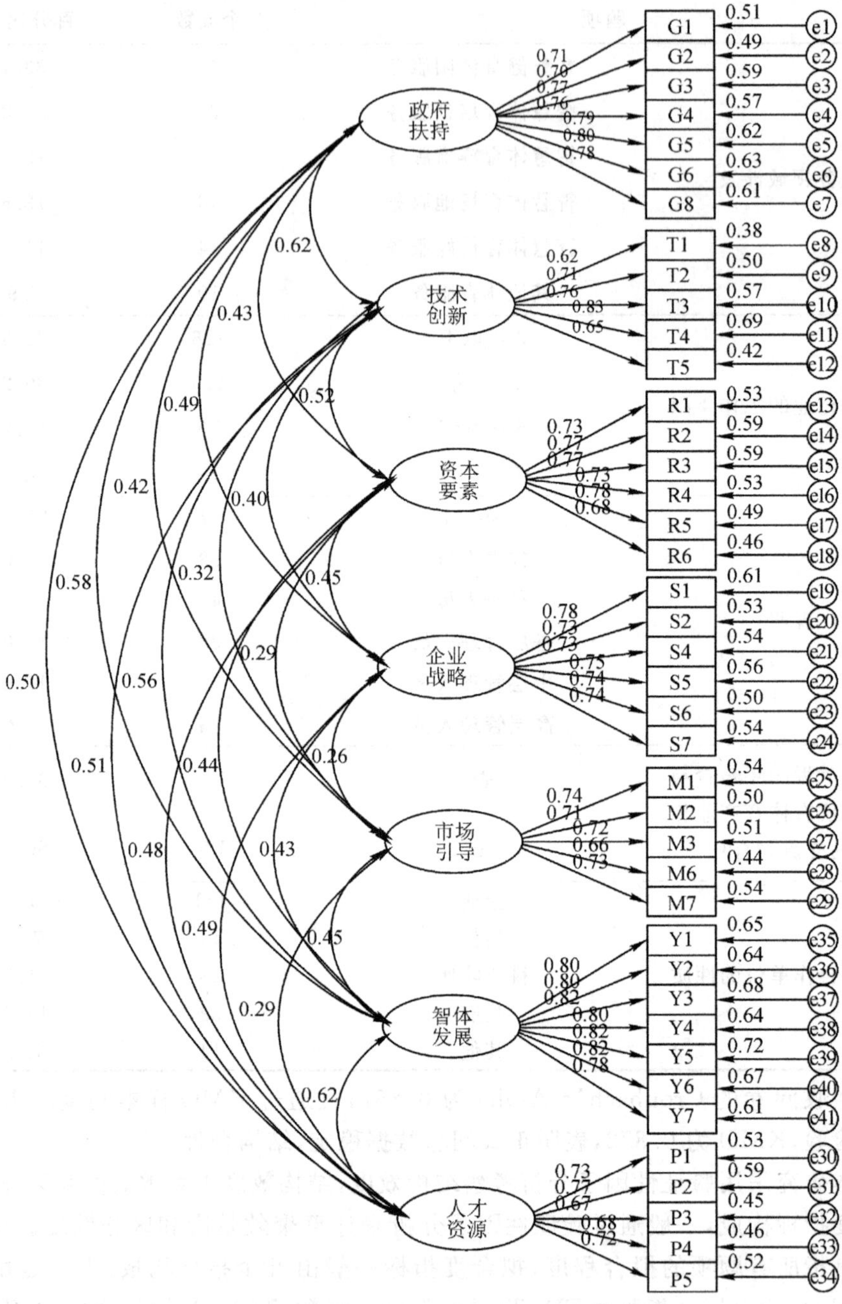

图 7－7 验证性因子分析结构图①

① 图中智体发展是智慧体育产业发展的缩写，后同。

由表 7－39 可知：χ^2/df 为 1.245，RMSEA 为 0.028，CFI 为 0.973，TLI 为 0.971，IFI 为 0.973，测量模型拟合指标达到了标准值，说明理论模型与数据结构之间拟合度较好。根据结构效度的构成，除了拟合度指标外，还需要通过聚敛效度来对结构效度进行检验，而聚敛效度判断的是各变量的因子载荷、组合信度以及 AVE 值，接下来将对各个变量的聚敛效度进行介绍。

表 7－39　测量模型拟合指标

	χ^2	df	χ^2/df	RMR	RMSEA	IFI	TLI	CFI
理想值			<3	<0.08	<0.08	>0.80	>0.80	>0.80
模型值	943.793	758	1.245	0.031	0.028	0.973	0.971	0.973

表 7－40　测量模型的组合信度和聚合效度

	Estimate	S.E.	C.R.	*P*	Estimate	CR	AVE
G1 <--- 政府_扶持	1				0.712		
G2 <--- 政府_扶持	0.996	0.084	11.892	***	0.699		
G3 <--- 政府_扶持	1.11	0.086	12.961	***	0.769		
G4 <--- 政府_扶持	1.068	0.083	12.884	***	0.756	0.905	0.576
G5 <--- 政府_扶持	1.129	0.084	13.360	***	0.788		
G6 <--- 政府_扶持	1.066	0.079	13.524	***	0.797		
G8 <--- 政府_扶持	1.029	0.077	13.370	***	0.784		
T1 <--- 技术_创新	1				0.617		
T2 <--- 技术_创新	1.341	0.134	9.998	***	0.706		
T3 <--- 技术_创新	1.422	0.135	10.537	***	0.756	0.839	0.513
T4 <--- 技术_创新	1.691	0.150	11.280	***	0.833		
T5 <--- 技术_创新	1.389	0.147	9.444	***	0.648		
R1 <--- 资本_要素	1				0.727		
R2 <--- 资本_要素	1.203	0.094	12.771	***	0.770		
R3 <--- 资本_要素	1.234	0.096	12.881	***	0.766	0.871	0.531
R4 <--- 资本_要素	1.116	0.092	12.067	***	0.726		
R5 <--- 资本_要素	1.195	0.102	11.728	***	0.698		
R6 <--- 资本_要素	1.074	0.093	11.524	***	0.679		

续表

			Estimate	S. E.	C. R.	*P*	Estimate	CR	AVE
S1	<---	企业_战略	1				0.784		
S2	<---	企业_战略	0.906	0.069	13.185	***	0.729		
S4	<---	企业_战略	0.920	0.069	13.342	***	0.732	0.879	0.548
S5	<---	企业_战略	0.930	0.067	13.812	***	0.751		
S6	<---	企业_战略	0.910	0.072	12.716	***	0.707		
S7	<---	企业_战略	0.981	0.073	13.453	***	0.738		
M1	<---	市场_引导	1				0.736		
M2	<---	市场_引导	0.896	0.082	10.905	***	0.707		
M3	<---	市场_引导	0.795	0.073	10.959	***	0.718	0.836	0.506
M6	<---	市场_引导	0.767	0.087	8.786	***	0.660		
M7	<---	市场_引导	0.898	0.078	11.508	***	0.733		
P1	<---	人才_资源	1				0.726		
P2	<---	人才_资源	1.171	0.094	12.499	***	0.766		
P3	<---	人才_资源	1.022	0.093	10.933	***	0.670	0.837	0.508
P4	<---	人才_资源	1.012	0.093	10.938	***	0.675		
P5	<---	人才_资源	1.211	0.101	11.967	***	0.722		
Y1	<---	智体_发展	1				0.804		
Y2	<---	智体_发展	1.207	0.074	16.225	***	0.801		
Y3	<---	智体_发展	1.153	0.068	16.849	***	0.822		
Y4	<---	智体_发展	1.128	0.070	16.220	***	0.801	0.931	0.657
Y5	<---	智体_发展	1.215	0.069	17.570	***	0.848		
Y6	<---	智体_发展	1.210	0.073	16.602	***	0.816		
Y7	<---	智体_发展	1.119	0.071	15.795	***	0.782		

注：*** 表示 $P<0.001$。

从表 7－40 可知，政府扶持、技术创新、资本要素、企业战略、市场引导、人才资源与智体发展的每个题目在其对应变量上的标准化因子载荷值都在 0.6 以上，*P* 均小于 0.001，具有统计学意义，说明每个题项可以很好地解释其所在的变量。此外，政府扶持、技术创新、资本要素、企业战略、市场引导、人才资源与智体发展的 CR 均大于 0.7，AVE 均大于 0.5，因此，政府扶持、技术创新、资本要素、企业战略、市场引导、人才资源与智体发展具有较好的组合信度和聚敛效度。通过拟合度指标和聚敛效度，初步可以判定测量模型的结构效度良好。

由表7-41可以看出，对角线上的值的范围为(0.711,0.811)，对角线下的值的范围为(0.226,0.556)，这说明各个变量之间的区分效度良好。因此，政府扶持、技术创新、资本要素、企业战略、市场引导、人才资源与智体发展具有较好的结构效度。

表7-41　区分效度

变量	政府扶持	技术创新	资本要素	企业战略	市场引导	人才资源	智体发展
政府扶持	0.759						
技术创新	0.555**	0.716					
资本要素	0.382**	0.463**	0.729				
企业战略	0.430**	0.358**	0.392**	0.740			
市场引导	0.365**	0.275**	0.253**	0.226**	0.711		
人才资源	0.438**	0.445**	0.411**	0.421**	0.246**	0.713	
智体发展	0.527**	0.502**	0.396**	0.388**	0.398**	0.556**	0.811

注：对角线为各变量的AVE值的平方根；**表示$P<0.05$。

四、共同方法偏差检验

在此采用Harman的方法来检验理论模型所涉及的变量是否存在共同方法偏差。对本研究中的41个题项进行探索性因子分析，结果析出了7个因子(以特征值大于1为筛选标准，见表7-42)，符合本研究的变量个数。另外，7个因子的总贡献率为64.268%，大于60%，第一因子的贡献率为32.005%，小于40%，说明本研究不存在共同方法偏差问题。

表7-42　共同方法偏差检验

成分	初始特征值			提取载荷平方和		
	总计	方差百分比/%	累积/%	总计	方差百分比/%	累积/%
1	13.122	32.005	32.005	13.122	32.005	32.005
2	2.948	7.190	39.194	2.948	7.190	39.194
3	2.477	6.042	45.236	2.477	6.042	45.236
4	2.356	5.745	50.981	2.356	5.745	50.981
5	2.324	5.669	56.650	2.324	5.669	56.650
6	1.620	3.952	60.602	1.620	3.952	60.602
7	1.503	3.665	64.268	1.503	3.665	64.268

五、实证检验与分析

结合前一节对变量的信效度检验，智慧体育产业发展各因子具有良好的信度和效度，对样本数据拟合程度较好，可以把其直接纳入理论模型的假设检验。

(一)相关分析

本研究采取相关系数开展相关性度量，考察智慧体育产业发展绩效与各动力因素之间的相关性，为下一步分析变量间关系奠定基础。

Pearson 相关系数的计算公式为

$$r=\frac{\sum_{i=1}^{n}(x_i-\overline{x})(y_i-\overline{y})}{\sqrt{\sum_{i=1}^{n}(x_i-\overline{x})^2\sum_{i=1}^{n}(y_i-\overline{y})^2}}$$

其中，n 为样本容量。

t 统计量为 Pearson 相关系数所对应的检验统计量，其计算公式为

$$t=\frac{r\sqrt{n-2}}{\sqrt{1-r^2}}\sim t(n-2)$$

由此可见，t 统计量服从自由度为$(n-2)$的 t 分布。根据统计量计算公式和自由度，统计量的相伴概率可以被计算出来。当相伴概率小于或等于显著性水平时，拒绝假设 H0，认为两总体之间存在显著相关性；否则，接受假设 H0，认为两总体之间不存在显著相关性。一般情况下，假设中的变量之间应该具有一定的相关性，而且相关系数具有统计意义。

由于不确定两变量之间是正相关还是负相关，故在运行 SPSS 软件时，设定显著性水平为 0.01，对数据进行双侧检验。统计数据分析结果显示(见表 7-43)，政府扶持、技术创新、资本要素、企业战略、市场引导、人才资源与智体发展的相关系数分别为 0.527、0.502 、0.396、0.388、0.398、0.556，P 值均小于 0.01，说明政府扶持、技术创新、资本要素、企业战略、市场引导、人才资源与智体发展均呈现中等程度的相关性。

表 7-43 相关分析

变量	政府扶持	技术创新	资本要素	企业战略	市场引导	人才资源	智体发展
政府扶持	1						
技术创新	0.555**	1					
资本要素	0.382**	0.463**	1				
企业战略	0.430**	0.358**	0.392**	1			
市场引导	0.365**	0.275**	0.253**	0.226**	1		
人才资源	0.438**	0.445**	0.411**	0.421**	0.246**	1	
智体发展	0.527**	0.502**	0.396**	0.388**	0.398**	0.556**	1

注：** 表示 $P<0.01$。

(二)回归分析

本小节采用回归分析法对智慧体育产业发展的动力主体演化机制进行分析。回归分析方法是最为有效的分析预测方法之一。回归分析方法包括线性回归、曲线回归、逻辑回归、非线性回归等。其中,线性回归分析是符合本书研究情况和研究目的的方法。线性回归可以排除自变量之间的相互作用,得到自变量和因变量之间的关系。回归系数要符合统计原理,这是进行回归分析的前提。回归系数要符合统计学原则,需做到以下几点:①自变量之间的多重共线性不严重。当公差大于 0.1 且 VIF 小于 10 时,可以认为变量之间的共线性不严重。②回归方程的显著性要强,否则实证结果不能令人信服。如果 F 统计量对应的概率接近于 0,说明因变量和自变量之间存在很强的线性关系。③检验回归方程的拟合程度。拟合程度越高,自变量能够解释因变量的地方就越多,模型的精度就越高。

本研究采用回归分析方法来验证本书提出的模型假设,结果如表 7-44 所示。

表 7-44　回归分析

模型		未标准化系数		标准化系数	t	显著性	共线性统计	
		β	标准误差	β			容差	VIF
1	(常量)	0.116	0.282		0.411	0.682		
	政府扶持	0.382	0.074	0.294***	5.192	0.000	0.625	1.600
	技术创新	0.241	0.058	0.236***	4.134	0.000	0.614	1.628
	资本要素	0.154	0.065	0.125*	2.372	0.018	0.720	1.388
	企业战略	0.154	0.062	0.128*	2.478	0.014	0.750	1.333
	R^2			0.372				
	ΔR^2			0.364				
	F			46.578***				

注:因变量为智体发展,*** 表示 $P<0.001$,* 表示 $P<0.05$。

由表 7-44 可知:模型的 R^2 为 0.372,调整后的 R^2 为 0.364,说明模型解释智慧体育产业发展变异百分比为 36.4%;F 值为 46.578,在 0.001 水平上达到显著,自变量的容差均大于 0.1,VIF 均小于 10,说明自变量间不存在共线性问题。回归分析结果表明:政府扶持($\beta=0.294$,$P<0.001$)对智慧体育产业发展存在显著正向影响;技术创新($\beta=0.236$,$P<0.001$)对智慧体育产业发展存在显著正向影响;资本要素($\beta=0.125$,$P<0.05$)对智慧体育产业发展存在显著正向影响;企业战略($\beta=0.128$,$P<0.05$)对智慧体育产业发展存在显著正向影响。根据结果,各显性因素对战略性新兴产业发展路径的影响均为正向,但影响程度不同,其中,政府扶持影响程度最大,影响系数达到 0.294,其显著性概率为 0.000;其次是技术创新,

系数达到了 0.236，其显著性概率为 0.000；资本要素和企业战略的影响程度相对较弱，系数分别为 0.125 和 0.128，在 0.05 水平上显著。政府影响程度最大，说明了政府决策将对产业发展方向产生引导作用，对智慧体育产业的支持与否直接影响企业发展的方向，且政府提供的政策、法律等服务体系的完备程度也直接影响产业的发展水平。技术创新可以给产业注入新的生命力，可以有限抢占市场，提高市场竞争力。资本要素和企业战略的影响较为薄弱，说明这两方面在智慧体育产业发展中的优势还有待进一步加强。基于此，本节进一步研究市场引导和人才资源两个变量是否起到调节作用。

(三)调节效应

本书采用逐步回归法验证调节效应。在进行逐步回归前，需要对政府扶持、技术创新、资本要素、企业战略、市场引导、人才资源进行一些简单的数据处理，为了减少回归分析中的多重共线性问题，将政府扶持、技术创新、资本要素、企业战略、市场引导、人才资源进行标准处理，然后将标准化的政府扶持、技术创新、资本要素、企业战略分别和标准化的市场引导、人才资源相乘构成交互项，如果交互项的回归系数显著，说明存在调节效应。

1. 市场引导在政府扶持和智慧体育产业发展中的调节效应

本研究采用逐步回归分析方法来验证市场引导在政府扶持与智慧体育产业发展绩效之间的调节效应，将智慧体育产业发展绩效作为因变量，自变量放入回归分析的步骤是：①政府扶持；②市场引导；③政府扶持与市场引导标准化的乘积项。由表 7-45 可知，模型 3 是在模型 2 的基础上加入了政府扶持与市场引导的交互项，模型 3 的 R^2 为 0.327，调整后的 R^2 为 0.321，说明模型解释智慧体育产业发展变异百分比为 32.1%；F 值为 51.067，在 0.001 水平上达到显著，自变量的容差均大于 0.1，VIF 均小于 10，说明自变量间不存在共线性问题。回归分析结果表明：政府扶持与市场引导的交互项($\beta=0.021$，$P>0.05$)对智慧体育发展不存在显著正向影响，调节效应不成立。

表 7-45 市场引导在政府扶持和智慧体育产业发展中的调节效应

模型		未标准化系数		标准化系数	t	显著性	共线性统计		R^2	ΔR^2	F
		β	标准误差	β			容差	VIF			
1	(常量)	1.065	0.247		4.312	0.000					
	政府扶持	0.686	0.062	0.527	11.047	0.000	1.000	1.000	0.278	0.276	122.034***
2	(常量)	0.284	0.289		0.984	0.326					
	政府扶持	0.573	0.064	0.441	8.884	0.000	0.867	1.154	0.327	0.323	76.689***
	市场引导	0.330	0.069	0.237	4.786	0.000	0.867	1.154			
3	(常量)	0.263	0.293		0.895	0.372					
	政府扶持	0.578	0.066	0.445	8.812	0.000	0.839	1.192			
	市场引导	0.329	0.069	0.236	4.753	0.000	0.864	1.157	0.327	0.321	51.067***
	政府扶持与市场引导	0.018	0.040	0.021	0.455	0.649	0.968	1.033			

注:因变量为智慧体育产业发展绩效,***表示 $P<0.001$。

2. 人才资源在政府扶持和智慧体育产业发展中的调节效应

本研究采用逐步回归分析方法来验证市场引导在政府扶持与智慧体育产业发展绩效之间的调节效应,将智慧体育产业发展绩效作为因变量,自变量放入回归分析的步骤是:①政府扶持;②人才资源;③政府扶持与人才资源标准化的乘积项。由表 7-46 可知,模型 3 是在模型 2 的基础上加入了政府扶持与人才资源的交互项,模型 3 的 R^2 为 0.409,调整后的 R^2 为 0.403,说明模型解释智慧体育产业发展变异百分比为 40.3%;F 值为 72.663,在 0.001 水平上达到显著,自变量的容差均大于 0.1,VIF 均小于 10,说明自变量间不存在共线性问题。回归分析结果表明:政府扶持与人才资源的交互项($\beta=0.021$,$P>0.05$)对智慧体育发展不存在显著正向影响,调节效应不成立。

表 7-46 人才资源在政府扶持和智慧体育产业发展中的调节效应

模型		未标准化系数		标准化系数	t	显著性	共线性统计		R^2	ΔR^2	F
		β	标准误差	β			容差	VIF			
1	(常量)	1.065	0.247		4.312	0.000					
	政府扶持	0.686	0.062	0.527	11.047	0.000	1.000	1.000	0.278	0.276	122.034***

续表

模型		未标准化系数		标准化系数	t	显著性	共线性统计		R^2	ΔR^2	F
		β	标准误差	β			容差	VIF			
2	（常量）	−0.223	0.272		−0.820	0.413			0.409	0.405	109.147***
	政府扶持	0.456	0.063	0.351	7.291	0.000	0.808	1.238			
	人才资源	0.561	0.067	0.402	8.353	0.000	0.808	1.238			
3	（常量）	−0.243	0.275		−0.883	0.378			0.409	0.403	72.663***
	政府扶持	0.457	0.063	0.351	7.288	0.000	0.808	1.238			
	人才资源	0.564	0.067	0.404	8.354	0.000	0.802	1.247			
	政府扶持与人才资源	0.018	0.038	0.021	0.479	0.632	0.989	1.011			

注：因变量为智慧体育产业发展绩效，*** 表示 $P<0.001$。

3. 市场引导在技术创新和智慧体育产业发展中的调节效应

本研究采用逐步回归分析方法来验证市场引导在技术创新与智慧体育产业发展绩效之间的调节效应，将智慧体育产业发展绩效作为因变量，自变量放入回归分析的步骤是：①技术创新；②市场引导；③技术创新与市场引导标准化的乘积项。由表 7-47 可知，模型 3 是在模型 2 的基础上加入了技术创新与市场引导的交互项，模型 3 的 R^2 为 0.329，调整后的 R^2 为 0.323，说明模型解释智慧体育产业发展变异百分比为 32.3%；F 值为 51.508，在 0.001 水平上达到显著，自变量的容差均大于 0.1，VIF 均小于 10，说明自变量间不存在共线性问题。回归分析结果表明：技术创新与市场引导的交互项（$\beta=0.060$，$P>0.05$）对智慧体育发展不存在显著正向影响，调节效应不成立。

表 7-47 市场引导在技术创新和智慧体育产业发展中的调节效应

模型		未标准化系数		标准化系数	t	显著性	共线性统计		R^2	ΔR^2	F
		β	标准误差	β			容差	VIF			
1	（常量）	1.720	0.201		8.563	0.000			0.252	0.250	107.075***
	技术创新	0.514	0.050	0.502	10.348	0.000	1.000	1.000			
2	（常量）	0.583	0.272		2.141	0.033			0.326	0.321	76.322***
	技术创新	0.435	0.049	0.425	8.849	0.000	0.924	1.082			
	市场引导	0.392	0.067	0.281	5.858	0.000	0.924	1.082			

续表

模型		未标准化系数		标准化系数	t	显著性	共线性统计		R^2	ΔR^2	F
		β	标准误差	β			容差	VIF			
3	（常量）	0.522	0.276		1.890	0.060			0.329	0.323	51.508***
	技术创新	0.449	0.050	0.439	8.915	0.000	0.878	1.139			
	市场引导	0.390	0.067	0.280	5.828	0.000	0.924	1.082			
	技术创新与市场引导	0.046	0.036	0.060	1.262	0.208	0.948	1.055			

注：因变量为智慧体育产业发展绩效，*** 表示 $P<0.001$。

4. 人才资源在技术创新和智慧体育产业发展中的调节效应

本研究采用逐步回归分析方法来验证人才资源在技术创新与智慧体育产业发展绩效之间的调节效应，将智慧体育产业发展绩效作为因变量，自变量放入回归分析的步骤是：①技术创新；②人才资源；③技术创新与人才资源标准化的乘积项。由表 7－48 可知，模型 3 是在模型 2 的基础上加入了技术创新与人才资源的交互项，模型 3 的 R^2 为 0.396，调整后的 R^2 为 0.390，说明模型解释智慧体育产业发展变异百分比为 39.0%；F 值为 68.879，在 0.001 水平上达到显著，自变量的容差均大于 0.1，VIF 均小于 10，说明自变量间不存在共线性问题。回归分析结果表明：技术创新与人才资源的交互项（$\beta=0.080$，$P>0.05$）对智慧体育发展不存在显著正向影响，调节效应不成立。

表 7－48　人才资源在技术创新和智慧体育产业发展中的调节效应

模型		未标准化系数		标准化系数	t	显著性	共线性统计		R^2	ΔR^2	F
		β	标准误差	β			容差	VIF			
1	（常量）	1.720	0.201		8.563	0.000					
	技术创新	0.514	0.050	0.502	10.348	0.000	1.000	1.000	0.252	0.250	107.075***
2	（常量）	0.212	0.255		0.834	0.405					
	技术创新	0.325	0.050	0.318	6.487	0.000	0.802	1.247	0.390	0.386	101.132***
	人才资源	0.578	0.068	0.414	8.450	0.000	0.802	1.247			
3	（常量）	0.084	0.264		0.319	0.750					
	技术创新	0.346	0.051	0.338	6.735	0.000	0.761	1.313			
	人才资源	0.583	0.068	0.418	8.541	0.000	0.801	1.249	0.396	0.390	68.879***
	技术创新与人才资源	0.066	0.037	0.080	1.748	0.081	0.927	1.079			

注：因变量为智慧体育产业发展绩效，*** 表示 $P<0.001$。

5. 市场引导在资本要素和智慧体育产业发展中的调节效应

本研究采用逐步回归分析方法来验证市场引导在资本要素与智慧体育产业发展绩效之间的调节效应，将智慧体育产业发展绩效作为因变量，自变量放入回归分析的步骤是：①资本要素；②市场引导；③资本要素与市场引导标准化的乘积项。由表 7-49 可知，模型 3 是在模型 2 的基础上加入了资本要素与市场引导的交互项，模型 3 的 R^2 为 0.314，调整后的 R^2 为 0.307，说明模型解释智慧体育产业发展变异百分比为 31.4%；F 值为 47.979，在 0.001 水平上达到显著，自变量的容差均大于 0.1，VIF 均小于 10，说明自变量间不存在共线性问题。回归分析结果表明：资本要素与市场引导的交互项（$\beta=0.251$，$P<0.001$）对智慧体育发展存在显著正向影响，调节效应成立。

表 7-49　市场引导在资本要素和智慧体育产业发展中的调节效应

模型		未标准化系数		标准化系数	t	显著性	共线性统计		R^2	ΔR^2	F
		β	标准误差	β			容差	VIF			
1	（常量）	1.908	0.244		7.807	0.000					
	资本要素	0.489	0.064	0.396	7.687	0.000	1.000	1.000	0.157	0.154	59.089***
2	（常量）	0.644	0.305		2.110	0.036					
	资本要素	0.390	0.062	0.316	6.278	0.000	0.936	1.069	0.252	0.247	53.209***
	市场引导	0.443	0.070	0.318	6.328	0.000	0.936	1.069			
3	（常量）	0.843	0.295		2.858	0.005					
	资本要素	0.358	0.060	0.290	5.974	0.000	0.926	1.080			
	市场引导	0.413	0.067	0.297	6.128	0.000	0.929	1.076	0.314	0.307	47.979***
	资本要素与市场引导	0.221	0.041	0.251	5.322	0.000	0.977	1.023			

注：因变量为智慧体育产业发展绩效，*** 表示 $P<0.001$。

为了进一步验证市场引导在资本要素与智慧体育产业发展之间的调节效应，本研究使用 Bootstrap 方法对其进行了检验。使用 Bootstrap 验证市场引导在资本要素和智慧体育产业发展之间的调节效应，采用 Hayes 开发的插件 process 中的 Model 1，以资本要素为自变量，市场引导为调节变量，智慧体育产业发展绩效为因变量，其中执行次数 5000 次，采用 Bias Corrected，置信区间设为 95%，若置信区间不包含 0，则表明路径显著。结果表明（见表 7-50）：低水平市场引导的效应值为 0.141，置信区间为[0.013，0.270]，不包含 0，说明低水平市场引导的调节效应显著；高水平市场引导的效应值为 0.522，置信区间为[0.383，0.661]，不包含

0，说明高水平市场引导的调节效应显著，且高水平的效应值高于低水平的效应值，说明市场引导起到正向调节作用。

表 7-50　市场引导在资本要素和智慧体育产业发展中的 Bootstrap 调节效应

变量	市场引导	效应值	se	t	P	LLCI	ULCI
资本要素—智慧体育产业发展	低水平	0.141	0.065	2.162	0.031	0.013	0.270
	高水平	0.522	0.071	7.392	0.000	0.383	0.661

通过简单斜率分析（见图 7-8）：低市场引导水平，资本要素对智慧体育产业发展的影响显著（斜率为 0.332，$t=8.873$，$P<0.001$）；高市场引导水平，资本要素对智慧体育产业发展的影响显著（斜率为 0.522，$t=9.087$，$P<0.001$），说明市场引导水平较高时，资本要素对智慧体育产业发展的效应量更大，说明市场引导正向调节资本要素对智慧体育产业发展的影响。

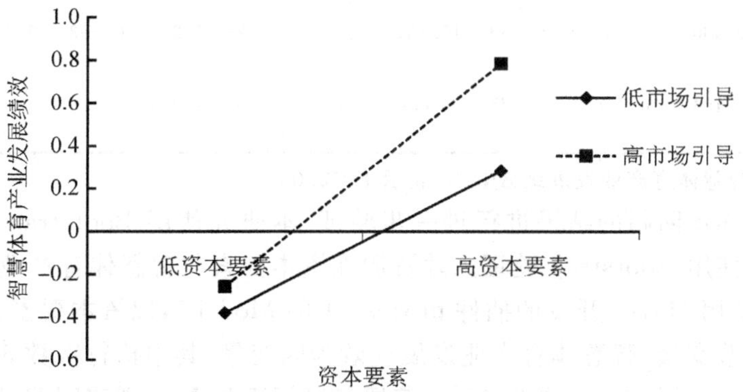

图 7-8　市场引导在资本要素与智慧体育产业发展中的调节效应图

6. 人才资源在资本要素和智慧体育产业发展中的调节效应

本研究采用逐步回归分析方法来验证人才资源在资本要素与智慧体育产业发展绩效之间的调节效应，将智慧体育产业发展绩效作为因变量，自变量放入回归分析的步骤是：①资本要素；②人才资源；③资本要素与人才资源标准化的乘积项。由表 7-51 可知，模型 3 是在模型 2 的基础上加入了资本要素与人才资源的交互项，模型 3 的 R^2 为 0.393，调整后的 R^2 为 0.387，说明模型解释智慧体育产业发展变异百分比为 38.7%；F 值为 68.060，在 0.001 水平上达到显著，自变量的容差均大于 0.1，VIF 均小于 10，说明自变量间不存在共线性问题。回归分析结果表明：资本要素与人才资源的交互项（$\beta=0.225$，$P<0.001$）对智慧体育发展存在显著正向影响，调节效应成立。

表 7-51 人才资源在资本要素和智慧体育产业发展中的调节效应

模型		未标准化系数		标准化系数	t	显著性	共线性统计		R^2	ΔR^2	F
		β	标准误差	β			容差	VIF			
1	（常量）	1.908	0.244		7.807	0.000					
	资本要素	0.489	0.064	0.396	7.687	0.000	1.000	1.000	0.157	0.154	59.089***
2	（常量）	0.243	0.279		0.871	0.385					
	资本要素	0.249	0.062	0.202	4.033	0.000	0.831	1.204	0.343	0.339	82.452***
	人才资源	0.660	0.070	0.473	9.452	0.000	0.831	1.204			
3	（常量）	0.094	0.270		0.348	0.728					
	资本要素	0.250	0.059	0.203	4.209	0.000	0.831	1.204			
	人才资源	0.680	0.067	0.488	10.107	0.000	0.828	1.208	0.393	0.387	68.060***
	资本要素与人才资源	0.194	0.038	0.225	5.114	0.000	0.996	1.004			

注：因变量为智慧体育产业发展绩效，*** 表示 $P<0.001$。

为了对逐步回归的结果进行进一步验证，本研究使用 Bootstrap 方法对其进行了检验。使用 Bootstrap 验证人才资源在资本要素与智慧体育产业发展之间的调节效应，使用 Hayes 开发的插件 process 中的 Model 1，以资本要素为自变量，人才资源为调节变量，智慧体育产业发展绩效为因变量，其中执行次数 5000 次，采用 Bias Corrected，置信区间设为 95%，若置信区间不包含 0，则表明路径显著。结果表明（见表 7-52）：低水平人力资源的效应值为 0.023，置信区间为[-0.102，0.147]，包含 0，说明低水平人才资源的调节效应不显著；高水平人才资源的效应值为 0.437，置信区间为[0.295，0.579]，不包含 0，说明高水平人才资源调节效应显著，且高水平的效应值高于低水平的效应值，说明人才资源起到正向调节作用。

表 7-52 人才资源在资本要素和智慧体育产业发展中的 Bootstrap 调节效应

变量	人才资源	效应值	se	t	P	LLCI	ULCI
资本要素—智慧体育产业发展	低水平	0.023	0.063	0.356	0.722	-0.102	0.147
	高水平	0.437	0.072	6.065	0.000	0.295	0.579

通过简单斜率分析（见图 7-9）：低人才资源水平，资本要素对智慧体育产业发展的影响显著（斜率为 0.230，$t=6.139$，$P<0.001$）；高人才资源水平，资本要素对智慧体育产业发展的影响显著（斜率为 0.437，$t=7.605$，$P<0.001$），说明人才资源水平较高时，资本要素对智慧体育产业发展的效应量更大，说明人才资源正向调节资本要素对智慧体育产业发展的影响。

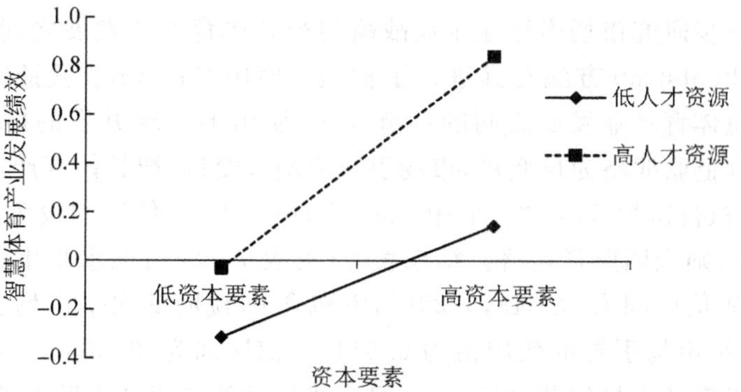

图 7-9　人才资源在资本要素与智慧体育产业发展之间的调节效应图

7. 市场引导在企业战略和智慧体育产业发展中的调节效应

本研究采用逐步回归分析方法来验证市场引导在企业战略与智慧体育产业发展绩效之间的调节效应，将智慧体育产业发展绩效作为因变量，自变量放入回归分析的步骤是：①企业战略；②市场引导；③企业战略与市场引导标准化的乘积项。由表 7-53 可知，模型 3 是在模型 2 的基础上加入了企业战略与市场引导的交互项，模型 3 的 R^2 为 0.301，调整后的 R^2 为 0.295，说明模型解释智慧体育产业发展变异百分比为 29.5%；F 值为 45.267，在 0.001 水平上达到显著，自变量的容差均大于 0.1，VIF 均小于 10，说明自变量间不存在共线性问题。回归分析结果表明：企业战略与市场引导的交互项（$\beta=0.223$，$P<0.001$）对智慧体育发展存在显著正向影响，调节效应成立。

表 7-53　市场引导在企业战略和智慧体育产业发展中的调节效应

模型		未标准化系数		标准化系数	t	显著性	共线性统计		R^2	ΔR^2	F
		β	标准误差	β			容差	VIF			
1	（常量）	1.935	0.247		7.828	0.000					
	企业战略	0.466	0.062	0.388	7.485	0.000	1.000	1.000	0.150	0.147	56.019***
2	（常量）	0.595	0.309		1.922	0.055					
	企业战略	0.377	0.060	0.314	6.280	0.000	0.949	1.054	0.252	0.247	53.225***
	市场引导	0.456	0.070	0.328	6.558	0.000	0.949	1.054			
3	（常量）	0.506	0.300		1.685	0.093					
	企业战略	0.402	0.058	0.334	6.885	0.000	0.941	1.062			
	市场引导	0.445	0.067	0.320	6.605	0.000	0.948	1.055	0.301	0.295	45.267***
	企业战略与市场引导	0.182	0.039	0.223	4.713	0.000	0.992	1.008			

注：因变量为智慧体育产业发展绩效，*** 表示 $P<0.001$。

为了进一步研究市场引导在企业战略与智慧体育产业发展之间的调节效应，本研究使用 Bootstrap 方法对其进行了检验。使用 Bootstrap 验证市场引导在企业战略和智慧体育产业发展之间的调节效应，使用 Hayes 开发的插件 process 中的 Model1，以企业战略为自变量，市场引导为调节变量，智慧体育产业发展绩效为因变量，其中执行次数 5000 次，采用 Bias Corrected，置信区间设为 95%，若置信区间不包含 0，则表明路径显著。结果表明(见表 7-54)：低水平市场引导的效应值为 0.173，置信区间为[0.048，0.299]，不包含 0，说明低水平市场引导的调节效应显著；高水平市场引导的效应值为 0.511，置信区间为[0.363，0.660]，不包含 0，说明高水平市场引导调节效应显著，且高水平的效应值高于低水平的效应值，说明市场引导起到正向调节作用。

表 7-54 市场引导在企业战略和智慧体育产业发展中的 Bootstrap 调节效应

变量	市场引导	效应值	se	t	P	LLCI	ULCI
企业战略—智慧体育产业发展	低水平	0.173	0.064	2.719	0.007	0.048	0.299
	高水平	0.511	0.076	6.771	0.000	0.363	0.660

通过简单斜率分析(见图 7-10)：低市场引导水平，企业战略对智慧体育产业发展的影响显著(斜率为 0.342，$t=9.148$，$P<0.001$)；高市场引导水平，企业战略对智慧体育产业发展的影响显著(斜率为 0.511，$t=8.897$，$P<0.001$)，说明市场引导水平较高时，企业战略对智慧体育产业发展的效应量更大，说明市场引导正向调节企业战略对智慧体育产业发展的影响。

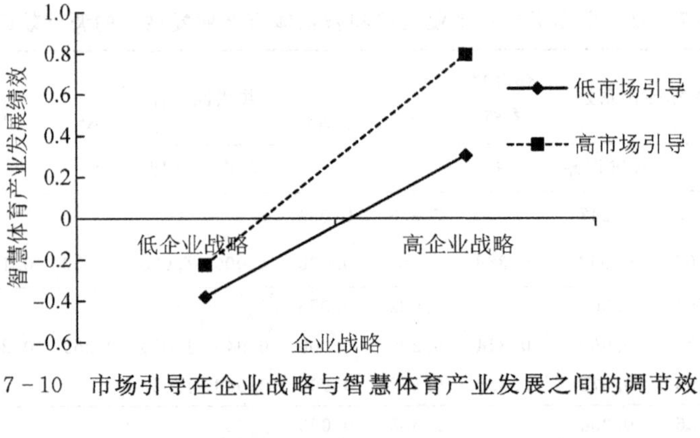

图 7-10 市场引导在企业战略与智慧体育产业发展之间的调节效应图

8. 人才资源在企业战略和智慧体育产业发展中的调节效应

本研究采用逐步回归分析方法来验证人才资源在企业战略与智慧体育产业发展绩效之间的调节效应，将智慧体育产业发展绩效作为因变量，自变量放入回归分析的步骤是：①企业战略；②人才资源；③企业战略与人才资源标准化的乘积项。由表 7-55 可知，模型 3 是在模型 2 的基础上加入了企业战略与人才资源的交互项，模型 3 的 R^2 为 0.368，调整后的 R^2 为 0.362，说明模型解释智慧体育产业发展变异百分比为 36.2%；F 值为 61.218，在 0.001 水平上达到显著，自变量的容差均大于 0.1，VIF 均小于 10，说明自变量间不存在共线性问题。回归分析结果表明：企业战略与人才资源的交互项（$\beta=0.180$，$P<0.001$）对智慧体育发展存在显著正向影响，调节效应成立。

表 7-55　人才资源在企业战略和智慧体育产业发展中的调节效应

模型		未标准化系数		标准化系数	t	显著性	共线性统计		R^2	ΔR^2	F
		β	标准误差	β			容差	VIF			
1	（常量）	1.935	0.247		7.828	0.000					
	企业战略	0.466	0.062	0.388	7.485	0.000	1.000	1.000	0.150	0.147	56.019***
2	（常量）	0.283	0.280		1.012	0.312					
	企业战略	0.224	0.061	0.186	3.694	0.000	0.823	1.216	0.338	0.333	80.554***
	人才资源	0.666	0.070	0.477	9.458	0.000	0.823	1.216			
3	（常量）	−0.019	0.284		−0.066	0.947					
	企业战略	0.246	0.060	0.205	4.126	0.000	0.815	1.226			
	人才资源	0.709	0.070	0.508	10.160	0.000	0.803	1.246	0.368	0.362	61.218***
	企业战略与人才资源	0.144	0.037	0.180***	3.908	0.000	0.947	1.056			

注：因变量为智慧体育产业发展绩效，*** 表示 $P<0.001$。

为了进一步研究人才资源在企业战略与智慧体育产业发展之间是否起到调节效应，本研究使用 Bootstrap 方法对其进行了检验。使用 Bootstrap 验证人才资源在企业战略和智慧体育产业发展之间的调节效应，使用 Hayes 开发的插件 Process 中的 Model1，以企业战略为自变量，人才资源为调节变量，智慧体育产业发展绩效为因变量，其中执行次数 5000 次，采用 Bias Corrected，置信区间设为 95%，若置信区间不包含 0，则表明路径显著。结果表明（见表 7-56）：低水平人才资源的效应值为 0.043，置信区间为[−0.081，0.166]，包含 0，说明低水平人才资源的调节效应不显著；高水平人才资源的效应值为 0.397，置信区间为[0.249，0.544]，不包含 0，说明高水平人才资源调节效应显著，且高水平的效应值高于低水平的效应值，说明人才资源起到正向调节作用。

表 7-56 人才资源在企业战略和智慧体育产业发展中的 Bootstrap 调节效应

变量	人才资源	效应值	se	t	P	LLCI	ULCI
企业战略—智慧体育产业发展	低水平	0.043	0.063	0.682	0.496	−0.081	0.166
	高水平	0.397	0.075	5.292	0.000	0.249	0.544

通过简单斜率分析(见图 7-11):低人才资源水平,企业战略对智慧体育产业发展的影响显著(斜率为 0.220,$t=5.869$,$P<0.001$);高人才资源水平,企业战略对智慧体育产业发展的影响显著(斜率为 0.397,$t=6.902$,$P<0.001$),说明人才资源水平较高时,企业战略对智慧体育产业发展的效应量更大,说明人才资源正向调节企业战略对智慧体育产业发展的影响。

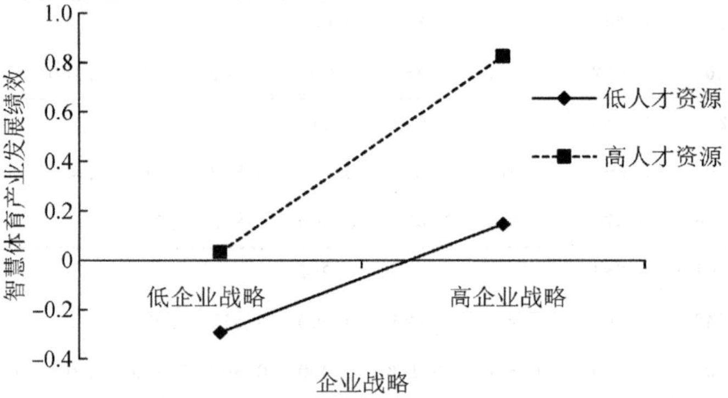

图 7-11 人才资源在企业战略与智慧体育产业发展之间的调节效应图

第三节 本章小结

本章首先基于扎根理论,采用质性分析,运用软件 NVivo 对智慧体育产业相关文献进行整理、归纳、分析,并结合波特的竞争力理论及钻石模型,构建智慧体育产业发展动力机制模型并提出相关假设。本研究基于文献分析和理论假设设计调查问卷,采用问卷调查法,运用 SPSS 和 AMOS 统计软件进行统计分析,其中,信度分析、探索性因子分析、回归分析和调节效应采用 SPSS 统计软件,验证性因分析分析、组合信度和聚敛效度采用 AMOS 统计软件。

第一,根据试探性分析、主从关系分析、关联性分析和理论饱和度检验,得出政府扶持、技术创新、资本要素、市场战略对智慧体育产业发展具有较为重要的促进作用。根据智慧体育产业发展动力理论模型,提出以政府扶持、技术创新、资本要素、市场战略为主体动力影响因素,以市场引导、人力资源为调节因素的智慧体育产业培育机制模型,并提出相关假设。

第二,构建智慧体育产业发展指标体系,并采用李克特 5 点计分法设计智慧体育产业发展调查问卷，对影响智慧体育产业发展的政府扶持、技术创新、资本要素、企业战略、市场引导和人力资源要素进行了调查，对智慧体育产业培育机制进行实证分析。

第三，根据智慧体育产业发展动力机制实证结果，政府扶持和技术创新推动智慧体育产业发展的动力显著高于资本要素和市场战略，但市场引导和人才资源要素能够显著提高资本要素和市场战略对智慧体育产业发展的影响，能够从整体上提升主体要素的动力效应，促进智慧体育产业发展，且人才资源要素的调节作用大于市场引导要素的调节作用。

综上，智慧体育产业的发展动力主要来自政府扶持，其次为技术创新，再次为资本要素，最后为市场战略；资本要素的不足和市场战略的不足是智慧体育产业发展动力不足的主要原因，但可以受到市场引导和人才资源显著的调节作用，因此加强市场引导、加大人才资源的投入也是提升智慧体育产业发展绩效的重要路径。

第八章 高质量发展背景下我国智慧体育产业的实践路径

第一节 高质量发展背景下我国智慧体育产业培育的创新模式

一、政府支持型智慧体育产业园区培育

目前我国智慧体育产业依旧处于产业成长的初级阶段，存在产业发展分散、科研资金投入不足、各主体缺乏沟通与协作等问题，严重制约了智慧体育产业规模化与产业化。在借鉴文旅产业理论创新和实践经验的基础上，智慧体育产业园区建设是培育和扶植智慧体育产业发展壮大的重要路径之一，其不仅通过体育科创企业聚集，实现了信息、人才、资金等资源的共享，同时能够享受区域政府给予的场地设施、财政扶植、税收减免等政策优惠。在新发展理念和产业升级的影响下，智慧体育产业园区贯彻“创新、协调、绿色、开放、共享”等理念，产业园区不限于企业的集合体，更加注重体育产业生态与城市发展规划的结合，形成与环境发展相适应的自组织结构，实现创新引领、产业协调、产城一体、绿色发展的目标。

例如，无锡智慧体育产业园作为业界典型代表，于 2014 年由无锡市体育局和新吴区政府部门扶持建设，是由无锡智慧体育产业园管理有限公司具体运营的全国首个具有“互联网思维＋物联网技术”特色的综合性实体园区，也是全国首个体育产业的众创空间。依靠无锡市物联网产业基础和区域政府相关政策扶植，智慧体育产业园为入驻企业提供办公环境、企业培训、技术支撑、融资等服务，涵盖智慧健康管理、智慧体育赛事服务、智能运动装备、体育内容生产等多元领域，举办多届“全国智慧体育创新与设计大赛”，致力于打造全国知名智慧体育产业园区。

据数据显示，截至 2021 年，无锡智慧体育产业园引进企业超过 100 家，入驻企业注册资金达 15 亿元。通过总结无锡智慧体育产业园区相关经验，可以归纳总结出以下路径：①构建完善上中下游产业链，形成细分特色产业集群。智慧体育园区建设不应局限于简单的产业聚集平台，而是应根据区域产业优势，找准园区体育产业发展定位，形成差异化产业集聚，通过完善园区上中下游及相关配套产业发展，以打造区域品牌产业。无锡智慧体育产业园区专注于将物联网、互联网等新兴技

术与体育产业结合，以智慧体育基础设施、智慧体育大数据平台为基础，以举办智慧体育赛事、孵化智慧体育项目为核心，开展体医融合、体育旅游等衍生服务，形成完整的智慧体育产业链条。其中，电子竞技产业作为区域优势特色产业，引进了AgFox和无锡JXG电子竞技俱乐部增强城市知名度，智慧体育产业已成为无锡市独具特色的城市名片。②完善运营服务体系，提供专业化、精细化智慧园区服务。智慧体育产业园不仅要聚集特色体育产业，作为特色产业园区运营方，也要提供包括市场服务、园区服务和政务服务在内的三维服务体系，形成开放、共享、便捷、互联的园区环境。一方面，打造良好的基础设施和园区配套服务，形成有利于企业间和与外部企业信息交流、产业协作、科研创新的体制机制，降低企业交易成本。另一方面，利用信息技术打造资源和信息一站式服务，为企业提供便捷式政务服务，降低企业获取与使用资源和信息的成本。无锡智慧体育产业园除了提供办公环境、融资信息、企业培训等业务内容外，亦有效建立了融合政府政策、体育赛事、政务服务等内容的体育资源综合信息平台，打造产业资源交易中心。例如，利用金融服务平台发布"江苏省体育金融贷绿色通道""江苏省体育产业发展专项资金"等信息。③推动产城融合，塑造智慧体育产业生态体系。智慧体育产业园区建设的核心是复合产业功能，通过"智慧体育＋"教育、旅游、文化、旅游等功能构建，明晰产业园区与外部环境的关系，实现从无序向有序，从低级向高级的转换，形成产业园区与区域环境间的良性循环，构建城市居民、产业园区、城市化建设的良性生态体系。无锡智慧体育产业园区搭建智慧综合性体育产业平台，与全民健身相融合大力发展群众体育运动，形成"体育赛事—智慧服务—体育消费"的健康模式，利用产业集群与技术优势使相关产业在覆盖空间内聚集与扩散，推动形成全领域综合性公共服务平台，助力太湖湾科创带建设。④加强智慧体育产业园整体性规划，形成"小而美"园区发展格局。智慧体育产业园区辐射范围有限，受制于区域体育资源、消费者需求规模等因素的影响，需对智慧体育产业园区的发展范围进行限制，集中资源大力发展优势体育产业，形成园区内差异性竞争格局。无锡智慧体育产业园区注重企业开拓多元领域，入驻企业FitTime睿健时代关注女性健康管理，星辰无人机创新性将无人机与足球赛事相结合，畅动体育专注于提供多元体育场景数字化解决方案，实现集约式发展，优化区域体育资源配置。

二、内生成长型智慧体育资本市场培育

随着我国市场经济改革深化，资本市场对产业发展的基础性与战略性意义日益增强。从资本融资来源来看，产业融资可分为内源性融资和外源性融资，外源性融资又可分为股权融资和债权融资两种类型（于洋，2013）。通过资本市场的集聚、协作与优化，降低资本市场信息成本与代理成本，为产业产品服务创新、产业流程优化、产业创新驱动、产业结构优化等赋能。立足新发展阶段，体育产业高质量发

展必须充分认识体育资本的地位、作用、意义，规范和引导体育资本的健康发展，使其作为基本生产要素能够优化配置各类资源。在体育资本市场发展壮大过程中，发挥纽带作用协调区域各类人才、技术、信息等生产要素，逐步形成独特的体育资本成长型网络体系，推动形成体育产业的成长与演进自我增强机制，助力智慧体育产业链和价值链的纵向延伸，从而扩大智慧体育产业的规模及范围。

资本市场引领智慧体育产业的形成、创新、拓展，就是要从根本上树立有利于资本市场发展的环境，形成推动体育资本积聚、协作与共享的体制机制，降低智慧体育企业的融资成本与增强对体育资本市场的监督与管理。在新一轮信息技术变革、后疫情时代居家运动意识增强的现实需求下，体育产业与资本市场以"互联网+运动健身"产业为代表不断实现迅速扩张。截至 2022 年 5 月，我国运动健身行业共发生投融资事件 678 件(见表 8-1)。结合体育资本市场实践经验，在此总结出内生成长型智慧体育资本市场培育路径，具体如下：

(1)建设金融支持智慧体育产业发展的制度和政策。一方面，从法律法规层面完善金融支持智慧体育产业发展的体制机制，变革政府相关职能部门功能和作用，为智慧体育产业发展提供金融体制机制保障；另一方面，落实到具体的体育产业发展规划，结合地区智慧体育产业发展现状及体育消费需求，加强推进金融促进智慧体育产业发展格局，促进体育产业转型升级。特别是 46 号文件[①]颁布以来，各区域政府的体育产业发展规划重点关注运动健身智慧化发展领域，其中构建金融支持智慧体育的政策与制度体系是焦点[②]。

表 8-1　中国健身行业融资统计(部分)

公司	简介	融资轮数	融资金额
超级猩猩	团课健身房品牌	E 轮	数亿元人民币
FITURE	智慧家庭健身品牌	B 轮、B+轮	共计 3 亿美元
乐刻运动	健身服务平台	D 轮	未披露
睿健时代	健康管理服务平台	C 轮	1 亿元人民币
爱动健身	健康内容服务商	C 轮	1 亿元人民币
悦动圈	移动运动应用	被收购	1.77 亿元人民币
迈金科技	智能运动设备提供商	A+轮	未披露
咕咚	移动运动应用	战略投资	2000 万美元

① 指《国务院关于加快发展体育产业促进体育消费的若干意见》。

② 国务院关于加快发展体育产业促进体育消费的若干意见(2014-10-02)[2022-07-31]. http://www.gov.cn/zhengce/content/2014—10/20/content_9152.html.

续表

公司	简介	融资轮数	融资金额
金史密斯		战略投资	未披露
		E 轮	1 亿元人民币
云麦科技	智能运动健身品牌	C2 轮	2 亿元人民币
卡莫瑜伽	连锁瑜伽品牌		未披露
SNOWS1	专业滑雪培训机构	A 轮、A+轮	总计数亿元人民币

（2）形成以商业银行为主的智慧体育产业融资结构性变革。一方面，商业银行直接融资在智慧体育产业发展过程中起到了重要作用，在国家给予信息产业、体育产业政策鼓励时，商业银行加大新兴产业资源投入，促进形成智慧体育产业新业态、新模式；另一方面，发挥商业银行与信托、租赁、保险等金融机构的金融协同能力，针对处于不同阶段、类型智慧体育产业，设置不同类型的投融资产品，实现智慧体育产业融资结构变革。

（3）形成多层次体育资本市场助力智慧体育融资模式变革。依靠银行间接融资难以满足智慧体育产业发展过程中的科研、生产、服务等过程资金需求，通过智慧运动健身企业上市、发行智慧体育企业债券、吸引境外资本投资、设置智慧体育产业专项发展资金、发展 PPP 模式等形成有利于智慧体育产业发展的多层次资本市场。特别是随着企业注册制改革，北交所和新三板发展，激活民间资本进入智慧体育产业。

（4）健全体育资本市场体系，降低智慧体育资本市场风险。从资本流转运营来看，通过建立多层次资本市场降低了单一依赖银行的融资体系，减少了智慧体育资本市场风险；从资本市场监督体系来看，健全法治保障，增强市场监督，加强智慧体育企业信息披露，减少智慧体育企业违法行为，净化体育资本市场环境。

三、战略联盟型智慧体育产学研用创新培育

英国经济学家克里斯托弗·弗里曼提出国家创新系统理论，国家创新系统理论简单概括为一种由政府、企业、高校等机构共同组成的网络系统，这些机构相互作用影响技术的开发、引进和扩散，最终形成一整套的创新体系。产学研用就是创新系统理论在科技协同创新的过程中所形成的一种实践形式，指的是企业、高等院校以及科研机构在资源和技术互补的基础下，共同进行技术创新和产业孵化培育，形成以知识共建、风险共担、收益共享为原则的战略联盟。与单一主体培育机制不同，产学研用智慧体育产业战略联盟能够发挥协作优势，快速对接市场需求，实现科研成果创新性转化，从而形成隐性知识、资源共享的创新网链，降低产业协作过程中的交易成本。因此，在“大众创业，万众创新”的时代背景下，行业、高校成为科

技理论研究和应用创新、创新型人才培育、创意成果转化的主力军，实现创新要素的聚集，从而成为产学研用智慧体育产业培育高地。

例如，上海体育国家大学科技园于2009年挂牌成立，由科创园本部、科创园众创空间、体育产业协同创新中心组成，借助于上海体育学院的学科特色以及杨浦区地理优势，2013年被教育部认定为国家级大学科技园，也是全国唯一的体育国家级大学科技园。随着体育政策利好和体育消费环境改善，上海体育国家大学科技园为学生、企业、高校及科研机构提供综合性体育产业一体化平台，承载创新创业人才培养、科研成果转化、创意项目培育、体育产业辐射等功能，为学生或企业提供创业培训、企业融资、科技支撑、办公环境、日常运营等服务，入驻了尚体健康科技、中跃体育投资、跃动跳绳等知名企业。经过10多年的建设，园区内累计注册企业900多家，每年能够为区域政府提供近2000万税额，已成为全国最大的体育产业聚集区之一。通过上海体育国家大学科技园成功经验，可以总结出战略联盟产学研用智慧体育产业培育路径，具体如下：

(1)以市场需求为核心，建立明确的目标导向。以高校为主导的产学研用智慧体育科技园肩负知识创新与企业培育双重功能，在知识创新方面，高校注重应用性技术创新、创新型人才培育、创业环境建设，为企业提供动力支持；在企业孵化方面，企业培育更倾向于市场可行性高、盈利模式清晰、投入产出比高的企业，从而摆脱重科研而轻市场需求的弊病，打造以市场需求为核心的校企协同模式。以上海体育国家大学科技园企业巅峰减重为例，企业以困扰许多人的肥胖问题为出发点开设运动减肥训练营，并以运动减肥为主题进行科学研究，累计发表学术论文和科学成果140篇，含6篇SCI源刊。

(2)创新合作模式，丰富产学研用合作内容。智慧体育科技园在发展过程中需形成项目共建、风险共担、收益共享的协同创新模式的智慧体育产学研用战略联盟，建成以高校为主的内部协同和外部协调的生态体系。在内部协同方面，高校更新学科内容、创新人才培育、完善科研系统、改革评价体系，促进内部创新要素聚集；在外部协同方面，行业高校作为区域创新高地，发挥引入政策与资金、吸取智慧体育企业、进行国际体育协作等功能，最终形成内部与外部循环流通的自组织系统。上海体育国家大学科技园依托上海体育学院，依靠企业孵化与服务平台链接创业者与企业，在体育企业孵化、大学生创新创业能力培养、体育产权交易等合作方面大力扩展，不仅培育了“AI+体育场景”陆道动美、专注家庭健身领域的尚体兽鸟等知名企业，而且助力上海体育学院学科体系建设，成为体育行业内知名双创平台。

(3)深化科技体制改革，完善产学研用合作机制。智慧体育产业建设最关键的是利用信息技术构建体育产业新模式、新业态，形成可供预测、决策、分析的知识体系，其中科学技术起主导作用。一方面，科技园需健全科技创新机制，形成政府引导方向、高校与科研机构推进理论创新、企业进行应用型开发格局,推动技术创新性应用创造性发展。另一方面,促进技术创新要素流动。建立产权交易平台实现科研成果市场化,将教师科研与市场需求相衔接,提升科研成果转化率。上海体育国家大学科技园产业协同创新中心负责促进技术研发,引进先进技术,引导体育产业数字化等工作,并且聘用体育领域专家进行管理,推动产学研用合作机制一体化。

(4)搭建合作创新平台,健全中介服务体系。高校具有科研成果丰富、校友资源丰富、政策条件好等优势,这种优势使高校在产学研创的过程中能够充当创新平台整合各类资源,充当中介服务平台。从内源性中介服务来看,借助科技园在场地、科研、政策等优势下,建立科技园智慧信息平台,充分聚集各类创新创业信息,形成产学研创匹配机制。从外源性中介服务来看,搭建政府政策支持、科技体育企业入驻、资本市场投资信息渠道,积极招商引资。上海体育国家大学科技园开设官方网站、微信公众平台等方式聚集创新要素,举办体育产业高端论坛、体育产业创新创业比赛强化创新能力,开展创新创业培训班、企业创业沙龙等活动增强实践成效,形成区域性智慧体育产业创新示范基地,从而促进产学研创一体化发展。

四、消费引导型智慧体育服务产品创新培育

消费经济学认为"消费指的是使用物质资料和劳务来满足人们某种需要的行为过程"。马克思认为在社会再生产的过程中,生产是决定性环节,消费是生产的动力。消费是经济增长动力转化、产业结构优化升级的根本动力支撑和需求引领的重要任务(黄海燕 等,2019)。随着居民收入水平和消费能力的提升,体育消费者对潮流化、科技化、智能化体育产品或服务需求增加。智慧体育产业在发展过程中应注重把握消费者需求、利用智慧体育产品或服务挖掘消费者需求,改善体育产品或服务供给数量和质量,通过消费引导实现体育产业结构优化升级,实现体育产业高质量发展。因此,智慧体育企业需引进新兴技术,充分收集消费者数据,分析消费者需求,打造适配消费者需求的产品。消费引导是企业发展壮大的内在要求,消费引导是智慧体育产品或服务创新培育的重要路径。

消费引导所形成的智慧体育产品和服务的调研、开发、运营的过程中时刻关注消费者需求,以消费者需求特征、内容为主导,逐渐形成和不断完善产品和服务的特征、形态和功能等。以 2015 年成立的每步科技为例,企业核心业务为智慧体育赛事、智慧体育营销、智慧健康管理、智慧场馆管理,专注于将物联网、云平台等新一代信息技术与体育赛事相结合,以服务体育消费者为核心,实现了对体育赛事模式的重塑,全面提升了赛事管理水平以及赛事参与者体验感。该企业旗下拥有三项核心 IP 赛事以及众多其他赛事,开发出每步运动 App、小程序及官网,在成立的 3 年内获得 A 轮 3000 万融资和 B 轮千万融资,服务范围覆盖 200 多座城市,服务

数千万用户，成为细化领域内头部体育企业[①]。结合每步科技赛事服务发展状况，消费引导培育智慧体育产品或服务的路径如下：

(1)在46号文件[②]和“互联网＋”等国家政策影响下，区域政府对体育赛事的大力扶植以及群众性体育消费日益高涨的现实背景下，每步科技以智慧体育赛事服务为工具，将具有大众属性的路跑运动作为核心运动项目，形成竞争性市场优势。因此，智慧体育企业需树立前瞻性的产品或服务定位，挖掘市场潜在消费需求。前瞻性的产品或服务定位来源于对于市场状况的精准把握，一方面，企业需关注国家政策方针，关注战略新兴产业的发展趋势；另一方面，企业要注重开展市场调研工作，不断尝试挖掘潮流化、多元化、科技化的消费者需求，对智慧体育产品或服务进行总结、分析、反思，调整产品或服务的产品特征、价值功能、消费人群等内容。

(2)每步科技通过划分赛事市场打造精细化体育赛事，不仅深度开发3款头部精品赛事(中国高校百英里接力赛、爱在每步路跑嘉年华、ELITERUN精英跑接力邀请赛)，同时拓展社区体育、科技运动会等全领域体育赛事服务，打造强大赛事IP。同时，借助模块化和智慧化思维，基于赛事项目导向与时间流程管理打造了MPMS赛事信息管理系统，利用信息支持系统、决策调度系统、比赛执行系统实现数字化办赛，引入了人脸识别系统、3D打印、云摄影等技术，大大提升了赛事组织效率和运营效果。因此，智慧体育企业需注重产品和服务多维开发，以取得关键性技术突破。智慧体育产品和服务是企业生产经营活动的核心内容，其面对的市场消费群体广泛，应用场景多元，开发多维产品与服务有利于扩大市场占有率。关键性技术是产品或服务取得市场竞争优势地位的核心因素之一，企业应增强新兴技术的研发以及促进创新成果转化，推动产品与服务的标准化与规模化生产，打造沉浸式、互动式的智慧体育产品与服务的新模式、新业态。

(3)每步科技在打造全场景智慧体育赛事的过程中，涵盖大学生、社区居民、工会工人以及各行各业精英人群，培养了具有体育消费习惯的人群，且随着赛事影响力提升、参与人数逐步增长，借助综合性数字化赛事平台为赛事赞助商提供了沉浸式营销场景，助力形成持续性、生态性、科技性的体育消费。因此，智慧体育企业需培育参与者体育习惯，全面促进体育习惯与体育消费良性循环生态系统。一方面，企业需引导人民大众参与体育运动，树立“运动是良医”的健康意识，培育人民群众长期性、持续性的体育运动习惯。另一方面，智慧体育企业除了加强宣传引导外，还需建立“线上＋线下”综合性服务平台，大力开展衍生业务，增强体育消费者黏性，形成参与体育运动和进行体育消费的良性生态系统。

---

① 每步科技完成B轮数千万元融资，将继续开发赛事IP和线上业务[EB/OL].(2018-08-25)[2022-08-05].https://baijiahao.baidu.com/s?id=1609743853469184863&wfr=spider&for=pc&searchword.

② 指《国务院关于加快发展体育产业促进体育消费的若干意见》。

第二节　高质量发展背景下我国智慧体育产业发展的问题解析

一、融资梗阻：智慧体育小微企业融资生态亟待优化

受到席卷全球的疫情影响以及政治经济环境的变化，我国金融组织体系与服务正处于不断发展过程中，但仍存在间接融资比重高和金融机构潜在风险和金融系统性风险突出等问题，导致目前体育科创企业的融资难、融资贵问题在相当范围内存在。这主要体现在以下几个方面：①《国务院关于加快培育和发展战略性新兴产业的决定》(国发〔2010〕32 号)重点关注节能环保、新一代信息技术、生物、新材料、新能源汽车等产业，对新兴体育产业辐射不足。②虽然国家出台了一系列帮扶小微企业的政策，如《中国银保监会办公厅关于 2022 年进一步强化金融支持小微企业发展工作的通知》积极探索深化完善普惠金融专业机制，但在实际落地过程中地方政府出台有利于体育经济发展和智慧体育小微企业融资的政策措施比较有限。③就产业自身而言，我国体育产业存在产业结构不均衡问题，体育服务业占比不高，其竞赛表演、体育培训、运动康复、体育传媒等高端体育服务业的发展速度较为缓慢，且国际化程度不高。而具有较强品牌影响力的体育用品业数量有限，国际竞争力也普遍较弱。④直接融资在整体社会融资规模中所占比重仍然较低，资本市场的市场化程度较低，股票市场和债券市场是我国资本市场的两种主要构成形式。在股票市场中，股票发行主体需满足一系列条件才被允许发行股票，如发行主体必须为股份有限责任公司、发起人连续三年现金净额累计超过 5000 万元人民币、发行股票前具有持续盈利能力等。目前我国体育产业的经营现状和盈利能力，无一达到上述条件。同时，债券市场的发行条件比股票市场更为苛刻。因此，智慧体育企业较难通过资本市场融资(汪百祥，2018)。⑤在疫情防控常态化阶段，对全球经济的供给和需求两端造成巨大冲击，因此处于产业链末端的中小微体育科创企业融资在长期内会受到冲击[①]。⑥我国目前的金融机制不够完善，缺乏配套的信用担保体系，小微企业贷款风险补偿机制不成熟，社会征信体制不够健全，导致直接融资的门槛过高，同时我国多数地区政府缺乏专项资金对中小微企业的贷款进行担保。并且，近年来我国四大银行由于营业率低，都开始实行支持优势产业的产量调整，我国体育产业由于盈利能力差、信用等级低，往往被视为高风险客户而不在上述战略内，因此银行不敢贸然给高风险的体育产业贷款(汪百祥，2018)。

---

① 中国人民银行研究局课题组. 央行研究局：完善中小微企业融资制度问题研究[EB/OL]. (2021-03-30)[2022-7-30]. https://www.weiyangx.com/382936.html.

二、机制障碍:智慧体育市场体制机制活力释放不足

市场运行机制是市场经济的总体功能,是经济成长过程中最重要的驱动因素。智慧体育产业作为战略新兴产业的重要组成部分,其市场运用价值、供求和竞争规律可调节智慧体育资源的配置,可组织生产为区域经济服务。当前,智慧体育市场运行机制的制约因素主要表现在:①体育市场需求不确定,相关配套体系缺失,受传统行业挤压严重(赵刚,2011)。受疫情影响,居民主动健康意识不断增强,智慧体育潜在消费需求持续释放,但受制信息技术基础能力建设与相关配套体系,使得现有的智慧体育服务和产品的智能化水平较低,智慧体育推广应用仍旧比较有限,有效转换的实际消费疲软乏力,在与传统体育市场竞争中缺乏比较优势,进而抑制了智慧体育新兴市场进一步扩大发展。②细分领域市场准入规则缺失,智慧体育产业与服务“落地难”,抑制了资本投资积极性。近年来,智慧体育产业作为消费升级新赛道,备受资本市场青睐。然而部分领域现有的准入规则与智慧体育产品与服务的发展出现了不相匹配的矛盾,造成相关行政许可程序环节多,智慧体育服务与产品进入市场的审批链条和周期较长。③智慧体育产业化进程缓慢,商业模式创新动力不足。随着信息技术的更迭与发展,初创类智慧体育产品与服务中关键核心技术的突破与成熟应用不是一蹴而就的,商业模式敏感性较高,其产业化进程亦受制于市场准入、经济规模、流动资金、制度建设等诸多方面,大部分企业止步于简单的技术应用突破,难以跨越产业创新发展的“死亡之谷”。

三、政策壁垒:智慧体育小微企业扶持力度有待增强

智慧体育产业作为战略新兴产业的重要组成部分,政府通过指引、支持、服务和保护助推智慧体育产业的发展,但也存在政府制约,主要体现在:①政府投入缺乏对社会资本的示范作用。近些年来,智慧体育产业的发展势头迅猛,但是由于其作为发展初期的产业,发展需要全周期、多方面的金融支持,局限于其投资回报周期较长,风险性较高的特点,社会资本不敢贸然投资资金支持智慧体育产业的发展,进而使体育智慧化缺乏社会参与度,致使其一直落后于其他行业的智慧化。②政府未能发挥产业内的比较优势和缩小产业内分工的发展差距。由于发展智慧体育产业涉及多种技术,多个部门的分工协作,导致其产业内发展差距依然较大,产业分化现象明显,无序开发与恶性竞争仍然存在,产业内发展不平衡不充分问题突出。例如,运动传感器虽然在步态、体育活动监测方面取得了一定发展,但是在其小型化、收集精度方面仍有不足。③政府对智慧体育产业创新激励措施不够完善。发展智慧体育产业最关键的是要掌握核心技术,并使之产业化商业化。在产业竞争日益激烈的市场大环境中,我国目前支持战略新兴产业的激励机制对于提升产业研发创新的积极性仍旧不足,对于企业、研发人员物质或精神的奖励以及知识产

权的保护不够完善，有利于创新的制度环境尚不健全（赵刚，2012）。④智慧体育产业的市场准入机制存在漏洞。随着智慧体育产业的发展，由于其增长势能依然强劲、新兴动能保持活跃（黄路明，2022）的特性，致使企业不断涌入，作为初创类的产业，其市场容量在目前阶段无法容纳这些企业的进入，现有的政府措施无法调控这一现象的发生，因而会导致资金分散以及技术创新停滞的结果。

四、创新乏力：智慧体育企业自主创新能力亟待提升

党的十九届五中全会指出，坚持创新在我国现代化建设全局中的核心地位，把科技自立自强作为国家发展的战略支撑。创新是引领发展的第一动力，但是从总体上看，我国经济发展质量还不够高，工业主体的国际竞争力较弱，企业的创新能力不足，关键核心技术紧缺，一系列内外部因素限制了企业自主创新能力的提升。

从企业外部来看，一是我国的技术创新机制不完善。改革开放以来，我国为了快速提高生产能力选择直接引进成熟技术而忽视了自身产业创新基础能力建设，核心技术领域和产业知识体系不牢固。智慧体育用品制造和智慧体育场馆运营等产业都需要先进的信息技术作为支撑，如运动传感器的小型化、多功能化、采集精度等方面[①]，然而国际大环境的改变导致新兴领域竞争越来越激烈，各国对自身技术的封锁越来越严重，尤其是信息通信、人工智能等领域，企业学习交流的渠道受到阻碍。二是我国知识产权保护政策不够完善。我国知识产权制度建立的时间较短，对新兴领域知识产权的保护制度不完善。智慧体育不仅是新兴产业，还是体育产业与信息技术、人工智能产业的融合，我国知识产权现有的保护框架不足以界定和覆盖到智慧体育产业所有创新成果，导致企业创新成果不能得到有力的保护，这会大大降低企业自主创新的积极性。

企业内部的影响因素包括创新的开放与合作程度不足；利用和整合外部资源的能力不强；对科技创新的投入积极性不高；等等。由于我国知识产权制度不完善以及智慧体育行业技术特点的影响，企业大多选择独立研发，然而缺乏对海量信息资源进行高效整合的途径和平台[②]，体育信息资源数据质量参差不齐，无法为企业提供深层次的价值。并且由于创新人才激励机制落后，科研人员市场化流动不足等因素，导致既懂技术又懂得将科研成果成功地转化为生产力的创新人才匮乏。同时，企业开展创新合作的意愿不强，围绕创新链的合作相对不足，导致创新研发的成本与风险过高，且经济效益不显著，从而使企业对科技创新的投入性不高。

---

① 中国智慧体育报告：发展问题及对策分析[EB/OL].（2016 - 10 - 28）[2022 - 07 - 30]. https://www.sports.cn/yjsy/xsck/2016/1028/141569.html.

② 大数据时代企业如何打好信息资源整合攻坚战[EB/OL].（2015 - 04 - 08）[2022 - 07 - 30]. https://www.toutiao.com/article/4192317208/?wid=1659173945258.

五、人才短板：智慧体育高端复合型结构性人才短缺

人才是智慧体育产业的核心竞争资源。百度与浙江大学2022年发布的《中国人工智能人才培养白皮书》显示，人工智能行业人才缺口高达500万[①]。在高度跨学科复合型人才的标准下，智慧体育高端复合型人才结构性短缺将成为制约智慧体育产业可持续发展的主要瓶颈之一。一方面，随着近年来智慧体育应用市场规模进入快速发展阶段，市场也迎来新的发展机遇，除核心领域领军人物和行业顶尖人才外，一线复合型体育信息技术人才需求数量亦呈指数增加。另一方面，我国现有信息技术特别是人工智能领域人才培养较发达国家和地区起步晚，培养体系不够完善，高水平人才输出严重不足，企业人工智能培养尚未形成有效闭环，顶尖人才亦严重依赖国外生态（王慧 等，2018），从整体上看，人才远远不能满足现有产业发展的基本需求。智慧体育领域交叉学科的人才供给更是如此，外招难匹配，内培难度大（李丽琴，2005）。不管是提高运营效率使场地资源能够被更充分使用的一站式运动场馆票务管理综合解决方案，还是集智能导览、智慧步道、AR太极、智能竞速、互动投影等更具互动性和吸引力的智能运动空间或者体育公园，都充分显示了新兴智慧体育服务或产品的设计与运维对相关复合型人才提出的更高要求。随着智慧体育产业的快速发展，国际化竞争加剧，培养一批既熟悉体育场景应用，又了解AI、云计算、大数据等前沿技术的复合型体育信息技术人才队伍亟待引起高度重视。

六、规划瓶颈：智慧体育企业科学规划亟待深度谋划

在多元化的市场环境下，科学合理的战略规划是企业可持续发展的有力支撑。智慧体育新兴企业，需要制定科学合理的战略规划以奠定企业经营基础，提升企业经营稳定性。然而，因为新兴企业战略规划的复杂性、渐进性、独立性，导致现阶段智慧体育企业战略规划还存在着注重短期利益、理念模糊、脱离实际等问题。其主要表现在以下两个方面：第一，战略眼光短浅，缺乏前瞻性。智慧体育正处于行业发展初期，在国家发展改革委等四大部委联合印发《关于扩大战略性新兴产业投资培育壮大新增长点增长极的指导意见》后，部分企业为抓住机遇盲目发展新业务，以至于多数企业缺乏清晰的产品定位，并且出现在同一领域重复投资的情况，导致企业市场竞争力降低。同时，我国智慧体育企业在体育用品制造端投资过热，而重

---

① 百度 & 浙江大学：2022年中国人工智能人才培养白皮书[EB/OL].(2022-02-08)[2022-08-02]. http://www.199it.com/archives/1386891.html.

要的核心技术由于起点高、研发难等特点导致创新企业数量较少，发展不均衡[①]。第二，战略规划脱离实际，缺乏稳定性。科学合理的企业战略规划应全面系统地考虑企业的内外环境，覆盖到企业的方方面面。一些智慧体育企业在没有清楚了解市场和企业现状的情况下，制定出不适用的战略规划，导致企业在贯彻落实战略规划的过程中需要根据现实情况不断调整，会对已形成的战略成果造成一定的破坏，这种剧烈变动的战略规划会带来企业资源的巨大浪费（王铭初，2017）。以咕咚体育为例，咕咚最开始的战略规划是做智能硬件设备，而当时我国智能硬件竞争激烈，在供应链、采购能力、品牌都不占优势的前提下，咕咚体育的市场竞争力被严重削弱，导致其只能选择放弃自有品牌硬件，转为做智慧体育软件[②]。战略规划的大变革对咕咚体育的战略成果造成了巨大的伤害，也一定程度上影响了该企业的发展。

随着人工智能和物联网技术的发展，运动健身行业与人工智能技术的联系愈发紧密，主要变化集中于场景、产品与用户体验。艾瑞咨询数据显示，到 2025 年，智能运动健身行业规模预计达到 820 亿元人民币，智能健身硬件、智能运动软件、智能健身房将逐渐成为行业布局的重要领域。

第三节　高质量发展背景下我国智慧体育产业发展的路径选择

一、融资生态：平稳建构智慧体育小微企业融资生态体系

（1）开拓并应用体育特色融资，如发行体育彩票、吸收企业赞助以及 BOT 融资等。一般企业的融资主要在股权市场或债券市场进行，而智慧体育产业可利用体育产业的特点来进行筹集资金。例如，通过体育彩票进行融资，发行专项体彩，有利于增加体育消费，吸纳社会资本，促进体育产业的发展。体育赞助指企业与体育组织双方互换利益的商业行为，来区分自我与竞争企业的不同。在智慧体育产业中，智慧体育赛事通过打造赛事 IP，提升品牌价值，吸引赞助。体育赞助能更好促进体育产业市场化，推动体育产业高质量发展。BOT 融资即特许权融资，指政府部门与企业签署特许权协议，获得授权的企业需要建设、运营及维护相应的场

① 中国人工智能行业市场深度分析与发展战略规划报告[EB/OL].（2022－05－12）[2022－07－30]. https://www.sohu.com/a/546121248_121332851.

② 咕咚掌门人首谈放弃智能硬件的背后心酸[EB/OL].（2016－06－30）[2022－07－30]. http://news.eeworld.com.cn/qrs/article_2016063028932.html.

馆；在协议期内，该公司具有对场地收取一定使用费用的权力；特许期满后，项目公司将设施无偿地移交给签约方的政府部门。BOT 融资适用于智慧体育产业中智慧体育场馆的建设与运营，在分摊风险的同时使投资者得到较好的担保条件以提高贷款比例，在政府与企业间建立良好的关系，促进产业的发展。

(2)创新数字金融产品，优化智慧体育企业融资。智慧体育企业普遍存在营业率低、规模小、抵押物不足、担保能力弱等问题，导致其融资困难。银行应及时革新管理模式，树立符合市场的经营理念并使产品结构丰富且合理，积极探索对智慧体育产业的金融支持战略，推出适应于智慧体育产业的高投资、高收益的金融产品，降低智慧体育企业的融资难度。银行应融合互联网技术，利用云计算平台技术、人工智能及区块链技术，为体育产业投融资赋能。例如，银行可联合政府以担保为手段，针对不同企业进行个性化定制，对智慧体育企业开发免抵押、纯信用的“集合担保信贷”等创新金融产品，担保机构对政府推荐的企业进行集中评审，将评审通过的企业打包推荐给银行并提供担保，银行为其提供优惠利率贷款。同时可以深度挖掘体育产业特殊金融需求，推行股权、债权及衍生品金融工具的组合式创新，积极推行体育保险、期权期货等衍生品合约的试点工作。

(3)建立无形资产评估体系，为金融机构评价智慧体育企业资产和品牌价值提供保障。体育服务业是体育产业的核心，而服务业因资产多为无形资产导致评估较为困难。智慧体育企业应根据实际发展的需要，建立科学、合理的无形资产评估体系，为金融机构评价智慧体育企业资产和品牌价值提供保障。通过相关评估体系的建立，金融机构能更加准确、科学地评价中小智慧体育企业价值、预期收益，以及其对于债务的偿还能力，从而提高企业在金融机构中的信任度，降低融资难度。

(4)拓宽融资渠道，建立完善的资本退出机制。政府应放宽社会资本进入条件，扶持社会资本在智慧体育产业投资中的应用，使社会投资成为智慧体育投资的主要力量，进一步推动体育产业与资本市场相结合，如通过政府引导推动设立智慧体育产业投资基金等多元化方式吸引社会资本投入。同时，企业应从多方面渠道获取资金，如资本市场投资、风险投资和私募股权投资等股权融资渠道，银行贷款、债券融资等债权融资渠道。只有建立顺畅的体育产业投融资撤出通道，才能使投资人投资意愿更加强烈，从而吸引更多的资本，促进体育产业高质量发展。首先，应尽快建立二板市场。随着我国体育企业快速发展，以及投资者对资本市场的认识更加深入，构建二板市场的条件也日趋成熟。其次，丰富和拓宽体育产业资本市场投融资退出渠道，还应鼓励各金融机构、相关投资基金和其他主体在体育产业进行更多的金融活动，支持各主体对体育有关企业的股权回购活动等。

(5)建立完善的智慧体育产业融资支持政策。政府应优化政策支持结构，对体育产业投融资活动采取政策倾斜，推动建立良好的投融资法治环境、市场环境和社会环境，保障体育产业金融活动平稳顺利地进行。针对不同业态及不同规模的智慧体育企业，政府应当制定细分政策，促进智慧体育产业全方位高质量的投融资活动；出台相关的财政收入、税费优惠、政府补贴等政策，引导金融机构进入体育产业；建立智慧体育产业融资信息平台，推动智慧体育产业与地方金融机构的合作，积极与政策性银行合作，将政策性资金引入体育产业；加强对体育产业风险监控及预警，强化金融监管部门与地方产业管理部门联合监管机制，降低金融风险。

二、机制革新：逐步促进智慧体育市场体制机制革新

随着数字经济的快速发展，数字技术对社会经济生活的渗透不断加深。“十四五”期间，数字产业的发展更加注重其体制机制的普惠化、数字化、产业化等方面。智慧体育产业作为数字产业化的重要部分，针对其发展路径中存在的体制机制问题，可以通过以下几个方面进行改善：

(1)开展数字普惠化，建立共享智慧体育经济发展红利的体制机制。围绕区域差异、城乡差异，分地区加强智慧体育基础设施建设，推动智慧体育场馆的建设。依托各类数字化平台推动智慧体育的公共服务共享，增强各区域的智慧体育接受程度。针对不同人群需求，依托大数据满足不同人群个性化体育运动需求，促进人民群众共享智慧体育经济发展红利。

(2)开展治理数字化，创造智慧体育经济新业态新模范发展治理体系。针对智慧体育产业发展中出现的准入规则缺失、审批周期较长、治理体系不够健全等现状，实施公平竞争审查、数字经济公平竞争监管制度改革。针对部分领域现有的准入规则与智慧体育产品和服务发展不相匹配的矛盾，造成相关行政许可程序环节多的问题，以审批链条和周期较长作为切入点，完善相关法律法规规范，解决智慧体育产业“落地难”问题，推动智慧体育产业准入制度创新，提升资本投资积极性，创造高质量智慧体育产业发展前景。

(3)开展数字产业化，探索智慧体育产业链创新路径。围绕智慧体育产业数字化转型不平衡不充分的问题，大部分相关企业受限于智慧体育产品与服务中关键核心技术的相对滞后，数字技术与体育产业融合程度不够，实施关键核心技术攻关全链条一体化改革，整合数字化平台，利用产学研优化资源配置，围绕关键技术、企业创新等建立数字化管理，运用数字化技术帮助团队决策，完善科技成果配置等科技创新制度安排。同时，实施现代化智慧体育产业链改革，优化产业生态，打造具有竞争力的智慧体育产业。

三、政策驱动：加强区域智慧体育小微企业的政策支持

区域政府应根据本地区智慧体育发展态势与实际规模，进一步优化智慧体育企业特别是小微企业的政策支持力度。

(1)倡导设立智慧体育产业专项引导基金。政府应设立智慧体育产业的专业

引导基金，扶持、培育优质的智慧体育企业，并为初创企业提供资金支持，促进智慧体育产业的发展。智慧体育产业专项引导基金可包含以下几方面：新兴技术的研发资金、智慧场馆的建设基金、智能体育公园的建设基金、智慧体育平台的搭建和维护基金，以及为初创企业提供融资。初创的智慧体育企业普遍存在担保能力弱、融资渠道少、融资困难等资金方面的问题，尤其是近几年体育产业融资逐渐降温，从 2016 年最高峰的 252 起下降到 2021 年的 87 起，因此企业的融资尤其是初创企业的融资显得尤为困难。

(2)搭建多产业多学科跨部门的产学研用一体化平台。智慧体育产业在狭义上可理解为体育＋新技术的新型体育产业，包括但不限于与物联网、互联网、5G、VR 等新技术的结合，因此信息技术产业中的新技术直接制约着智慧体育产业的发展，多学科多产业的整合机制在智慧体育产业中显得尤为重要。政府应根据智慧体育的产业特征、创新要素基础、智慧体育产业的区域特点，以市场需求为核心搭建多产业多学科跨部门的产学研用一体化平台。同时，完善市场导向机制，建立以“用”为导向的创新融合新机制，明确平台的工作方向，拓展智慧体育产业新技术、新产业的应用空间；应努力探索企业、高校、市场在一体化平台中的协调机制，推进产学研用一体化，以市场需求为指引，以制约智慧体育产业发展的技术难题为导向，高校针对其进行技术攻关，而政府在其中应发挥纽带和引导作用，加强信息平台建设，整合多学科多产业资源，建立产学研用对接机制，以重大项目推动产学研合作。

(3)注重新兴的智慧体育市场监管。在智慧体育产业中尤其要注意企业在管理过程中与信息伦理学相关的信息安全问题。政府应成立相关部门对智慧体育企业的资质进行审查，定期评估其搭建的平台或数据库是否存在安全风险；对境外上市企业进行严格审查，减少信息泄露的风险；完善相应的法律法规并定期对企业进行信息安全宣讲。同时政府还应促进体育市场主体自主推进体育行业信用体系建设，完善智慧体育企业信息公示制度，强化智慧体育企业信息归集机制，健全信用约束和失信联合惩戒机制，加大对资本的监管力度。

(4)优化区域智慧产业的布局，打造智慧体育产业集群。政府应结合区位优势，对智慧体育产业的发展做出合理规划，如依托公园资源，武汉张之洞体育公园打造为智能化的体育运动公园；依托体育制造产业集群资源，推动晋江等地企业进行智能体育设施的研发与制造；依托互联网数据库，互联网巨头阿里巴巴等企业同样成立了专门的体育公司。政府应发挥引导作用，不仅要建立横向的有竞争关系的同类型企业集群，还应建立纵向的同产业链上的集群，在这两种集群中，企业通过竞争与合作，建立成本优势，促进企业高质量发展；政府还应发挥中介组织作用，搭建畅通的公共信息平台，扩大企业集聚规模与联系程度；出台相应的优惠政策，吸引智慧体育企业等相关企业的落地，如出台租金减免政策、税费减免政策、技术支持等。智慧产业集群能完善全产业链条，合理分工，形成资源集聚效应和品牌效应，建立成本优势。

四、自主创新：积极提升智慧体育企业自主创新能力

(1)创新智慧体育企业主体建设。建立和完善体育科创企业自主创新平台或研究开发机构，智慧体育作为新兴的企业，需要进一步培育和提高参与自主创新活动主体的能力素质。因此，企业可搭建科学的自主培训体系。如李宁创设设计师培训系统，汇聚许多年轻有为的设计师，比如驭帅系列的孙明旭、“韦德之道”第六代爆款的周世杰等，正是如此的“国产荣光”，让李宁的产品逐渐逆风翻盘。

(2)加大对体育科创企业自主创新活动中研发经费的投入力度。要培育和提高体育科创活动的能力，必须适时适当地投入更多的资源。企业应对创新活动的收益与风险进行实际的研究，注重长期回报，科学增加研发经费的投入。同时企业应积极地利用国家和各级政府技术创新基金和政策，拓展创新资金的来源渠道。自 2014 年 8 月小米携手顺为资本斥资千万元人民币，通过投资加码布局智能手环市场以来，多次获得资本圈青睐，不断扩大融资，逐步构建物联网(IoT)生态系统，使得小米智能硬件不断扩大市场占有率。据 2021 年 8 月 19 日华米科技发布的 2021 年第二季度财报，公司营业收入达 18 亿元人民币①。而“贵人鸟”的国际知名篮球装备品牌 AND1 和网球装备品牌 PRINCE 因研发投资受限，市场布局最终被迫滞后。

(3)健全体育科创企业自主创新的制度和组织结构。加强核心技术领域技术和产业知识体系的建设，设立相关政策对知识产权进行保护。知识产权是企业的核心竞争力之一，具有巨大的经济价值，企业想要在市场上取得一席之地，拥有自主知识产权是最重要的条件之一。知识产权的保护体系能够保障企业的利益并能充分激发科研人员的技术创新热情。此外，企业需要制定对科研人员的激励策略，建立完善的企业学习手段，使自主创新人才在企业中能够发挥更大的作用。

(4)要积极培育以创新为导向的智慧体育企业文化。企业的文化之中也包含着企业的自主创新能力。在创新文化培育上，应鼓励智慧体育企业把握创新精神培育与发挥科技人员的积极性。国际体育产业的龙头企业耐克公司的口号“Just Do It”不仅深入员工心中，而且在无形中也对消费者产生正面影响，在耐克与竞争者的市场竞争中发挥着重要作用。可以说，耐克之所以耐克，正是由于其独具特色的企业文化。

(5)体育科创企业应建立完善的合作交流网络，促进技术与人才两大创新资源

① 华米科技发布二季度财报营收增六成自主品牌出货量翻番[EB/OL].(2021-08-19)[2022-07-11]. https://baijiahao.baidu.com/s?id=1708516335442446802&wfr=spider&for=pc.

要素与其他企业的连通，实现创新资源要素在企业内的有效集成。由于我国技术创新机制不完善，核心技术领域知识体系不牢固，现有技术创新的物质基础和技术能力都比较薄弱，无法完全依赖自身的力量来很好地开展创新活动，因此，要整合利用外部的科技资源，具体可以建立以企业为核心的产学研用体系，充分利用高校和外部科研机构的资源，同时应积极促进企业间相互协调配合，实现互利共赢。

五、引才引智：加快培养智慧体育高端复合型人才

针对现阶段我国复合型体育信息技术人才培养的主要问题，本书提出以下应对策略。

(1)从政府角度：深化数字化人才供给侧结构性改革。政府制定和完善关于数字经济发展的扶持政策，鼓励和支持数字体育企业的发展，给予政策上的支持和优惠，科学合理地规划智慧体育发展。同时，重视和加强数字体育经济专业人才的引进、培养和发展。①地方政府应立足于数字经济发展的快车道，为智慧体育人才的引入提供鼓励性政策，加大对数字化体育人才的支持力度，从地区发展角度扶持数字化体育人才的发展，为特殊的高级数字化体育人才提供绿色通道等。例如，《浙江省数字体育建设“十四五”规划》中提出：“鼓励体育部门直属单位设置数字化工作机构和专职人员配备，加快建立数字体育建设高层次、复合型人才培育机制，健全体育部门技术型人才的职业发展体系，建立多元化的岗位晋升通道和激励机制。”[①]②从智慧教育角度出发，加快培养社会和行业所需的智慧体育人才，与产业对接。不断探索当前校企合作的全新模式，深化产教融合，推动多方协同育人，努力打造新的智慧体育人才培养模式。如英国的《体育、学校体育和俱乐部联合战略》从课内、课外等方面着手，以提高青少年体质健康水平。其主张通过“校企”协同模式制订学校旅行计划，强调家庭、学校和社区合作伙伴关系的建立，鼓励步行区域内的学生采用步行、滑板车、旱冰鞋或者骑行的方式通勤，倡导社区人员或者学生家长以志愿者的形式，共同维护学生通勤的秩序与安全(王亮 等，2022)。③通过内部提升和外部引入并行的模式，使得数字化人才合理流动，解决当前数字化人才马太效应问题。广东、江浙一带数字经济发展起步早，数字化技术设施较为完善，对于数字化人才所产生的集聚效应较为明显，导致数字化人才分布不平衡。政府应通过合理方式引导数字化人才流向，不能使得强者越强，弱者越弱。同时，要建立数字化人才保障体系，避免数字化人才流失。

(2)从企业角度：应广泛吸引社会投资，既可以资本注入也可以技术入股，积极与外地技术领先企业合作，加快实现技术化转型，以实现“旧公司新面貌”。①企业

---

① 浙江省体育局. 浙江省体育局关于印发《浙江省数字体育建设“十四五”规划》的通知[EB/OL]. (2021-08-31)[2022-09-18]. https://tyj.zj.gov.cn/art/2021/8/31/art_1229262678_4720319.html.

应加强员工的再学习，不仅要选人才，更重要的是培养人才，可定期开展专业知识培训、前沿技术讲座等活动。②重塑数字化人才管理基础架构，使人力资源发展体系数字化、系统化、专业化。③助力信息科学与管理科学相结合，充分挖掘复合型人才。如毕业于香港中文大学计算机科学与工程专业的博士张杰研究出针对校园体育教育的领先全球的人工智能模型，其智能脚环可分析学生长跑、折返跑等多个体育项目，提供针对性的指导意见。总之，用大数据和人工智能为校园体育赋能，可以为中国体育事业输入更多人才[①]。

六、战略规划：注重智慧体育企业发展规划的系统科学性

(1)加强对智慧体育市场环境的科学分析。科学合理的企业战略规划是依据企业外部环境和自身条件的状况和变化制定的，并且需要在实施的过程中不断进行优化调整，才能满足企业发展要求。随着经济社会发展，市场竞争压力提高，企业生存环境越来越恶劣，企业内部关系也愈发复杂，在制定企业战略规划时，对内外部环境进行科学分析，挖掘企业核心竞争力，成为制定企业战略规划的首要环节。战略规划的有效性包括两个方面，其中一点是战略正确与否，另一点是战略是否适合组织的管理过程。正确的战略应该做到组织资源与环境的良好匹配，也就是要了解市场的需求与企业自身的优势和缺陷，真正做到长远规划，联系实际。近年来，耐克公司在中国市场的占有率和营收正在逐步下降。2021 年起，耐克积极分析市场，努力寻求突破，发现随着中国市场电商、线上渠道的大力发展，以数字化为基础的线上消费模式已成为主流消费模式，因此，耐克投资 13 亿元设立"耐克中国技术中心"，在人工智能、数据仓储、数字平台、电子支付以及机器学习等领域不断创新技术，提升数据能力，更好地满足中国消费者对数字化创新的需求。放眼整个市场，耐克算是运动品牌中率先开启数字化转型的行业领导者[②]。

(2)优化智慧体育企业创新创造意识和能力。我国智慧体育企业现阶段仍热衷于投资研发成本低、资金回笼快的体育用品制造业，而重要的核心技术由于起点高、研发难等特点，导致创新企业数量较少，发展不均衡。我国正处于由"制造"大国转型为"智造"大国的关键时期，智慧体育企业也要顺应时代潮流，抓住机遇与挑战，让中国"智造"的身影遍布全球。2022 年世界杯赛前社交媒体上热传的八大球场之一的主场馆——鲁塞尔球场，是由中国建造的国际足联最高标准专业足球场，也是全球规模最大、系统最复杂、设计标准最高、技术最先进、国际化程度最高的世

---

① 人工智能＋体育教育：助力体育人才选拔[EB/OL].(2019－07－26)[2022－07－19]. https://baijiahao.baidu.com/s?id=1640081365264634760&wfr=spider&for=pc.

② 在华业绩迎强劲增长，耐克以数字化为基，消费者为本[EB/OL].(2022－12－21)[2022－07－18]. https://baijiahao.baidu.com/s?id=1752797787597530550&wfr=spider&for=pc.

界杯主场馆。球迷进场时的安检设备，也大部分是“Made In China”——中国企业同方威视，为世界杯提供了近 600 台先进安检设备，这些安检设备不仅有更强的穿透力，其成像也更立体、更清晰，更容易让安检人员辨识出危险物品，而且还具有图像存储和回放功能①。在世界杯的 12 个球场中，有 9 个球场采用了该企业的安检设备。

(3)提升智慧体育企业发展目标与战略规划的适配性。企业战略规划是长期的、可持续的，企业发展目标是短期的、有时限的，企业需要以长期战略规划为核心，从根本上确保企业在复杂多变市场环境中的可持续健康发展。例如，FitTime睿健时代是一家拥有先进健身理念、专注女性健康管理的移动互联网公司，从创立之初就制定出要让睿健时代成为人们心目中的健康管理 NO. 1 品牌的规划。其成功开拓了数字健康领域，致力于用创新的体系化、数字化解决方案，让用户更健康。在客户端推出口袋辣妈营和口袋减脂营两大产品，高效且个性化地为用户提供运动管理及饮食推荐相关的健康管理方案。FitTime 利用自身的数据服务能力提高了女性产后的恢复效果，也完善了医疗机构的健康管理服务②。

(4)持续建立科学的智慧体育企业市场评估和决策系统。企业战略规划的有效性需要经过科学的评估才能得到验证，一个合理有效的战略规划通常具有目标明确，可执行性良好，能组织落实，灵活性好等特征。合理的战略规划并不代表着企业不存在风险，企业在执行战略规划时要建立起完善的决策和评估系统，对潜在的风险进行预警，从而不断提高企业在市场竞争中抵御风险的能力。例如，乐视体育顶峰发展时期，所持有的赛事版权最多时共有 20 个大项，超过 250 个小项，其中 73%为独家持有，赛事直播一年超过 12000 场。但因为急功近利，导致资金链断裂，无法支付高额的版权费用而破产清算③。

(5)注重培养智慧体育企业内部数字化管理人才。科学的战略规划需要人才匹配，数字管理人才是企业战略规划实现的重要因素。针对数字人才短缺的现实，应多措并举，加快培养造就一支规模宏大、结构合理、素质优良的数字人才队伍。在教学端，健全高校数字人才培养体系，引导高校加大各类数字人才培养力度，强化产学研协作培养数字人才；在产业端，可以采用加强数字职业技能培训、引进海外高素质数字人才、加大人才激励等措施。

---

① 卡塔尔世界杯 用了哪些“黑科技”[EB/OL]. (2022 - 11 - 25)[2022 - 07 - 31]. https://chinanews.com.cn/ty/2022/11-25/9902155.shtml.

② BTV 北京卫视走进 FitTime 睿健时代，口袋辣妈营原大酥接受访问[EB/OL]. (2021 - 03 - 29)[2022 - 08 - 03]. http://www.cb.com.cn/index/show/gd/cv/cv1361246001490.

③ 乐视体育："生态化反"的失败案例[EB/OL]. (2022 - 07 - 15)[2022 - 08 - 03]. https://www.wenmi.com/article/puojw404bjzt.html.

第四节　本章小结

(1)我国智慧体育产业培育的问题主要表现在以下几个方面。①融资梗阻:智慧体育小微企业融资生态亟待优化;②机制障碍:智慧体育市场体制机制活力释放不足;③政策壁垒:智慧体育小微企业扶持力度有待增强;④创新乏力:智慧体育企业自主创新能力亟待提升;⑤人才短板:智慧体育高端复合型结构性人才短缺;⑥规划瓶颈:智慧体育企业科学规划亟待深度谋划。

(2)本研究提出我国智慧体育产业培育的路径主要包括以下几点。①融资生态:平稳建构智慧体育小微企业融资生态体系;②机制革新:逐步促进智慧体育市场体制机制革新;③政策驱动:加强区域智慧体育小微企业的政策支持;④自主创新:积极提升智慧体育企业自主创新能力;⑤引才引智:加快培养智慧体育高端复合型人才;⑥战略规划:注重智慧体育企业发展规划的系统科学性。

当前,我国智慧体育产业培育的创新模式主要有政府支持型智慧体育产业园区培育、内生成长型智慧体育资本市场培育、战略联盟型智慧体育产学研用创新培育、消费引导型智慧体育服务产品创新培育四大模式。

第九章 研究结论与展望

第一节 研究结论

本研究得出的结论如下：

(1)“十四五”高质量发展进程中，加快推进体育产业与信息产业跨界融合发展是顺应时代发展的客观需求，是贯彻落实体育强国和全民健身国家战略的必要支撑。体育产业与信息产业深度融合是体育产业结构优化升级的现实路径，亦是智能信息时代体育产业链整合的应然需求。

(2)从词源来看，“智慧”体育产业是传统体育产业的“智慧”升级，是兼具“技术智慧”与“人本智慧”的体育产业发展新模式。其中，“技术智慧”是基础支撑，是智能时代体育产业形式、产业内容、产业功能发生改变的必要条件；“人本智慧”是底层逻辑，是智能时代体育产业系统变革的根本出发点。

(3)与传统产业资本关联不同，体育产业与信息产业链接是以知识与价值分工为基础的功能网链，新产品或服务在功能与价值深层次的交叉、渗透与重组中，客观要求通过体育产业与信息产业融合成长，获取更大范围的资源要素。

(4)从产业经济学中“产业融合”理论视角出发，智慧体育产业是新一轮科技革命背景下基于体育消费需求高级化、价值主张变迁、技术创新、政府管制等干预，体育产业与信息产业间出现产业要素相互交叉、渗透导致原有产业边界模糊或收缩进而形成的新的产业形态，代表着现代体育产业体系的新使命、新发展、新要求。

(5)从当前产业发展现状与重点趋势来看，智慧体育产业由智能体育制造业和智慧体育服务业两大类构成，智能体育制造业主要包含智能体育用品及相关产品制造、智能体育场地设施建设。智慧体育服务业主要包含智慧体育赛事服务、智慧体育场地服务、智慧健身休闲服务、智慧体育培训服务、智慧体育传媒服务、其他智慧体育信息服务、智慧体育用品及相关产品销售服务。

(6)智慧体育产业依托现代信息技术提供信息化、网络化、智能化体育产品与服务，助力传统体育产业智能升级，具有产业关联带动性、战略地位成长性、技术创新依赖性、价值效益多元性、发展模式生态性五大特性。

(7)智慧体育产业的形成与发展并非是一蹴而就、单一技术主导推进的，而是技术创新、市场需求高级化、企业竞争协同、政府相机干预等多动力共同作用下历经萌芽期、探索期、成长期、高速发展期四个阶段的动态发展过程。

（8）基于扎根理论，通过关联性分析和理论饱和度检验等，结合波特的竞争力理论及钻石模型，本研究构建了基于政府扶持、技术创新、市场引导、企业战略运行、资本融资、人才储备的智慧体育产业培育机制模型。根据智慧体育产业培育机制实证结果，政府扶持和技术创新推动智慧体育产业发展的动力显著高于资本要素和市场战略，但市场引导和人才资源要素能够显著提高资本要素和市场战略对智慧体育产业发展的影响，能够从整体上提升主体要素的动力效应，促进智慧体育产业发展，且人才资源要素的调节作用大于市场引导要素的调节作用。

（9）当前，我国智慧体育产业培育的创新模式主要有政府支持型智慧体育产业园区培育、内生成长型智慧体育资本市场培育、战略联盟型智慧体育产学研用创新培育、消费引导型智慧体育服务产品创新培育四大培育模式。

（10）我国智慧体育产业培育的问题主要表现在以下几个方面。①融资梗阻：智慧体育小微企业融资生态亟待优化；②机制障碍：智慧体育市场体制机制活力释放不足；③政策壁垒：智慧体育小微企业扶持力度有待增强；④创新乏力：智慧体育企业自主创新能力亟待提升；⑤人才短板：智慧体育高端复合型结构性人才短缺；⑥规划瓶颈：智慧体育企业科学规划亟待深度谋划。

（11）面向体育产业改革创新领域全面系统的结构化调整与精细化修正，我国智慧体育产业发展的实践路径主要包括以下几点。①融资生态：平稳建构智慧体育小微企业融资生态体系；②机制革新：逐步促进智慧体育市场体制机制革新；③政策驱动：加强区域智慧体育小微企业的政策支持；④自主创新：积极提升智慧体育企业自主创新能力；⑤引才引智：加快培养智慧体育高端复合型人才；⑥战略规划：注重智慧体育企业发展规划的系统科学性。

第二节　研究不足之处与展望

本研究存在的不足以及对未来研究的展望如下：

（1）疫情对于智慧体育产业发展带来较大影响，但是疫情危机之中又蕴藏着必然的发展机遇。尽管很多小微智慧体育企业活力出现持续性下降，较为严重的甚至出现资金链危机，但从产业革新发展来说，这也正是智慧体育产业新萌发和快速成长的重要契机。本研究 2020 年成功立项，始料未及的疫情席卷全球，这三年的发展过程亦见证了智慧体育产业发展中外部环境的重要性。但是，由于相关数据的局限性，本研究未能很好地对疫情外部环境的影响做深入探讨。

（2）根据疫情防控的现实情况，本研究对智慧体育企业的调查问卷设计与发放工作，结合疫情防控形势不断做适当调整。实地访谈和调研被延期、被取消等问题，给项目研究带来很多障碍。因此，相关问卷发放工作更多从线下转到线上，主要通过视频、电子邮件、微信、QQ 等进行发放，且更多地通过在线组织进行专题讨论会和分享会，这对研究调研过程的质量稳定性带来了一定的冲击。

(3)本研究对智慧体育企业的影响因素进行系统研究，拟进行萌芽期、探索期、成长期、高速发展期四个阶段不同培育机制模型的构建。但是鉴于实际调研情况和疫情影响等，除第一阶段的数据支撑较为完备以外，其他阶段的有效样本数据量较为有限，其分析结果没有通过验证标准，故并没有有效针对不同的智慧体育产业发展阶段的影响因素进行具体比较分析。

(4)关于智慧体育产业发展培育机制的实证研究有待进一步优化。由于智慧体育产业发展尚处于起步阶段，真正成熟的产业较少，故本研究在智慧体育产业培育模式上选择通过定性分析进行归纳和总结，缺少相应量化数据支撑。

(5)我国智慧体育产业正处于探索发展的进程中，尚未成熟。智能信息时代智慧体育产业的诸多新问题依旧可能是本研究提出的智慧体育产业理论体系无法覆盖和解读的。同时，由于不同区域智慧体育产业管理格局和数字化进程的差异，使得理论构建的合理性和“盲点”相当复杂和多样，这对我们做出准确判证会造成很大的障碍，有可能完全改变我们的论证结果。这需要在实证研究中格外关注，谨慎对待。此外，由于信息技术的更迭速度较快，智慧体育技术场景应用亦不断创新突破，甚至实现跨越式发展，因此，智慧体育产业的创新发展应以新兴信息技术应用为重要支点，但远不限于彼时信息技术的某一节点。

参考文献

白婧,冯晓阳,2020.人力资本对产业结构高级化发展的实证检验[J].统计与决策,36(04):67-71.

白杨,郇昌店,2018.我国体育产业中政府与市场关系演变研究:基于"林张之争"的框架[J].山东体育学院学报,34(04):7-11.

蔡维敏,2013.我国智慧体育及其发展对策研究[J].运动(17):149-150.

曹瑞化,张鹏海,2013.论我国体育创新人才培养的现状与系统性发展思路[J].教育与职业(03):99-101.

曹宇,刘玫瑾,刘正,2021.我国智慧体育研究回溯与展望[J].体育文化导刊(01):34-39.

陈红伟,2021.体育企业融资现状及完善对策[J].财务与会计(14):81.

陈洪平,周峰利,2020.体育市场监管的黑名单管理:制度机理、核心环节与建设推进[J].体育学刊,27(03):45-50.

陈颇,刘波,2020.基于区块链技术的我国体育用品制造企业融资模式创新研究[J].体育学研究,34(01):12-20.

陈翔,2019."智慧体育"产业内涵特征及发展对策研究[J].体育科技文献通报,27(01):38-41.

戴平,2017.体育产业供给侧改革的理论思考与基本设想[J].北京体育大学学报,40(08):21-26.

丁纯,李君扬,2014.德国"工业4.0":内容、动因与前景及其启示[J].德国研究,29(04):49-66.

董进,战炤磊,2016.新常态下扩大体育消费的动因与路径[J].学术论坛,39(10):87-91.

杜传忠,曹艳乔,2017.金融资本与新兴产业发展[J].南开学报(哲学社会科学版)(01):118-132.

杜娟,董亚琦,刘珍珍,等,2022.区块链技术驱动下体育产业的应用场景及推进路径研究[J].辽宁体育科技,44(01):37-40.

段艳玲,付志华,陈曦,2019.我国体育用品制造业服务化对产业转型升级的影响研究[J].武汉体育学院学报,53(11):23-28.

冯红新,2015.我国体育产业的发展策略[J].体育文化导刊(03):112-115.

冯子宁，陈俊青，2020. 5G移动通信技术在体育事业应用的可能性探究[J]. 当代体育科技，10(30)：181－183.

傅玉辉，2008. 大媒体产业：从媒介融合到产业融合[M]. 北京：中国广播电视出版社.

耿宝权，2016. 大型体育场馆 LBPF 融资模式的风险和收益分析[J]. 北京体育大学学报，39(09)：12－16.

国家信息中心信息化和产业发展部，京东数字科技研究院，2020. 中国产业数字化报告 2020[R]. 北京：国家信息中心信息化和产业发展部.

韩琪，2020. 广西体育产业创新型人才发展研究[J]. 企业科技与发展(09)：169－170.

韩松，2016. 基于移动互联网构建我国智慧体育的思考[J]. 体育科学研究，20(03)：36－42.

胡靓，2020. 对执法实践中"互联网＋监管"的思考[N]. 中国市场监管报，2020－06－02(3).

胡若晨，朱菊芳，2021. 产业价值链视角下体育服务业转型升级的困境、契机与路径[J]. 体育文化导刊(06)：82－89.

胡堰鸿，2022. "十四五"时期体育与相关产业跨界融合发展的路径研究[C]. 日照：第十二届全国体育科学大会论文摘要汇编——墙报交流(体育产业分会).

胡用岗，2015. 长三角体育用品制造业产业结构与集聚水平研究[J]. 体育文化导刊(11)：115－120.

黄海燕，刘蔚宇，陈雯雯，等，2022. 高质量发展背景下对数字体育、智能体育、智慧体育创新发展的思考[J]. 体育科研，43(01)：1－7.

黄海燕，朱启莹，2019. 中国体育消费发展：现状特征与未来展望[J]. 体育科学，39(10)：11－20.

黄海燕，2014. 我国体育产业结构评价与优化对策[J]. 武汉体育学院学报，48(04)：27－30.

黄路明，2022. 战略性新兴产业未来发展形势研判及对策建议[EB/OL]. (2022－01－07)[2022－07－30]. https://www.ndrc.gov.cn/wsdwhfz/202201/t20220107_1311547.html.

黄文正，2011. 人力资本积累与产业结构升级的关系：基于 VAR 模型的实证分析[J]. 经济问题探索(03)：24－27.

姜静静，2018. 我国体育服务业转型升级：机遇、挑战与路径[J]. 西安体育学院学报，35(02)：179－184.

姜同仁，郭振，王松，等，2022. 中国体育产业发展回顾与"十四五"前景展望[J]. 天津体育学院学报，37(01)：51－59.

姜同仁，张林，2015. 我国体育产业发展面临的机遇与挑战：对国务院"新政策"的解读[J]. 北京体育大学学报,38(12):27 - 32.

荆林波,2016. 我国体育产业发展现状、问题与对策建议[J]. 南京体育学院学报(社会科学版),30(04):1 - 10.

寇明宇,沈克印,2021. 有效市场与有为政府:体育产业发展的协同机制与实现路径[J]. 西安体育学院学报,38(01):63 - 69.

李斌雄,姬建建,2021. 中国共产党体育强国思想的百年发展、指导作用和基本原则[J]. 北京体育大学学报,44(06):1 - 7.

李刚,张林,2020. 中国现代体育市场体系发展的历史溯源、现实审视与路径选择[J]. 体育科学,40(09):3 - 13.

李金华,2015. 德国“工业 4.0”与“中国制造 2025”的比较及启示[J]. 中国地质大学学报(社会科学版),15(05):71 - 79.

李丽琴,2005. 交叉学科培养创新人才研究[D]. 长沙:中南大学.

李美云,2005. 国外产业融合研究新进展[J]. 外国经济与管理(12):12 - 20.

李燕领,夏翔鹰,2015. 体育产业发展中的政府职能定位研究[J]. 北京体育大学学报,38(09):1 - 5.

李燕燕,2014. 我国体育产业融合成长研究[D]. 武汉:武汉体育学院.

厉无畏,王振,2003. 中国产业发展前沿问题[M]. 上海:上海人民出版社.

厉以宁,2015. 西方经济学[M]. 4 版. 北京:高等教育出版社.

梁高亮,严家高,韩炜,2018. 体育产业服务供给需求与路径选择[J]. 山东体育学院学报,34(06):35 - 39.

梁伟军,2011. 产业融合视角下的中国农业与相关产业融合发展研究[J]. 科学经济社会,29(04):12 - 17.

刘扶民,2019. 贯彻落实《国务院办公厅关于促进全民健身和体育消费推动体育产业高质量发展的意见》推动体育产业成为国民经济支柱性产业[J]. 体育科学,39(10):3 - 10.

刘广飞,翟惠生,张文贤,2019. 我国体育产业投资基金发展的研究[J]. 体育学研究,2(06):71 - 78.

刘衡,冯婷,2013. 基于虚拟现实技术的体育教学模式的实践与思考[J]. 北京师范大学学报(自然科学版),49(06):649 - 652.

刘辉,2017. 我国大型体育场馆项目 PPP 融资法律问题研究[J]. 武汉体育学院学报,51(11):48 - 53.

刘亮,吕万刚,2021. 新时代我国体育产业高质量发展的理论探赜与问题论域[J]. 北京体育大学学报,44(07):1 - 8.

刘苗苗,王勇,张永生,2017. 基于云计算的智慧校园建设方案研究[J]. 佳木斯大学社会科学学报,35(1):170 - 172.

刘青,陈林会,张玲玲,2014.从“基础性作用”到“决定性作用”:体育市场推动体育新发展的理论思考[J].成都体育学院学报,40(10):32-39.
刘晴,罗亮,黄晶,2022.新发展格局下我国体育用品制造业发展转向与路径[J].体育文化导刊(02):69-75.
刘蔚宇,黄海燕,2021.新时代我国体育市场监管体系构建的质性研究[J].体育科学,41(09):15-23.
刘毅勃,2018.我国体育产业众筹融资的发展特点与规范优化[J].金融理论与实践(05):115-118.
柳伯力,2007.我国体育产业经营管理人才培养的问题与思考[J].体育文化导刊(08):8-9.
马运超,梁润东,苏荣海,等,2019.政策工具视角下中国体育科技政策改革:回顾与展望:基于1978—2018年体育科技政策的文本分析[C].第十一届全国体育科学大会论文摘要汇编.
苗红,宋昱晓,黄鲁成,2018.基于知识流动网络评价的技术融合趋势研究[J].科技进步与对策,35(06):131-139.
倪刚,2003.体育产业融资结构与方式的研究[J].广州体育学院学报(01):15-18.
逄健,朱欣民,2014.中国企业战略转型:任务界定与难度分级[J].科技进步与对策,31(12):75-79.
裴玲玲,2018.科技人才集聚与高技术产业发展的互动关系[J].科学学研究,36(05):813-824.
钱俊伟,李荣日,2022.新发展格局下体育产业发展动能的理论逻辑、现实审视与模型构建[J].西安体育学院学报,39(01):54-63.
瞿迪,翟丰,2018.人工智能化体育用品发展研究[J].体育文化导刊(06):104-108.
曲鲁平,孙伟,杨凤英,等,2021.体教融合视域下体育传统特色学校协同联动组织机制的构建[J].武汉体育学院学报,55(10):63-69.
任波,黄海燕,2021a.后疫情时代中国体育产业高质量发展研究[J].体育文化导刊(04):1-7.
任波,黄海燕,2021b.体育产业供给侧改革的内在逻辑与实施路径:基于高质量发展的视角[J].上海体育学院学报,45(02):65-77.
商晨迪,张业安,2021.大数据时代体育赛事媒体传播效果评估:实践需求与理论模式[J].体育科研,42(03):19-25.
邵桂华,王晨曦,2022.新发展格局下体育产业链现代化发展:问题论域、动力机制与实践路径[J].沈阳体育学院报,41(4):7.
邵继萍,云锋,邵传林,2018.金融助推我国体育产业发展的现状、困境与政策选择[J].武汉体育学院学报,52(12):31-37.

沈克印，吕万刚，2017.体育产业供给侧改革的现实诉求与实施策略：基于资源要素的视角[J].西安体育学院学报，34(06)：641－646.

沈克印，2021.“双循环”新发展格局下体育产业高质量发展的宏观形态与方略举措[J].体育学研究，35(02)：11－19.

谭龙杰，马增妍，2021.体育产业供给侧改革视野下体育人才培养的途径[J].广州体育学院学报，41(01)：30－32.

仝二宝，程绍同，冯魏，等，2021.困境与出路：体育大数据产业融合发展研究[J].西安体育学院学报，38(04)：434－440.

汪百祥，2018.我国体育产业投融资现状分析[J].甘肃科技，34(22)：81－83.

汪雅莉，刘芳枝，杨铁黎，2021.我国体育消费发展现状及促进策略[J].体育文化导刊(12)：84－90.

王慧，施志刚，2018.高职院校“双师型”教师队伍培养的困境及其破解[J].现代教育管理(11)：113－117.

王健，王红梅，2009.中国特色政府规制理论新探[J].中国行政管理(03)：36－40.

王雷，吴博，2023.智慧体育的内涵、意义及前景展望：评《现代化背景下高校智慧体育服务创新研究》[J].中国教育学刊，359(03)：158.

王立，罗帅呈，郑志强，2022.我国大众体育消费：理论探源、制约因素与实施策略[J].企业经济(02)：97－103.

王亮，范成文，钟丽萍，2022.美国、英国、日本“家校社”协同育人的体育实践特征与启示[J].体育文化导刊(7)：7－11.

王铭初，2017.互联网时代下的新兴企业战略规划研究[J].消费导刊(05)：130－132.

王相飞，简德平，李爱群，2018.国中文体育类核心期刊的数字化传播转型研究[J].武汉体育学院学报，52(07)：29－33.

王相飞，延怡冉，康益豪，等，2021.符号互动视域下体育电商直播中的身体消费[J].武汉体育学院学报，55(11)：56－61.

王正伦，2010.体育的人本使命：一个被忽视的视角[J].南京体育学院学报(社会科学版)，24(2)：9－13.

王智勇，李瑞，2021.人力资本、技术创新与地区经济增长[J].上海经济研究(07)：55－68.

魏丽丝，2014.生命周期理论文献综述[J].合作经济与科技(24)：155－156.

吴宝升，2017.政府体育经济职能定位与转变思考[J].沈阳体育学院学报，36(01)：25－31.

习近平，2017.决胜全面建设小康社会夺取新时代中国特色社会主义伟大胜利：在中国共产党第十九次全国代表大会上的报告[N].人民日报，2017－10－28(01).

邢中有,2015.我国体育用品制造企业转型升级研究[J].上海体育学院学报,39(03):12-17.

熊飞,马海江,孙丽,2018.我国体育援疆问题研究[J].体育文化导刊(04):25-30.

徐磊,王庆军,孟文涛,2021.大数据时代学校体育场馆服务全民健身智慧治理的内在诉求与路径选择[J].山东体育学院学报,37(05):73-82.

杨明,王新平,2008.我国体育用品产业集群升级模式及其实施构想[J].天津体育学院学报(06):504-508.

杨强,2010.体育强国发展战略的思考:突破与不足:基于《关于加快发展体育产业的指导意见》的解读[J].体育科学,30(09):12-17.

杨强,2015.体育与相关产业融合发展的路径机制与重构模式研究[J].体育科学,35(07):3-9.

杨治,1985.产业经济学导论[M].北京:人民大学出版社.

叶海波,2021.新发展阶段数字经济驱动体育产业高质量发展研究[J].体育学研究,35(05):9-18.

叶金育,2016.体育产业发展中的财税政策工具:选择、组合与应用[J].体育科学,36(06):73-83.

叶强,魏宁,2011.智慧体育:体育信息化必然趋势[J].南京体育学院学报(自然科学版),10(05):117-119.

叶心明,王跃,2009.应用型复合体育产业经营管理人才培养模式研究[J].成都体育学院学报,35(03):48-51.

于洋,2013.中国小微企业融资问题研究[D].长春:吉林大学.

袁磊,黄文武,2006.中国体育产业融资新渠道:资产证券化[J].商场现代化(32):182-183.

张聪群,2014.超竞争环境下产业集群内中小企业转型研究:基于企业动态能力视角[J].科技进步与对策,31(14):92-97.

张强,王家宏,2021.新时代我国智慧体育场馆运营管理研究[J].武汉体育学院学报,55(11):62-69.

张瑞全,2021.大数据导向的高校体育智能教学决策系统建设[J].宁德师范学院学报(自然科学版),33(04):377-383.

张时秋,彭国强,2021.产业链视角下我国体育消费市场发展的内在逻辑与优化路径[J].体育文化导刊(11):82-89.

张欣,2017.中国体育产业投融资发展研究[D].沈阳:辽宁大学.

张英建,2019.我国体育产业创新驱动型发展机制研究[J].广州体育学院学报,39(04):22-24.

张永韬,2015.我国体育产业发展的新常态:特征、挑战与转型[J].体育与科学,36

(05):22 - 27.

张振峰,2017.体育消费需求升级视角下体育产业转型发展路径[J].西安体育学院学报,34(04):453 - 458.

赵刚,2011.我国发展战略性新兴产业面临的五个关键问题解析[J].中国科技财富(15):20 - 25.

赵刚,2012.政府支持战略性新兴产业发展的政策和机制思考[J].中国高新区(12):21 - 24.

赵胜国,王凯珍,邰崇禧,等,2021.基于家庭规模视角的城镇居民体育消费观特征研究[J].中国体育科技,57(07):92 - 98.

郑芳,徐伟康,2019.我国智能体育:兴起、发展与对策研究[J].体育科学,39(12):14 - 24.

钟华梅,王兆红,2021.长三角区域体育产业分工与合作研究[J].中国体育科技,57(03):80 - 86.

周红妹,林向阳,2016.地方政府推进体育产业发展的政策工具研究[J].天津体育学院学报,31(05):375 - 379.

周振华,2003.产业融合:产业发展及经济增长的新动力[J].中国工业经济(04):46 - 52.

朱家明,2021.大数据视域下我国体育产品营销模式研究[J].营销界(13):144 - 145.

朱启莹,徐开娟,黄海燕,2021.资本市场支持体育产业高质量发展:作用机制、现实困境与路径选择[J].上海体育学院学报,45(12):35 - 49.

CURRAN C S, LEKER J, 2011. Patent indicators for monitoring convergence-examples from NFF and ICT[J]. Technological Forecasting & Social Change, 78 (02): 256 - 273.

HELFAT C E,RAUBITSCHEK R S,2018. Dynamic and integrative capabilities for profiting from innovation in digital platform-based ecosystems[J]. Research Policy,47(8):1391 - 1399.

KOTTER J P. HESKETT L J,1992. Corporate culture and performance[M]. Don Mills: Maxwell Macmillan Inc.

LIND J,2005. Ubiquitous convergence: Market re-definitions generated by technological change and the industry life cycle[R]. Paper for the DRUID Academy,Winter Conference.

UTTERBACK J M,1994. Mastering the dynamics of innovation[M]. Boston: Harvard Business School Press.

附　录

附录1　高质量发展背景下智慧体育产业发展影响因素调查

尊敬的先生/女士：

您好！

感谢您在百忙之中抽出宝贵时间填写这份问卷。本次调查采用匿名形式，数据结果只用于研究，不用于任何商业及其他用途，请放心作答。问卷分为两部分，完成需要8～10分钟，请根据您的实际情况填写，非常感谢您的支持！

1.您所在的地区是(　　)。[单选题]

○北京市

○江苏省

○浙江省

○上海市

○广东省

○其他省市

2.您的学历为(　　)。[单选题]

○专科及以下

○本科

○硕士

○博士

3.您的第一学历专业为(　　)。[单选题]

○体育学

○教育学

○电子商务类

○计算机科学与技术

○信息与通信工程

○材料科学与工程

○经济学类

○管理学类

○其他

4. 您的单位性质为(　　)。[单选题]
○企业
○高校
○科研院所
○政府
○其他
5. 贵单位的员工总人数是(　　)。[单选题]
○10 人以下
○10～50 人
○51～100 人
○100 人以上
6. 贵单位成立年限是(　　)。[单选题]
○3 年以下
○3～5 年
○6～10 年
○10 年以上
7. 您工作或者研究领域涉及智慧体育产业中的(　　)。[单选题]
○智能体育制造业(请跳至第 8 题)
○智慧体育服务业(请跳至第 9 题)
8. 您工作或者研究领域涉及智慧体育产业中的(　　)。[单选题]
○体育场地与设施建设
○体育用品及相关产品制造
9. 您工作或者研究领域涉及智慧体育产业中的(　　)。[单选题]
○智慧健身休闲服务
○智慧体育培训服务
○智慧体育赛事服务
○智慧体育场地服务
○智慧体育传媒服务
○其他体育服务
10. 您从事本行业的工作年限为(　　)。[单选题]
○3 年以下
○3～5 年
○6～10 年
○10 年以上

11. 您的现职为(　　)。[单选题]

○普通员工

○技术人员

○科研人员

○基层管理人员

○中层管理人员

○高层管理人员

12. 贵单位最近一年是否与其他单位有体育产业相关的战略交流?[单选题]

○是

○否(请跳至第13题)

13. 合作单位性质为(　　)。[单选题]

○企业

○高校

○科研院所

○政府

○其他

14. 根据产业生命周期理论及其阶段特征,请您对智慧体育产业成长中最熟悉的阶段进行选择?[单选题]

维度	主要指标	探索期 (3年以下)	萌芽期 (3～5年)	成长期 (6～10年)	高速发展期 (10年以上)
技术创新	研发投入	较少	增加	达到最高	开始下降
	产品差异化	弱差异化	强差异化	同质化	同质化
	新产品产值率	较低	快速增长	达到较高水平	下降
	技术人才比率	较低	不断提升	达到最高	下降
组织管理	管理水平	忽视内部管理	开始重视	程度增加	开始分散
	集权程度	高度集中于个人	高度集中于团体	权力分散	合理授权
	规章制度	尚未建立	初具雏形	分化发展	形成体系
	风险管控	较弱	迅速增长	达到最高	开始下降
	产学研合作	较少	合作有效建立	合作机制构建	合作体制完善
	组织规模	初创团队	销售部门扩张	研发部门扩张	研发部门扩张、法务部门设立

续表

维度	主要指标	探索期 (3 年以下)	萌芽期 (3～5 年)	成长期 (6～10 年)	高速发展期 (10 年以上)
经营绩效	竞争强度	竞争不明显	逐渐竞争	竞争激烈	竞争开始萎靡
	市场需求	增长缓慢	迅速增长	趋于饱和	不断下降
	产出能力	较差	较好	好	衰退
	盈收情况	亏损、持平或微利	利润较高	利润持续增加	利润下降或亏损
战略发展	投入规模	增长缓慢	迅速增长	稳定增长	收缩
	融资方式	政策信贷、短期贷款	银行信贷	市场化融资	多元融资机制
	发展规划	产品方案、营销计划	阶段性发展方案	阶段性发展方案、竞争策略	综合性发展目标
政府角色	职能定位	产业孵化	扶持监督	鼓励竞争	反垄断
	政策制定	小微企业融资	企业社会责任	市场监管	有机干预

○探索期(3 年以下)

○萌芽期(3～5 年)

○成长期(6～10 年)

○高速发展期(10 年以上)

15. 你认为下列因素对智慧体育产业发展的影响程度(政府扶持)如何?[矩阵量表题]

因素	影响极大	影响较大	影响一般	影响不大	没有影响
G1 体育产业专项财政资金的支持	○	○	○	○	○
G2 智慧体育产业发展政策的制定	○	○	○	○	○
G3 支撑智慧体育产学研合作	○	○	○	○	○
G4 扩展智慧体育上下游产业链	○	○	○	○	○
G5 减免智慧体育企业税收	○	○	○	○	○
G6 培育智慧体育消费市场	○	○	○	○	○
G7 直接购买产品	○	○	○	○	○
G8 国资企业重点支持	○	○	○	○	○

16.你认为下列因素对智慧体育产业发展的影响程度(企业战略及模式)如何?[矩阵量表题]

因素	影响极大	影响较大	影响一般	影响不大	没有影响
S1 体育产品及服务创新	○	○	○	○	○
S2 开拓新的体育消费市场	○	○	○	○	○
S3 体育企业人员结构	○	○	○	○	○
S4 企业新技术的转化及应用	○	○	○	○	○
S5 主动探索多元化融资方式	○	○	○	○	○
S6 构建良性体育企业竞合关系	○	○	○	○	○

17.你认为下列因素对智慧体育产业发展的影响程度(资本融资)如何?[矩阵量表题]

因素	影响极大	影响较大	影响一般	影响不大	没有影响
R1 财政及政策性信贷	○	○	○	○	○
R2 商业银行及金融机构信贷支持	○	○	○	○	○
R3 民间融资	○	○	○	○	○
R4 上市融资	○	○	○	○	○
R5 债务及债权融资	○	○	○	○	○
R6 其他方式的融资	○	○	○	○	○

18.你认为下列因素对智慧体育产业发展的影响程度(技术创新)如何?[矩阵量表题]

因素	影响极大	影响较大	影响一般	影响不大	没有影响
T1 自有技术	○	○	○	○	○
T2 购买体育相关技术及专利	○	○	○	○	○
T3 跨部门技术合作	○	○	○	○	○
T4 构建研发中心及团队	○	○	○	○	○
T5 产学研一体化发展	○	○	○	○	○

25. 你认为下列因素对智慧体育产业发展的影响程度(市场引导)如何?[矩阵量表题]

因素	影响极大	影响较大	影响一般	影响不大	没有影响
M1 体育市场风险(如疫情管控)	○	○	○	○	○
M2 市场需求培育(如居家运动需求的增加)	○	○	○	○	○
M3 拓展体育消费群体	○	○	○	○	○
M4 体育新业态培育(如"体育+医疗"产业的发展)	○	○	○	○	○
M5 体育企业金融服务市场化	○	○	○	○	○
M6 打造体育新兴市场环境	○	○	○	○	○
M7 建立体育新兴行业标准	○	○	○	○	○

19. 你认为下列因素对智慧体育产业发展的影响程度(人才储备)如何?[矩阵量表题]

因素	影响极大	影响较大	影响一般	影响不大	没有影响
P1 体育经营管理人才	○	○	○	○	○
P2 体育创新创业人才	○	○	○	○	○
P3 高端体育智库	○	○	○	○	○
P4 人才配套支持(薪资、福利、激励)	○	○	○	○	○
P5 员工绩效激励	○	○	○	○	○

20. 你认为智慧体育行业目前存在的问题及其影响程度如何?[矩阵量表题]

存在的问题	影响极大	影响较大	影响一般	影响不大	没有影响
Y1 体育产品技术水平偏低	○	○	○	○	○
Y2 体育产品市场需求有限	○	○	○	○	○
Y3 体育创新人才匮乏	○	○	○	○	○
Y4 体育销售渠道单一	○	○	○	○	○
Y5 体育融资渠道受限	○	○	○	○	○
Y6 体育社会关系网络布局较差	○	○	○	○	○
Y7 政府对产业创新支持力度不足	○	○	○	○	○

感谢您的支持与帮助,祝您工作顺利!

附录2　消费者对智慧体育的感知度与消费需求调查问卷

尊敬的先生/女士：

您好！

感谢您在百忙之中抽出宝贵时间填写这份问卷。本次调查采用匿名形式，数据结果仅用于学术研究，请您放心作答。问卷完成大概需要5分钟，请根据您的实际情况填写，感谢您对智慧体育发展的支持。谢谢！

1.您的性别是（　　）。[单选题]

○男

○女

2.你的现居地区在（　　）。[单选题]

○北京市

○上海市

○浙江省

○江苏省

○广东省

○其他省市自治区及港澳台

3.您的年龄是（　　）。[单选题]

○18岁以下

○18～30岁

○31～45岁

○46～60岁

○60岁以上

4.您的学历为（　　）。[单选题]

○高中及以下

○大专

○本科

○研究生及以上

5.您的职业为（　　）。[单选题]

○在校学生

○政府及事业单位公务员

○企业职工

○自由职业者

○其他

6. 您的税前月收入是(　　)。[单选题]

○5000 元及以下

○5001～10000 元

○10001～15000 元

○15001～20000 元

○20000 元以上

7. 您对智慧体育是否了解?[单选题]

○非常了解

○比较了解

○一般

○不了解

8. 您倾向于选择智能体育产品或者智慧体育服务吗?[单选题]

○是

○否

9. 您关注的智慧体育服务有(　　)。[多选题]

○预定体育场馆

○在线培训指导

○线上虚拟参赛

○体育数字地图

○在线体测评估

○在线购买体彩

○5G+AI+VR 等智慧观赛

○体育数字博物馆

○AI 个人健康管理

○体育数字人解说

○其他

10. 您关注的智能体育硬件产品有(　　)。[多选题]

○运动手表

○心率带

○步频仪

○智能共享单车

○智能跑步机、智能椭圆机

○智能跳绳

○智能划船机

○智能羽毛球拍

○智能运动耳机

○智能骑行头盔

○智能健身镜

○Swith 健身环

○其他

11.相较于传统体育产品与服务，你认为智能体育产品与智慧体育服务如何？[矩阵单选题]

题项	非常同意	比较同意	不确定	比较不同意	非常不同意
我认为智能体育产品与智慧体育服务专业性更完善	○	○	○	○	○
我认为智能体育产品与智慧体育服务功能性更全面	○	○	○	○	○
我认为智能体育产品与智慧体育服务操作性更便捷	○	○	○	○	○
我认为智能体育产品与智慧体育服务体验性更独特	○	○	○	○	○
我认为智能体育产品与智慧体育服务趣味性更丰富	○	○	○	○	○
我认为智能体育产品与智慧体育服务互动性更强大	○	○	○	○	○
我认为智能体育产品与智慧体育服务可靠性更显著	○	○	○	○	○

12.相较于传统体育产品与服务，你对智能体育产品与智慧体育服务的态度如何？[矩阵单选题]

题项	非常同意	比较同意	不确定	比较不同意	非常不同意
我对使用智能体育产品与智慧体育服务更有兴趣	○	○	○	○	○
我愿意使用智能体育产品与智慧体育服务	○	○	○	○	○

续表

题项	非常同意	比较同意	不确定	比较不同意	非常不同意
我愿意推荐其他人使用智能体育产品与智慧体育服务	○	○	○	○	○
我未来会更加倾向使用智能体育产品与智慧体育服务	○	○	○	○	○

13. 您期望未来智能体育产品与智慧体育服务（　　）。［多选题］

○产品与服务价格更加亲民

○产品与服务智能化程度更高

○个性化定制水平更高

○线上线下一体化水平更高

○产品设计更加潮流创新

○产品与服务更加实用可靠

○产品与服务类别更加丰富

14. 您认为智慧体育发展将（　　）。［多选题］

○促进体育健身意识与能力的提升

○扩展体育消费品的范围和水平

○革新消费者运动交互方式

○提升体育资源市场配置效率

○形成体育商业投资的新机遇

15. 您认为智慧体育发展面临（　　）。［多选题］

○运动安全挑战

○个人隐私挑战

○技术更迭挑战

○市场推广挑战

16. 如果您对智慧体育有其他看法、意见或建议，可以在此处反馈给我们，我们会认真记录您所填写的内容。

____

____

____

感谢您的支持与帮助，祝您工作顺利！

后　记

疫情对于智慧体育产业发展带来较大影响，但是疫情危机之中又蕴藏着一定的发展机遇。尽管很多小微智慧体育企业活力出现持续性下降，较为严重的甚至出现资金链危机，但从产业革新发展来说，这也正是智慧体育产业新萌发和快速成长的重要契机。对消费主体而言，智慧体育以用户消费体验为核心，通过内融性技术渗透实现体育资源创新性应用、体育商业模式跃迁升级，主动引领新时代体育消费路径升级；对市场主体而言，智慧体育企业打通信息交流与体育资源对接渠道，破除或降低资质、数据标准、安全管控等行业准入壁垒，明晰智慧体育服务产品可持续市场推进路径，实现更大范围商业价值；对区域政府管理主体而言，智慧体育产业新范式正向关照新时期健康中国进程中的体育产业改革创新现实诉求，有助于转变体育产业发展方式、优化体育产业结构、转换体育产业增长动力，有助于加快推动体育产业成为国家支柱性产业的进程。

但是，面对现代智能信息科技的快速发展，智慧体育产业发展正处于探索发展的进程中，尚未成熟。智能信息时代智慧体育产业的诸多新问题依旧可能是本书提出的智慧体育产业基本理论体系无法覆盖和解读的。同时，由于不同区域智慧体育产业发展进程的差异，使得理论构建的合理性和“盲点”相当复杂和多样，这对我们做出准确判证会造成很大的障碍，有可能完全改变我们的论证结果。这需要在实证研究中格外关注，谨慎对待。

此外，由于信息技术的更迭速度较快，智慧体育技术场景应用亦不断创新突破，甚至实现跨越式发展，因此，智慧体育产业的创新发展应以新兴信息技术应用为重要支点，但远不限于彼时信息技术的某一节点。未来科技赋能持续助力，智慧体育产业发展未来可期。

最后，本书在编写过程中，参考并借鉴了部分专家学者在智慧体育领域的理论研究成果，汲取了大量的行业前沿观点，在此向相关作者表示感谢。本书的编撰离不开我的合作导师吴湘玲教授的大力支持，吴教授严谨治学的精神值得我一生去学习与传承！同时也感谢同门师兄师姐们的宝贵建议，感谢我的学生于张浩然、陈园、孟凡昊、廖攀然、郑蕾在实证调查研究中的努力和帮助，感谢课题组全体成员的辛勤劳动和付出。本书内容力求完善，但仍不可避免存在不完善之处，恳请各位领导、专家、同行和读者批评指正，并提出宝贵的建议。

作者于武汉南湖

2023 年 9 月